乡村振兴研究丛书

乡村社区营造的
XIANGCUN SHEQU YINGZAO DE LILUN YU SHIWU
理论与实务

贺霞旭　著

·广州·

图书在版编目（CIP）数据

乡村社区营造的理论与实务/贺霞旭著. —广州：华南理工大学出版社，2019.11

（乡村振兴研究丛书）

ISBN 978-7-5623-6167-1

Ⅰ.①乡… Ⅱ.①贺… Ⅲ.①农村社区－社区建设－研究－中国 Ⅳ.①D669.3

中国版本图书馆 CIP 数据核字（2019）第 238821 号

乡村社区营造的理论与实务

贺霞旭　著

出 版 人：卢家明
出版发行：华南理工大学出版社
　　　　　（广州五山华南理工大学17号楼，邮编510640）
　　　　　http://www.scutpress.com.cn　E-mail：scutc13@ scut.edu.cn
　　　　　营销部电话：020-87113487　87111048（传真）
策划编辑：王　磊
责任编辑：付爱萍
印 刷 者：广州市人杰彩印厂
开　　本：787mm×960mm　1/16　印张：12　字数：234千
版　　次：2019年11月第1版　2019年11月第1次印刷
定　　价：48.00元

版权所有　盗版必究　　印装差错　负责调换

序

20世纪初，全球兴起了社区复兴、社区营造、造乡运动和社区新政的实践。20世纪六七十年代后，国外历经了一个经济社会危机突显的时期，社区逐渐衰落，居民公共参与行为递减。在这样的背景下，"社区复兴"运动兴起，旨在通过自下而上的方式恢复社区活力，推动社会发展，使社区被重新发现。同时，社区在解决污染、贫困、救助等地方性事务中的自主权增强，发展为依靠社区内部资源自为或合作的治理形态。[①] 社区营造是"社区复兴"运动的一种尝试。社区营造起源于日本的"社区魅力再造运动"，其经验在20世纪90年代末传入台湾地区。1999年台湾地区经历大地震后，地方政府与民间将社区营造作为振兴乡村社区的重要方法加以推广，至今已取得很大的成就。台湾地区的社区营造之所以能取得成功，原因在于其重塑了一个真正有活力且有能力的生活自治共同体，这与过去行政规划下的社区有很大不同。行政规划下的社区内村民/居民和空间缺乏良性互动，而社区营造则以共同体为目标，强调社区中的人与空间互动。齐格蒙特·鲍曼认为，共同体意味着的并不是一种我们可以获得和享受的世界，而是一种我们将热切希望栖息、希望重新拥有的世界。[②] 以打造共同体为目标的社区营造近年来也逐渐风靡全球各地。我国在借鉴吸收了日本与台湾社区营造经验的前提下，近年来不断推出具有我国特色的社区营造案例，例如"清河实验""大栅栏实验"、顺德社区营造、成都社区总体营造等，积累了不少社区营造技巧。随着社区营造实务案例的累积，我国的社区营造研究逐渐成为社区研究中的新热点，总结社区营造的实务经验，提炼社区营造的理论框架正成为我国学者进行研究的方向。

党的十九大报告提出要实施乡村振兴战略，提出了"产业兴旺、生态宜居、乡风文明、治理有效、生活富裕"的总要求。要达到以上要求，建设社会主义

[①] 吴晓林、郝丽娜：《"社区复兴运动"以来国外社区治理研究的理论考察》，《政治学研究》2015年第1期。

[②] 齐格蒙特·鲍曼：《共同体：在一个不确定的世界中寻找安全》，南京：江苏人民出版社，2003年版第4页。

新农村，就必须复兴农村的共同体精神。然而在实践中，农村的社区建设普遍存在着"自治理困境"和"共同体困境"，两类困境在社区范围内互相关联和交织，共同影响着乡村振兴的有效实现和共同体的重塑。面对此二种困境，社区营造必不可少。社区营造是指由人们参与的、致力于社区复兴与振兴的空间再生产实践。它强调实务干预和社区可持续发展，有完整的流程、技巧和价值理念。由于融合了社区建设、社区治理和社区发展的概念，社区营造是后工业化时代社会建设任务与生活方式必然要求的一个折射。社区营造既可以聚合社区社会资本，又能增进社区居民自立力、凝聚力及居民福祉[①]，是完善农村社区建设的重要方法。另一方面，社区营造研究在理论上应用了社会资本、历史制度主义、社区主义和自组织理论等，以社区变迁与现代社会风险生活为宏观视角，采用社区培力施展微观技术，行动参与贯穿于理论和实践中，是突破近年来社区研究的可能之法，将为我国的社区研究与社会建设研究提供新的思路。

  本书的导言部分、第一章、第二章和第六章由贺霞旭撰写，第三章和第五章由熊琳、翁玉华和梁飞铃撰写，第四章由熊琳撰写，全书由贺霞旭统筹修改。梁飞铃、陈景玉和马丽对文献进行了校对。书中所用的人物名称、村落名称、机构名称均为化名。感谢一起参与调查的社区营造小组成员蔡静诚、王帅、黄奕彰、严嘉雯和张东，以及给予我们很多指导和支持鼓励的蔡禾教授；感谢最初介绍我们进入各调查点的孙美琴、李侨明；感谢接受我们访谈的各个社会工作机构、村民、社工和专家老师；感谢中山大学城市研究中心提供的中国劳动力动态调查数据和华南理工大学中央高校项目的经费支持。大家的支持和关注是我们写作本书的力量源泉，希望本书不是我们社区营造研究的一个结尾，而是一个正式的开始。

[①] 罗家德、帅满：《社会管理创新的真义与社区营造实践——清华大学博士生导师罗家德教授访谈》，《社会科学家》2013年第8期。

目录

第一章　中国农村社区基本状况——基于CLDS2016调查数据的分析 …… 1
- 第一节　乡村人口、土地、农业与经济状况 …… 1
- 第二节　乡村公共设施与环境卫生状况 …… 13
- 第三节　乡村组织、文化风俗和其他状况 …… 21

第二章　社区和社区营造文献综述 …… 27
- 第一节　概念界定 …… 27
- 第二节　社区研究现状与社区营造研究趋势 …… 30
- 第三节　社区营造的相关理论与实务梳理 …… 63

第三章　从化的社区营造故事 …… 75
- 第一节　营造故事 …… 75
- 第二节　评价与小结 …… 101
- 第三节　从化项目的社会工作思考 …… 112

第四章　古西村的社区营造 …… 125
- 第一节　营造故事 …… 125
- 第二节　评价与小结 …… 139
- 第三节　古西项目的反思和社会工作启发 …… 145

第五章　南沙浅水村的社区营造故事 …… 152
- 第一节　营造故事 …… 152
- 第二节　浅水村的营造计划 …… 157
- 第三节　对营造元素的一些思考 …… 163

目录

第六章　总结与讨论 …………………………………………… 165
　第一节　案例总结与评述 ………………………………………… 165
　第二节　社区社会工作与社区营造 ……………………………… 178

参考文献 ………………………………………………………… 182

第一章

中国农村社区基本状况

—— 基于CLDS2016调查数据的分析

中国劳动力动态调查（China Labor-force Dynamics Survey，简称CLDS）（2016）收集了236个农村社区的样本。样本中46%的农村在平原地区，27%在丘陵地区，剩余的27%在山区。调查了全国29个省、自治区、直辖市，数据采用了分层四阶段不等概率抽样，包含个体、家庭和社区三套问卷，其中社区问卷调查了社区人口、土地与经济、基层组织、社区环境与设施、社区安全与和谐五个方面。结合社区营造中对人、文、地、景、产的关注，选取了与人口、文化、土地、环境、经济相关的问卷内容进行描述性分析，以期作为目前中国农村社区营造的背景性补充。

第一节 乡村人口、土地、农业与经济状况

一、乡村人口和治理基本状况

（一）人口情况

农村社区居住的总人口包括了常住人口和居住在此不满半年的流动人口，在删除了无效值后，农村常住人口和流动人口所占比例如表1.1所示：

表1.1 农村社区常住人口和流动人口所占比例

	样本量	均值	标准差	最小值	最大值
常住户籍人口占总人口比例	227	0.870	0.193	0.126	1

续上表

	样本量	均值	标准差	最小值	最大值
户籍不在本村、居住超过半年人口占总人口比例	228	0.066	0.144	0	0.917
户籍不在本村、居住不足半年人口所占总人口比例	225	0.035	0.098	0	0.64
15—64岁人口中季节性外出比例	210	0.210	0.210	0	1

样本中7%的农村社区常住人口占比低于50%，绝大部分农村社区主要是本村户籍人口居多。36%的农村社区没有户籍不在本村但居住超过半年的人口，户籍不在本村但居住超过半年的比例为10%及以上的农村社区，约占17%。58%的农村社区没有户籍不在本村但居住不满半年的流动人口，流动人口占10%及以上的社区仅为8%。户籍不在本村，且居住不满半年的流动人口比例，低于户籍不在本村但居住超过半年以上的比例。

在15—64岁劳动力人口中，约16%的人没有过季节性外出务工（每年在特定时间段外出，外出总时间少于6个月）的经历，但也有近10%的农村社区，季节性外出务工人口为全村劳动力人口的一半及以上。约9%的农村社区并没有户籍在本社区却常年不住在本社区的人口。户籍在本村但常年居住在外地占比达到40%以上的农村社区占17%，所以户籍在本村但常年居住在外地的人口比例并不高。在当前实际从事农业的劳动力中，女性劳动力比例超过60%的社区，约占30%；60岁以上的劳动力所占比例超过50%的社区，约占21%。一半的农村社区居住有少数民族。在有少数民族人口的农村社区中，67.83%的农村社区少数民族人口占本村人口的比例低于5%，仅约17%的农村社区少数民族人口占本村人口的比例超过50%。

综合所知，虽然农村社区存在季节性外出务工和户籍在本村而人在外地长期居住的情况，但绝大部分农村社区以常住户籍人口和非少数民族为主。

从图1.1可知，农村社区内残疾人口数和精神病人数量所占总人口比例均十分低，但残疾人口数量比精神病人数量略高一点，约2%左右的社区，残疾人口数量所占比超过了10%。

（二）空宅情况

从农村的空宅比例（平时无人居住的住房占全部住房的比例）来看（图1.2），10%的农村并没有空宅，52%的农村空宅比例低于5%，71%的农村空

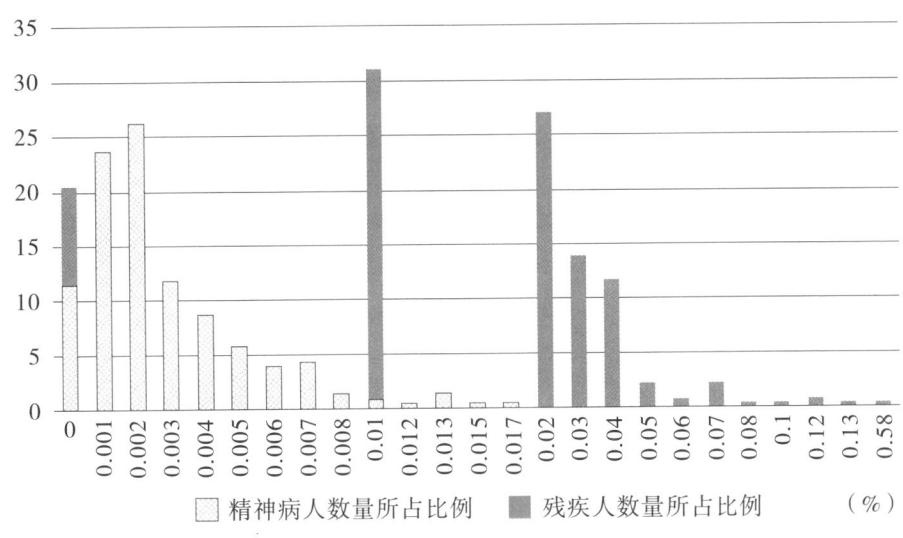

图 1.1　精神病人数/残疾人数占总人口比例

宅比例低于 10%。空宅比例达到 30% 及以上的农村占 10%，达到 50% 及以上的占 2.6%。说明绝大多数农村的空宅比例并不高。

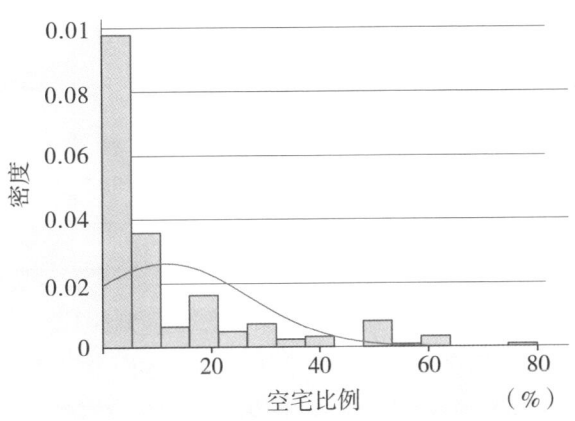

图 1.2　农村社区空宅比例

（三）与乡村治理相关的情况

调查样本中，村主任年龄均值为 49 岁，50% 的村，村主任年龄低于 50 岁；50% 的村，村主任年龄为 50 岁及以上。村主任年龄为 45 岁、50 岁和 53 岁的村略多，分别占 6%。村主任最小年龄为 28 岁，最大年龄为 68 岁。68% 的村，村委会主任和村书记不是同一个人。村主任和村书记不是同一人的村中，村书记的平均年龄为50岁，最小为27岁，最大为76岁。村书记较为集中的年龄为50岁、51岁和52岁，分别占8%、7%和8%（表1.2）。

表1.2 村主任的基本情况

村主任情况		频数（次）	百分比（%）	累积百分比（%）
性别（$N=234$）	男	225	96.15	96.15
	女	9	3.85	100
受教育程度（$N=233$）	小学以下	1	0.43	0.43
	小学	9	3.86	4.29
	初中	77	33.05	37.34
	高中	74	31.76	69.1
	职高	3	1.29	70.39
	中专	20	8.58	78.97
	技校	1	0.43	79.4
	大专	38	16.31	95.71
	大学本科	7	3	98.71
	其他	3	1.29	100
政治面貌（$N=233$）	共产党员	188	80.69	80.69
	群众	45	19.31	100
户籍是否在本社区（$N=233$）	是	225	96.57	96.57
	否	8	3.43	100
是否有担任企业/工厂的管理经验（$N=233$）	是	58	24.89	24.89
	否	175	75.11	100

调查样本中，96%的村，村委会主任为男性；女性担任村主任的仅占4%。从受教育程度来看，将私塾算入了小学学历，小学及以下学历的村主任占4%，初中和高中学历的村主任占65%，大专学历的占16%。约81%的村主任是共产党员，约97%的村主任户籍在本社区，具有担任企业/工厂管理经验的村主任占25%。

从村委会的办公面积来看差异明显，平均办公面积为360平方米。53%的村，办公面积为200平方米及以下，其中23%的村办公面积在100平方米及以下；约11%的村，办公面积为300平方米；村办公面积为120平方米和600平方米的各占5%。

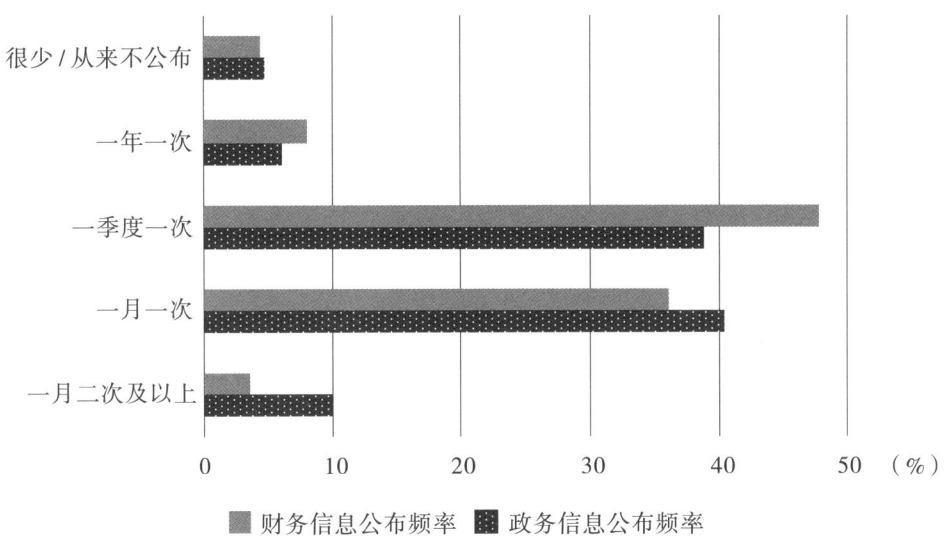

图 1.3　农村社区财务/政务信息公布频率

从图 1.3 所示的财务/政务信息公布频率可知，政务信息和财务信息公布以一个月一次和一季度一次为主。政务信息公布中，40.43% 的村是一月一次，39% 的村是一季度一次。财务信息公布中，48% 的村是一季度一次，36% 的村是一月一次。总体来看，政务信息按月公布的频率略高于财务信息。

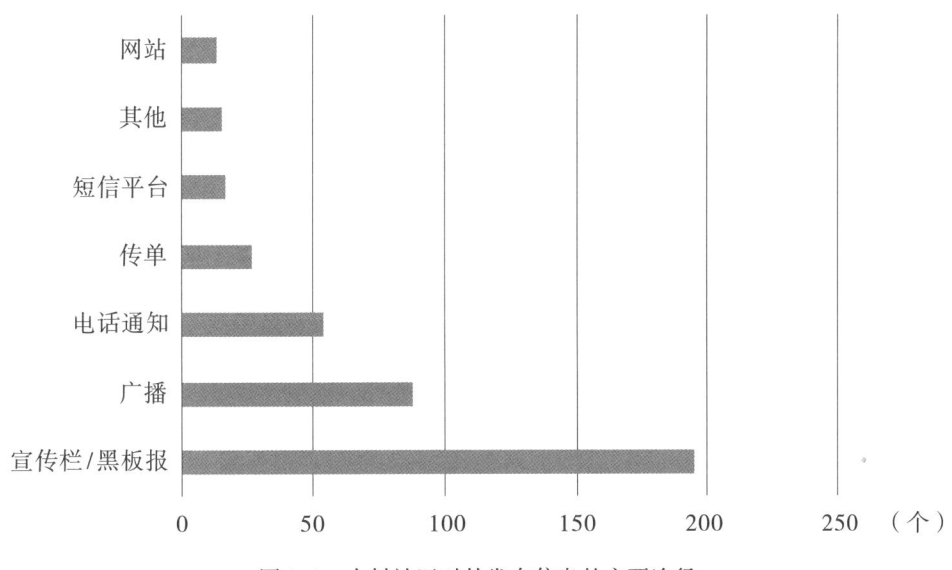

图 1.4　农村社区对外发布信息的主要途径

从图 1.4 可知，农村社区村委对外发布信息的主要途径是多样的。约 50% 的村子只有 1 种发布形式，主要是指通过宣传栏/黑板报的形式发布；有 27% 的村子有发布 2 种形式,即除了宣传栏/黑板报的形式,还主要包括了广播形式;有 14% 的村子有 3 种发布形式;5% 的村子有 4 种发布形式。大多数村委选择通过宣传栏/黑板报对外发布信息(195 个村子有此类发布形式,占总样本的 83%),其次选择较多的有广播(88 个村子有此类发布形式,占总样本的 37%),也有电话通知(54 个村子有此类发布形式,占总样本的 23%)。部分村子也选择了传单、短信平台、网站和其他方式发布。

二、土地经济及农业情况

(一)土地情况

对于样本中的全部农村社区而言,35% 的农村社区有土地弃耕抛荒现象。在有抛荒现象的村中,土地弃耕抛荒面积占村土地面积的比例低于 1% 的村子占 12%,低于 5% 的村子占 39%,低于 10% 的村子占 61%,低于 20% 的村子占 77%,低于 30% 的村子占 94%。说明在有土地弃耕抛荒现象的村中,弃耕抛荒比例并不十分高。常年不住在本村的人口家庭的土地利用情况中,闲置弃耕比例超过 50% 的约占 15%,找人代耕的比例超过一半的约占 40%,出租超过一半的约占 37%,入股超过一半的约占 15%,其他情况超过一半的约占 43%。

从 1990 年以来,村里的土地有被政府或企业征用或租用过的比例约占 46%。从被征用或租用过的次数来看,以征用或租用面积超过 20 亩才算一次来计算,比例最高的为 1 次,约占 51%,其次为 2 次,约 17%,第三为 3 次,约 11%,1~3 次占了 80% 的征地或租地情况(表 1.3)。

表 1.3 1990 年以来被政府或企业征地/租地(超过 20 亩)次数

征地/租地次数	频率(次)	百分比(%)	累积百分比(%)
0	2	1.9	1.9
1	54	51.43	53.33
2	18	17.14	70.47
3	11	10.48	80.95
4	4	3.81	84.76
5	3	2.86	87.62
6	2	1.9	89.52
7	1	0.96	90.48

续上表

征地/租地次数	频率（次）	百分比（%）	累积百分比（%）
9	1	0.95	91.43
10	3	2.86	94.29
13	1	0.95	95.24
15	3	2.86	98.1
30	1	0.95	99.05
35	1	0.95	100
总计	105	100	

2003年至2016年间，村里的土地从没有调整过的占83%，土地拥有情况较为稳定，调整次数并不频繁。对于2003年来从没有调整过村里土地的村，为何不再调整的原因中，约51%的村回复是政策不允许，32%的村原因为村民不需要。曾调整过土地的村中，约11%的村调整过1次，4%的村调整过2次，调整过3次及以上的占2%（表1.4）。

表1.4　2003年以来农村土地调整次数

土地调整次数	频率（次）	百分比（%）	累积百分比（%）
0	191	83.41	83.41
1	25	10.91	94.32
2	8	3.49	97.81
3	4	1.75	99.56
6	1	0.44	100
总计	229	100	

在调整过土地的村里，调整的原因中约58%都因人口增减变化所致，约18%的原因是征地，约16%的原因是其他，第二轮土地承包的占8%。村组内部分农户土地小调整的调整途径占比最高，约为55%，其次是利用村里的机动土地进行调整，再次是村组内土地打乱重分或其他途径，各占约13%（表1.5）。

表1.5　2003年以来农村土地调整原因和途径

土地调整原因（$N=38$）	频率（次）	百分比（%）	累积百分比（%）
征地	7	18.42	18.42

续上表

土地调整原因（$N=38$）	频率（次）	百分比（%）	累积百分比（%）
人口增减变化	22	57.89	76.32
第二轮土地承包	3	7.89	84.21
其他	6	15.79	100
土地调整途径			
利用村里的机动土地进行调整	7	18.42	18.42
村组内部分农户土地小调整	21	55.26	73.68
村组内土地打乱重分	5	13.16	86.84
其他	5	13.16	100

自2003年以来，因为新增人口而产生纠纷的情况占26%；因为外嫁女土地权益问题产生纠纷的占26%。因新增人口或者外嫁女问题而产生土地纠纷的村子共14个，其中6个村子的土地纠纷既存在新增人口又存在外嫁女问题，占43%。

（二）种植情况

村里的第一主产粮食只有1种的占42%，不止1种的占58%。粮食主产排位第一的主要是稻谷的村占47%，第二为小麦约占30%，第三为玉米约占23%。不止1种主产粮食的农村社区，其他主产也包括了玉米的约占60%，小麦约占21%，稻谷约占8%，还包括了土豆及其他。

样本中，当前农村社区经济作物中水果类、蔬菜类占多数，其次包括油料类和其他，也有部分社区种植烟草类、棉花和茶叶，如图1.5所示。

当前农村社区中有非农业经济（第二、第三产业）的比例并不高，占27%。有非农业经济的村中，非农经济数量为1种的占50%，2种的占31%，3种及以上的占19%。村里非农业经济中产值最高的主要包括批发零售业，约占15%，其次为木材加工业/家具制造业，约占12%，再次为农副食品加工业，约占8%。15%的农村社区，这些产值最高的非农经济占本村所有非农经济的比重为100%。

（三）农业灌溉情况

2015年1月至2016年7月间，农作物在生长期（收割前）需要灌溉的占72%。耕地需要灌溉的村，最主要的灌溉水源中，32%主要依赖河水/湖水，

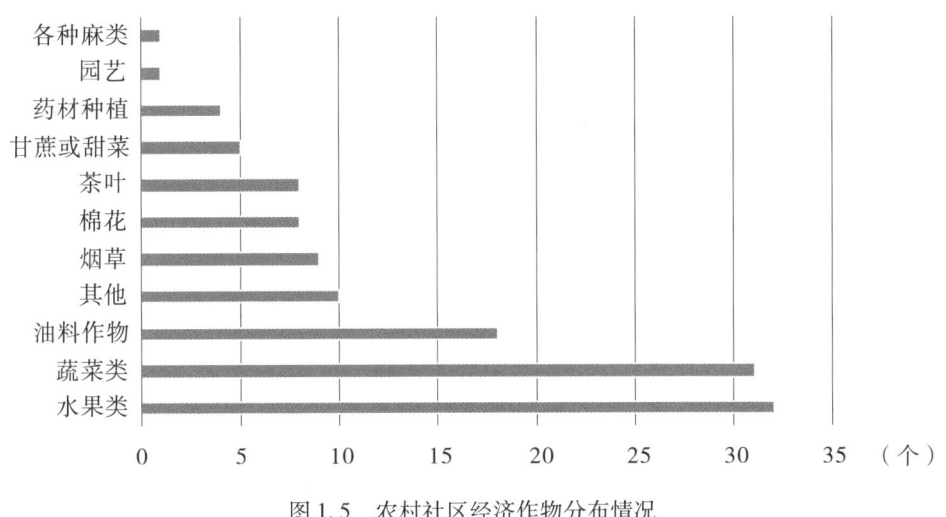

图 1.5　农村社区经济作物分布情况

29%依靠渠水灌溉，26%依靠井水灌溉，8%依靠雨水，其余通过其他方式，没有冰雪融水灌溉方式（图 1.6）。

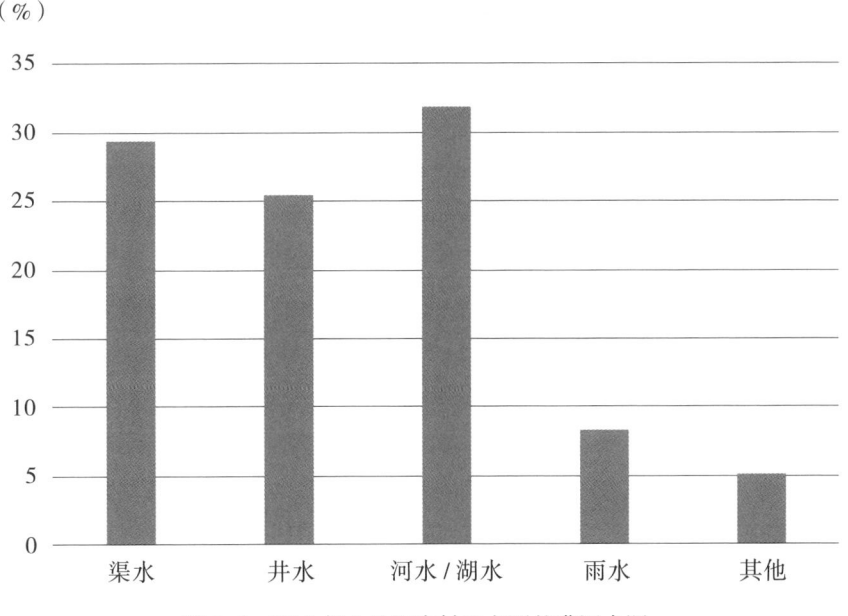

图 1.6　2015 年 1 月以来村里主要的灌溉水源

2015 年 1 月以来的村里主要灌溉方式中，71%是依靠漫灌。在 CLDS 2016 的社区问卷中，漫灌是旧式农业灌溉方式之一，指灌溉水在种植地块上流动的过程中，借助重力作用湿润土壤，或者在地块上建立有一定深度的水层，借助重力作用渗入到土壤中的一种方法。喷灌的占15%，滴灌的占7%，其他占7%。

在村里是否有集体所有的灌溉设施或设备问题上，57%的村是没有的。中华人民共和国成立后（1949—2014年），49%的村就不曾有过集体所有的灌溉设备或设施了。如图1.7所示，有集体灌溉设施或设备的村里，水渠、水泵的拥有比例相对较高。

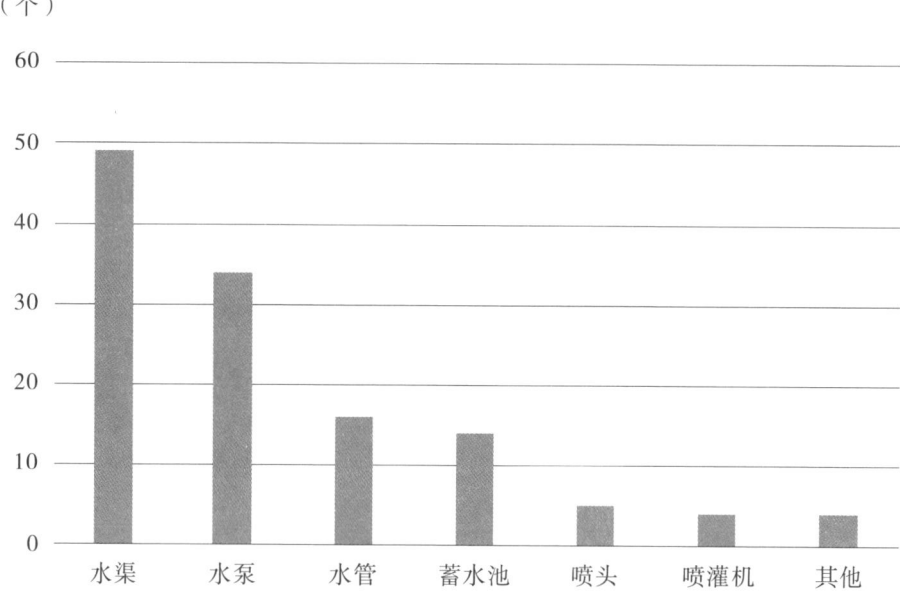

图1.7　村里集体所有的灌溉设施拥有情况

2015年全年，15%的村中，集体所有的灌溉设施或设备灌溉的面积约占总灌溉面积的比例为80%；60%的村中，上述集体灌溉设施灌溉面积占总灌溉面积的85%。即拥有集体灌溉设施的村里对其灌溉依赖并不低。拥有集体灌溉设备的村里，72%的村子里的集体灌溉设备全部可以正常使用；24%的村大部分可以正常使用，只有少部分不能正常使用，意味着96%的村大部分灌溉设施基本可用。2011—2015年，集体灌溉设备全部都得到定期修护的村占41%，大部分灌溉设备得到定期维护的村占24%，只有少部分灌溉设备得到定期维护的村占18%，全部都没有得到定期维护的村占17%。57%的村中，村委会会集中统一管理这些灌溉设备，35%的村中，村民分散管理灌溉设备，8%的村采用其他方式管理灌溉设备。村民使用灌溉设施时，72%的村是由村集体统一安排灌溉，村民不必单独使用；向村集体租用或借用的比例各占4%，20%的村是其他方式。

三、乡村基本经济状况

（一）基本经济水平

2016年调查样本中，在不招待伙食且不提供住宿的情况下，村里招募建房搬砖的临时工，一天的工资情况如图1.8所示。27%的农村社区一天工资为100元，14%的农村社区为120元/天，14%的农村社区为150元/天，10%的农村社区为80元/天，7%的社区为200元/天。各村落的临时工工资最低为50元/天，最高为400元/天，工资均值为每天130元，村落之间的工资差异明显。

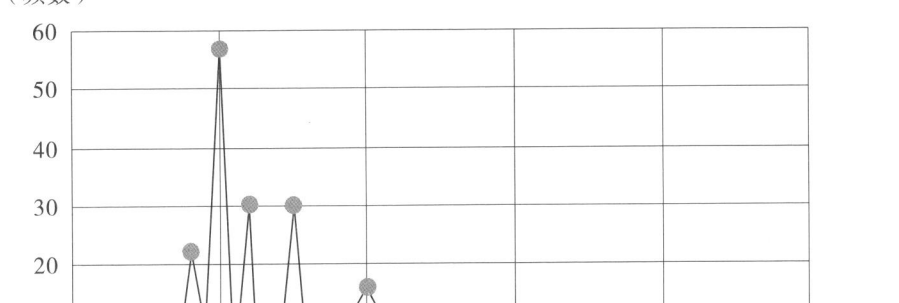

图1.8　2016年村里雇用临时工的工资（元/天）

（二）村集体经济情况

229个有效调查样本中，99%的村庄没有村办非农集体经济，只有3个村有村办非农集体经济，占1%，并且均是第二产业，这3个村的村办非集体经济产值占全村非农经济产值的比例分别为0.3%、40%和50%。

2016年村集体财政收入情况中，26%的村子没有村集体财政收入。有村集体财政收入的村中，50%的农村社区村集体收入在7万元及以下，20万元以下的占67%，70%的农村社区集体财政收入在30万元及以下，超过100万元的农村占17%。从样本数据中可知，2016年农村集体财政收入状况差距较大。根据2016年村里的财政支出情况，31%的农村社区是收支平衡的，46%的农村社区支出超过了收入，其余农村社区收入大于支出。说明在收支方面农村社区存在较大差异。

(三) 支农/惠农服务情况

农村社区能否享受到支农/惠农（支持农业生产、帮助农民致富）服务，由表 1.6 可知，10% 的农村社区提供统一购买生产资料服务，14% 的农村社区组织安排劳动力外出务工服务，25% 的农村社区提供机耕服务，25% 的农村社区实行种植规划，38% 的农村社区享受到统一防治病虫灾害服务，约 39% 的农村社区提供统一灌溉排水服务，63% 的农村社区组织农民进行农业生产技术培训，享受到其他服务的占 35%。以上 7 项具体服务均享受到的农村社区只有 1 个，均没有享受到的农村社区占 18%，只享受其中 1 项的占 24%，享受 2 项的占 25%，享受 3 项、4 项、5 项和 6 项的农村社区分别占 15%、8%、5%、5%。约有 18% 的农村社区至少享受了 4 项及以上服务。

表 1.6　2016 年农村社区享受的支农/惠农服务

支农/惠农服务（$N=229$）	是否提供	频数	百分比（%）	累积百分比（%）
实行统一灌溉排水	是	89	38.86	38.86
	否	140	61.14	100
提供机耕服务	是	58	25.33	25.33
	否	171	74.67	100
统一防治病虫灾害	是	86	37.55	37.55
	否	143	62.45	100
统一购买生产资料	是	23	10.04	10.04
	否	206	89.96	100
实行种植规划	是	58	25.33	25.33
	否	171	74.67	100
组织安排劳动力外出务工	是	31	13.54	13.54
	否	198	86.46	100
组织农民进行农业生产技术培训	是	144	62.88	62.88
	否	85	37.12	100
其他	是	80	34.93	34.93
	否	149	65.07	100

第二节 乡村公共设施与环境卫生状况

一、公共设施情况

（一）基础性公共设施/场所

村庄距离最近的县城/区政府平均26公里，少于26公里的占62%，约11%的村距离县城/区政府超过了52公里以上，约13%的村少于1公里；9%的村距离是20公里，8%和7%的村分别距离15公里和30公里，另有5%的村距离10公里和25公里。村距离最近的乡镇政府/街道平均8公里，明显比距离最近县城/区政府更近。约13%的村距离乡镇政府/街道不超过1公里，80%的村不超过8公里，仅有3%的村超过了20公里以上。

1. 教育类

在本村行政区划范围内有幼儿园的村占52%。在行政区划范围内没有幼儿园的这些村中，距离最近的幼儿园平均4.6公里，13%的村距离最近的幼儿园是1公里，14%的村距离最近的幼儿园是2公里，50%的村距离最近的幼儿园不超过2.5公里，有10%的村距离最近的幼儿园超过11公里。在行政区划范围内有幼儿园的村中，71%的村子的幼儿园数量是1个，有15%的村行政区划内有2个幼儿园，其余的村有3个及以上的幼儿园。本村的小孩去哪里上学的问题，84%的村，孩子们在本村的幼儿园上学；7%的村，孩子们在本乡镇的幼儿园上学；5%的村，孩子们在其他村的幼儿园上学。30%的村有幼儿园校车。本村有幼儿园或距最近一所幼儿园少于5公里的村，最早的幼儿园建立的年份区间在1957—2016年，约60%的村幼儿园是在2002年以后建立的，其中有7%的村在2012年成立了幼儿园，8%的村在2014年成立了幼儿园。村幼儿园建立时间不详的村，大约在1978年之前建的占21%，1979—1989年建立的占14%，1990年之后建立的占65%。

行政区划范围内约62%的村成立了小学，没有小学的占38%。行政区划范围内没有小学的村中，最近的一所距本村平均4公里，约13%的村距离小学不超过1公里，21%的村距离小学2公里，50%的村距离小学超过2公里及以上，另有13%距离小学5公里。在行政区划范围内有小学的村中，约77%的小孩在本村上小学，19%的小孩在本乡镇中心小学上学。上学方式上，步行的占63%，家长用自行车接送和家长用乘用车/小汽车接送的各占8%。本村有小学或距最近的小学在 5 公里之内的村,最早建立的小学年份在 1808—2015 年间,约 50%的村是在 1980 年后建立的小学。在建立具体年份不清楚的村中,1978 年之前的约占 70%,1979—1989 年之间的占 13%,1990 年之后的占 17%。

行政区划范围内有初中的村占 17%,没有的占 83%。行政区划范围内没有初中的村里,各村距离最近的初中平均为 5.8 公里,10%的村距离最近一所初中不超过 1 公里,距离为 3 公里和 5 公里的村各占 13%,约 26%的村距离最近的初中 6 公里以上。本村有初中的村中,绝大多数只有 1 所初中。本村有初中或距最近的一所初中在 5 公里之内的村中,50%的村是在 1972 年以前建立的,其中 1970 年建立的比例占 11%。不清楚具体建立年份的村中,回答大约建立在 1978 年之前的占 68%,1979—1989 年之间建立的占 17%,1990 年之后建立的占 15%。

综上可知,各村在上述教育类场所的资源拥有方面差异明显。

2. 体育娱乐阅读休闲类

行政区划范围内有运动场所或健身场所的村占 62%,约 38%的村没有。没有运动场所或健身场所的村中,各村距离最近的运动场所或健身场所平均 7.7 公里,22%的村距离该类场所不超过 1 公里,70%的村距离该类场所不超过 7 公里,6%的村距离该类场所超过了 20 公里。有运动/健身场所的村中,场所数量仅有 1 个的村占 59%,有 2 个的村占 19%,有 3 个的村占 8%。有运动/健身场所的村或距离运动/健身场所不超过 5 公里的村中,最早的运动/健身场所是在 2010 年后建立的,占统计数字(1958—2016 年)的 46%;各约 9%的村中运动场所是 2008 年和 2010 年建立的,15%的村是 2012 年建立的,9%的村是 2013 年建立的,12%的村是 2014 年建立的。在不清楚具体建立年份的村中,大约 30%的村最早的运动/健身场所建立在 1978 年之前,11%的村建立在 1979—1989 年,59%的村建立在 1990 年之后。

行政区划范围内有老年活动室的村占 49%,其余的村是没有老年活动室的。没有老年活动室的村距离最近的老年活动室平均为 12.9 公里,13%的村离老年活动室距离在 1 公里内,有 9%的社区距离老年活动室为 5 公里,少于 5 公里的占 48%。但 29%的村距离老年活动室超过 13 公里,另有 13%的村距离老年活动室超过 20 公里。有老年活动室的村中,只有 1 个老年活动室的占 81%,有 2 个的占 10%。有老年活动室或距离老年活动室不超过 5 公里的村中,最早的老年活动室在 2014 年成立的占 13%,2015 年成立的占 9%。不清楚具体成立年份的村中,大约 76%的农村社区最早成立的老年活动室都是在 1990 年之后,其中 2013 年成立的占 9%;在 1978 年成立的占 20%,1979—1989 年之间成立的占 4%。

行政区划范围内有图书馆/阅览室的村占79%，没有的占21%。没有图书馆/阅览室的村庄，距离最近的一所图书馆/阅览室平均距离为11公里，在3公里以内的占8%，40%的村距最近一所图书馆/阅览室有10公里以上。有图书馆/阅览室的村里，95%的村图书室数量为1个。有图书馆/阅览室或距离最近一所图书馆/阅览室在5公里之内的村中，最早的图书馆/阅览室有70%是在2008年之后建立的。不清楚具体年份的村中，最早在1990年之后建立的占91%。

行政区划范围内有广场/公园的村占35%，调查样本中的大部分村都没有广场/公园。没有该类设施的村中，距离最近的广场/公园在1公里以内的占17%，有9%的村离最近的广场/公园5公里。各村离最近的广场/公园的平均距离为14.8公里，约有32%的村距该类设施在14公里以上。在有该类设施的村中，约有72%的村只有1个广场/公园，18%的村有2个。2011年之前建广场/公园的村约占调查样本的50%；2013年建广场/公园的村约占调查样本的18%，2014年建有广场/公园的村约占11%，另有10%的村是在2015年建有广场/公园的。

行政区划范围内有儿童游乐场的村占9%，91%的农村社区都没有该类设施。在有该类设施的村中，游乐场数量仅有1个的占90%。没有儿童游乐场的村中，8%的村距最近的一所儿童游乐场是3公里，8%的村距离在1公里之内，另有43%的村距离在10公里以外。

综合所知，各村在上述公共设施的拥有情况差异明显。

如表1.7所示，本村行政区划范围内有运动场所或健身场所、老年活动室、公共图书馆/阅览室、社区广场/公园及儿童游乐场等公共设施的村中，约53%的村中运动/健身场所使用频率较多和非常多，约48%的村中老年活动室使用频率较多和非常多，约22%的村中公共图书馆使用频率较多和非常多，社区广场/公园使用较多和非常多的村占68%，儿童游乐场使用频率较多和非常多的占68%。可见村民对社区广场/公园和儿童游乐场的使用频率最高，其次是运动/健身场所。

表1.7 农村各类公共设施的使用频率

使用频率	运动场所	老年活动室	公共图书馆/阅览室	社区广场/公园	儿童游乐场
非常少	4.9	12.1	13.6	3.7	4.6
较少	15.3	13.9	26.1	8.6	0.0
一般	27.1	26.1	38.6	19.8	27.2
较多	32.6	35.7	17.9	38.3	45.5

续上表

使用频率	运动场所	老年活动室	公共图书馆/阅览室	社区广场/公园	儿童游乐场
非常多	20.1	12.2	3.8	29.6	22.7

(%)

3. 宗教信仰类

本村行政区划范围内有宗祠/祠堂的村占23.5%，有教堂的村占11%，有寺庙的村占38%，有清真寺的村占3%，有道观的村占2%，有土地祠/神龛的村占33%（如图1.9所示）。上述6个与宗教信仰相关的场所在34%的村中一个都没有，36%的村有上述的1个宗教信仰之地，19%的村有2个，10%的村有3个，1%的村有4个。除此之外，约2%的农村社区还有其他宗教场所。

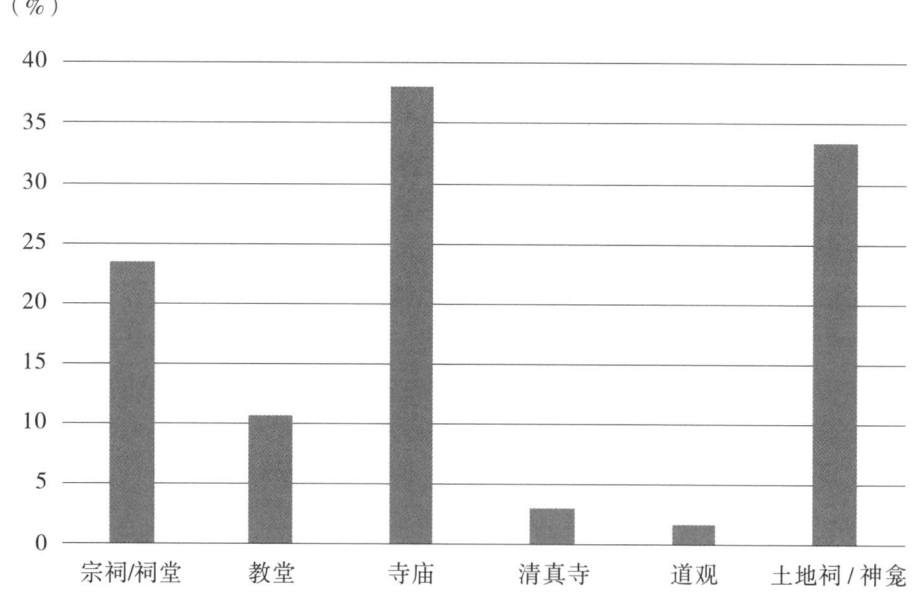

图1.9 农村拥有各类宗教信仰场所的情况

行政区划范围内有宗祠/祠堂的村中，42%的村有1所，82%的村有6所以下。2015年来举办过以姓氏、宗亲为纽带的聚会或祭祀活动的村占51%，举办次数一年1次的占82%，一年2次的占14%，一年3次的占4%。

行政区划范围内有教堂的村中，教堂数量为1所的占96%，有2所的占4%。没有教堂的村中，离最近的教堂距离在5公里以内的占50%；各村距最近一所的平均距离为15公里，15公里以内的占71%。有教堂的村或距离最近一所教堂在5公里以内的村，教堂最早建于1945年至2015年间，约49%的村是在2000年之前建立的，11%的村是在2006年建立的。不清楚具体建立时间的村中，1990年之后建立的约占50%。

本村行政区划范围内有寺庙的村中，有1个的占49%，有2个的占19%，有4个的占10%，86%的村寺庙数量在4个及以下。没有寺庙的村中，距最近一所寺庙的平均距离是23公里；60%的村距最近一所在8公里以内，其中5公里以内的占51%，12%的村距离5公里，13%的村距离3公里。

本村行政区划范围内有清真寺的村中，28%的村有1所，43%的村有2所。没有清真寺的村中，距离最近一所清真寺在5公里以内的村占38%，超过20公里的占20%。样本中有道观的村中，都仅有1所；没有道观的村中，73%的村并不知道距离最近的一所道观在哪里。本行政区划范围内有土地祠/神龛的村中，53%的村有1个或2个，12%的村有5个，19%的村有6个及以上。在没有土地祠/神龛的村中，79%的村并不知道距离最近的土地祠/神龛在哪里。

4. 医疗类

本村行政区划范围内有医院/私人诊所的比例占81%，仅有1所的村占样本的55%，有2所的占20%，有3所的占12%，也即87%的村有1~3所医院/私人诊所。在没有该类设施的村中，57%的村距最近一所医院/私人诊所在3公里以内，其中距离1公里以内的占30%，另有约19%的村距离在7.5公里及以上。

5. 金融类

本村行政区划范围内有银行/信用合作社的村占14%，绝大多数村并没有该类设施。没有的村中，距离最近一个银行/信用合作社的距离在1公里以内的占13%，3公里以内的为36%，46%的村在4.6公里以内，另有约19%的村距离最近一所银行/信用合作社在10公里及以上，各村距银行/信用合作社的距离差异明显。

（二）各类公共设施具体分布情况

表1.8 农村各类公共设施的分布情况

公共设施（N=232）	有		没有	
	频数	百分比（%）	频数	百分比（%）
通电	231	99.57	1	0.43
通路	224	96.55	8	3.45
公交站	84	36.21	148	63.79

续上表

公共设施（$N=232$）	有		没有	
	频数	百分比（%）	频数	百分比（%）
通自来水	187	80.6	45	19.4
水利设施	128	55.17	104	44.83
公共的垃圾环卫设施	157	67.67	75	32.33
通电视	231	99.57	1	0.43
通电话	221	95.26	11	4.74
购买衣服/鞋子场所	67	28.88	165	71.12
购买彩电等大家电场所	38	16.38	194	83.62
集贸市场	53	22.84	179	77.16
娱乐场所	31	13.36	201	86.64
矿厂	9	3.88	223	96.12
化工厂	9	3.88	223	96.12
封山育林	80	34.48	152	65.52
土壤改造	31	13.36	201	86.64
退耕还林	93	40.09	139	59.91

根据调查样本中农村各类公共设施的分布，见表1.8可知，绝大多数的农村社区既通了电也通了路，81%的村有自来水，68%的村有环卫设施，55%的村有水利设施，36%的村有公交站。绝大多数村都可看电视、通电话。29%的村有购买衣服/鞋子的场所，23%的村有集贸市场，16%的村有购买彩电等大家电的场所，13%的村有娱乐场所。绝大多数村都没有矿厂和化工厂这类污染型企业。实行退耕还林政策的村占40%，实行封山育林的村占34%，执行土壤改造政策的村占13%。

二、环境卫生情况

根据访问员的观察，50%的村整洁程度评分低于等于7分，约30%的村整洁程度评分为8分，总体而言，95%的村整洁程度在5~10分之间（图1.10）。57%的村绿化覆盖率达到了60%，16%的村绿化覆盖率为80%。94%的村没有异味/怪味，但有路灯的村仅占44%，48%的村有健身设施，47%的村交通道路的80%及以上是硬化路面。村里游手好闲的人并不多，85%的村没有游手好闲之人。

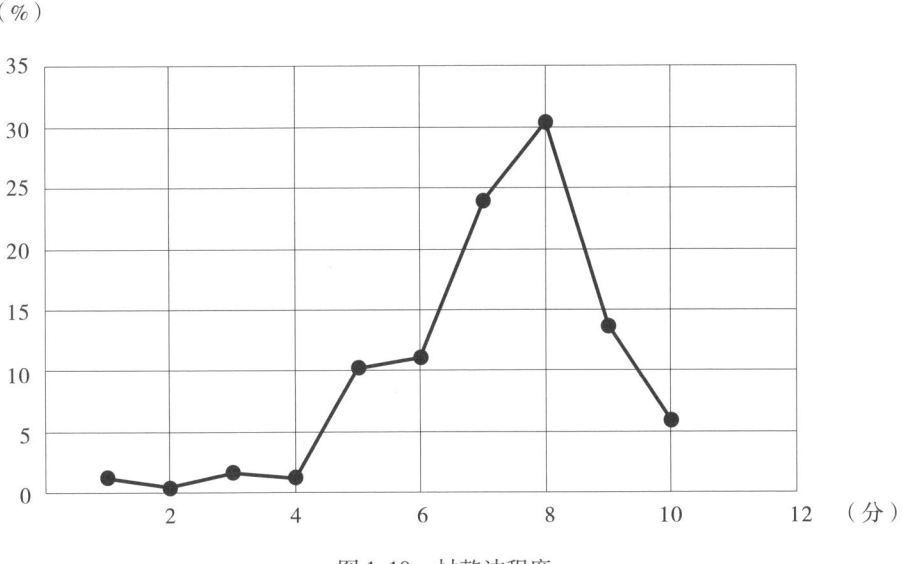

图 1.10 村整洁程度

2015年本村行政范围内有环境污染的占25%，没有的占75%。存在污染的村中，污染为其他类的样本量（35个村）略少于四类（空气、土壤、水和噪音）具体污染（59个村）。如图1.11所示，有污染的村中，12%的村认为空气污染非常严重，25%的村认为比较严重；10%的村认为水污染非常严重，36%的村认为比较严重；土壤污染和噪音污染的严重程度相当，两者均认为非常严重的比例都为1.69%；两者均认为比较严重的比例都为16.95%。所以，污染严重度排序由高到低为水污染、空气污染、噪音污染和土壤污染。

有污染的农村社区，因环境污染问题与政府或相关企业交涉的占48%，交涉最多的问题为水污染，其次是空气污染。交涉之后有较大改善的占29%，稍有改善的占43%，没有任何改善的占28%。

有环境污染的村中，对于农户家里的生活污水（洗碗、洗衣服等产生的废水）一般的处理方式上，随便倒的占51%；村里统一修建排水设施处理的占24%，自家修排水设施的占19%；其他处理情况占6%。农户家里生活垃圾随便倒的占19%，倒在村里修建的垃圾站（含垃圾桶）的占74%，其他情况占7%。

对于鸡/鸭/鹅、猪和牛/羊/马的粪便处理上，收集起来做肥料的超过了50%。对鸡/鸭/鹅的粪便，任其自然的村占35%；用猪的粪便做沼气燃料的占22%。有16%的村将牛/羊/马的粪便做了沼气燃料，也有16%的村对其处理方式是任其自然（图1.12）。

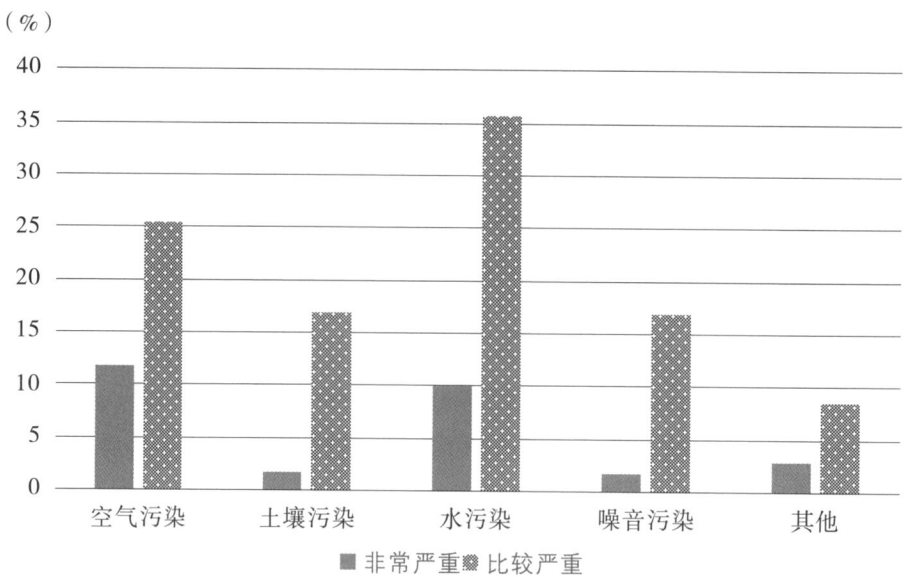

图1.11 农村地区各类污染的严重程度

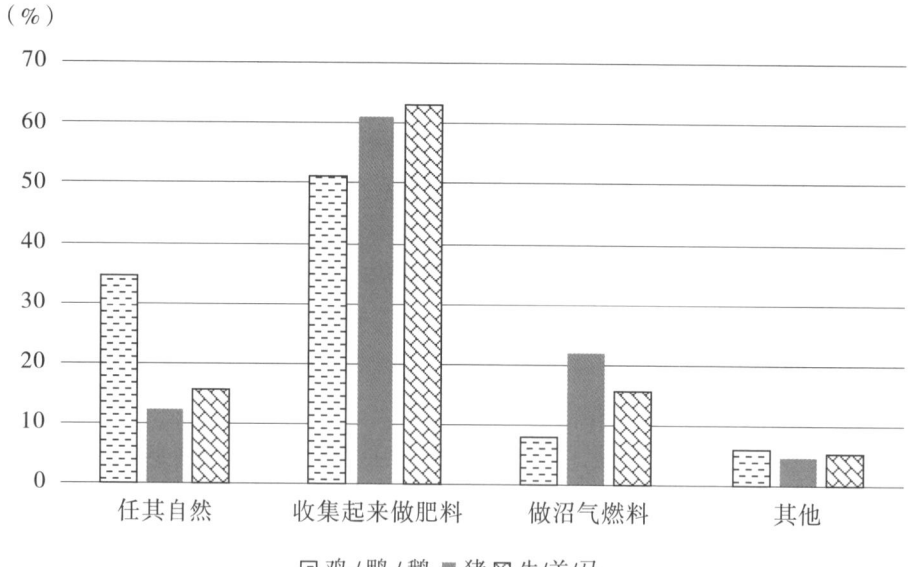

图1.12 农户对于家养牲畜粪便的一般处理方式

第三节 乡村组织、文化风俗和其他状况

一、乡村各类组织情况

（一）经济类组织

涉及农村社区各类经济组织的问题中，包括了专业协会、专业合作社、村民合作基金会与农民互助储金会等民间金融组织（不包括信用社）、各种形式的小额贷款组织（包括民间地下金融渠道）、其他。样本中约32%的农村社区有上述各类经济组织，68%的农村社区没有该类经济组织。在有各类经济组织的73个农村社区中，有专业协会的村子占比为0.11%，其中覆盖户数为100%的占29%。有专业合作社（5人以上，如蔬菜、水果、养猪等）的村子占比为88%，其中覆盖户数为100%的占16%。有民间金融组织的占比为8%，其中覆盖户数为100%的占16%。有各种形式的小额信贷组织的比例为5%，其他占7%。

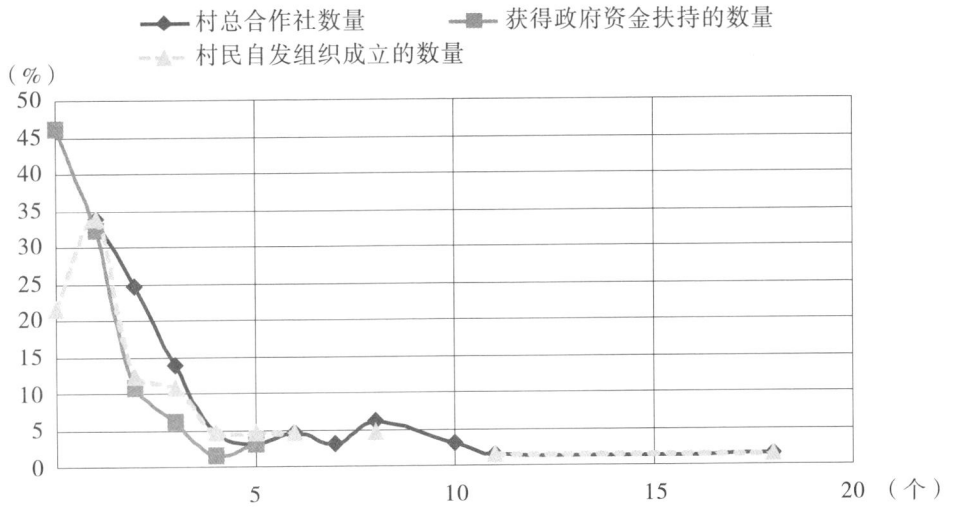

图1.13 2016年农民专业合作社情况

调查样本中有65个村子有农业合作社。图1.13中，横轴为农民专业合作社数量，纵轴为所占比例。约有33.9%的村庄有1个农民专业合作社；有2个农民专业合作社的比例占24.6%；有3个及以上的占41.6%，其中最高有18个的占1.5%。46%的农业合作社并未获得政府支持；村里有1个专业合作社是

获得政府支持的比例占32%，有2个是政府支持的占11%。村里有1个合作社是村民自发成立的比例占34%，有2个的占12%，没有的占22%。

从农民专业合作社的功能来看，68%都是生产＋销售一体化，另有25%是主要负责生产功能。从农民专业合作社资金主要来源看，约62%的合作社资金来源于农户集资，17%来自银行贷款，另有占比不多的政府拨款、合作公司或其他来源。在调查样本的有效数据中，有33%的村庄，农民专业合作社总产值占本村经济总产值比例低于或仅占1%；占比为10%的村庄有19%；占比超过50%的村子占有效样本的12%。在65个有农业合作社的村庄中，村里最大的农民专业合作社是政府资金扶持的比重占46%，另有54%的村里最大的合作社是其他资金扶持的。

从图1.14可知，村里最大的农民专业合作社主要从事经济作物种植（30个村）、粮食作物种植（19个村）、动物养殖（15个村）、农业产品加工（4个村）、其他（4个村，例如渔业、竹子加工、苗木等）。

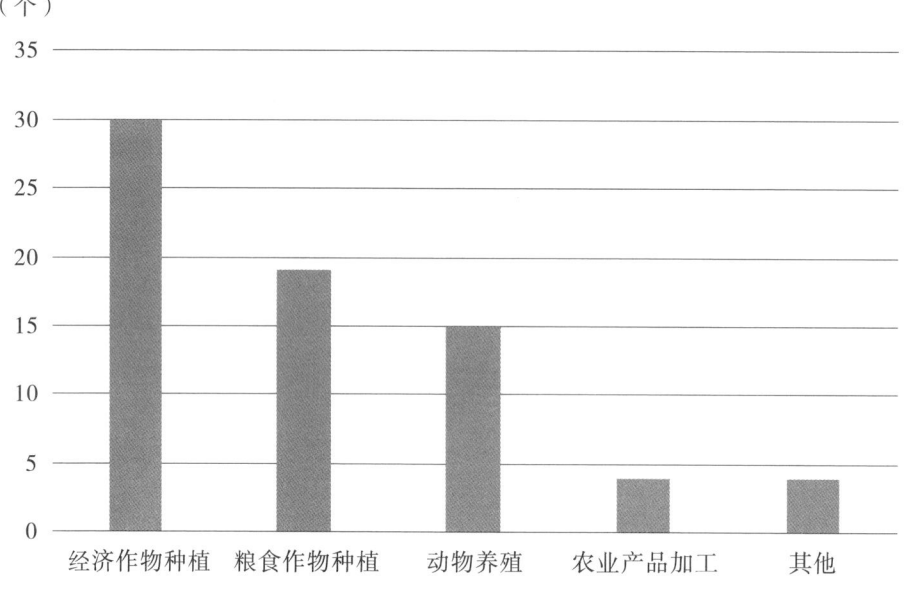

图1.14 村里最大的农民专业合作社经济活动分布情况

（二）社会组织类

约43%的农村没有社会组织，57%的农村有社会组织。如图1.15所示，在有社会组织的村子中，27%的村有娱乐艺术类的社会组织，13.48%的村有体育锻炼类社会组织，约9%的村有老人协会，3.48%的村有技能函授类社会组织，

2%的村有知识学习类社会组织。

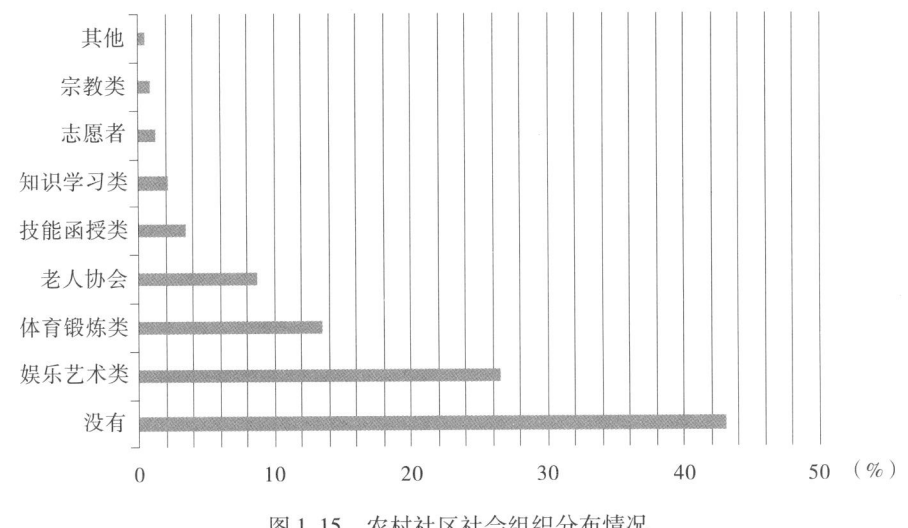

图1.15　农村社区社会组织分布情况

对农村社区各类社会组织按照主要程度高低排序中（各村最多选三项），排序第一重要的社会组织中，娱乐艺术类团体（舞蹈、唱歌等）占39%，老人协会占31%，其他类和知识学习类团体（如读书会等）分别占9%和8%。排序第二重要的社会组织中，娱乐艺术类团体（舞蹈、唱歌等）占23%，体育锻炼类团体占20%，志愿者团体（如社工、义工）和宗教类团体分别占12%。排序第三重要的社会组织中，体育锻炼类团体和知识学习类团体（如读书会等）分别占22%，宗教类团体占16%。

二、安全、文化、风俗和其他参与

农村社区治安状况总体良好。39%的村认为自己的社区治安状况很好，49%的认为较好，12%的认为一般。影响农村社区治安的主要因素排名较前的包括盗窃、非法赌博、打架斗殴等。

村里居民的家庭住房类型按主要程度高低排序可知，第一主要的住房类型为砖混结构，占88%；第二主要类型为土木房，占64%。

大约有一半的农村社区姓氏数量低于10个，约21%的农村第一大姓氏有宗族组织。村里第一大姓氏的氏族成员有族谱、公共用地、坟场、薪柴林、宗祠以外物业和基金的比例分别为58%、18%、31%、13%、3%和9%。

1990—2016年，村里人去世后主要的安葬方式发生了一些变化（表1.9）：土葬（棺材）的比例虽然相对略高，但占比一直在下降；火葬（直接安葬骨灰盒）所占的比例一直在上升；低于以上两种方式的是火葬（将骨灰盒装入棺材安葬）。

表1.9 村民去世后最主要的安葬方式

(%)

安葬方式	1990—1995年	1996—2000年	2001—2005年	2006—2010年	2011—2016年
土葬（棺材）	70.56	58.87	49.78	45.45	46.96
火葬（直接安葬骨灰盒）	18.18	27.71	35.5	39.39	38.26
火葬（将骨灰盒装入棺材安葬）	9.96	11.26	12.99	13.85	13.04
其他	1.3	2.16	1.73	1.31	1.74

本村行政区划范围内，没有组织以本地村民为主要参与者的文化/节庆活动的村占41%；偶尔有，但不定期的占35%；有，且定期举行的占24%。

2015年本村外出人员给村里捐赠过（包括利用行政权力调用相关资源资助家乡建设）的比例占23%。

上述的农村背景性问题描述中，涉及了乡村振兴的农业（种植、灌溉）方面、土地和经济与产业相关，生态（环卫）、治理和民生（人口、村治理、组织、公共设施）方面，也有少部分文化方面的分析。虽然较少社区营造中"景"方面的内容，但总体涵盖了乡村振兴的农业、产业、生态、文化、治理、民生方面的关注点和社区营造中"人、文、地、产"方面的关注内容。

在呈现乡村社区营造案例前，笔者选择了用2016年中国劳动力动态调查（CLDS）数据来呈现中国乡村地区在人口、土地、农业与经济状况、公共设施与环境卫生状况、组织和文化风俗等方面的内容。笔者认为，将这些内容作为乡村社区营造的一个宏观背景，有助于了解乡村地区的总体情况。从对中国乡村地区的数据描述中可知，中国乡村各村落在上述方面既存在相似处又有差异。这种共性和差异，使得我们需要留意各村落面临的普遍问题和自身具有的特色，在乡村社区营造的具体案例中，需要创新性地运用普适性的营造手法才能获得满意的效果。

社区营造关注社区中"人、文、地、景、产"方面的内容。"人"的角度对应CLDS数据中的人口问题。2016年相关数据显示，乡村社区以本村户籍人口的情况居多，也存在部分流动人口与本地人口混合居住的情况，部分乡村的少数民族人口占比超过本村总人口的一半；在外出务工的浪潮中，也存在部分村民没有从事过季节性务工的情况。社区营造中，"人"的营造是核心，营造过程中人的意识的改变则是重要的营造效果。借用优势视角理论，村落居住人口多，可能有利于形成较强的社会资本；村落留守人口少（例如空心化），可能有利于空宅的再改造。无论哪种乡村现状，均可以通过优势视角进行资源挖掘和动员，展开营造过程。

从"文"的角度来看，乡村地区有宗祠/祠堂、教堂、寺庙、清真寺、道观、土地祠/神龛等各类宗教场所，不过这些场所并没有普及到每个村落。有了此类场所，方便举办相关聚会或庆典活动。例如，有宗祠/祠堂的村更有可能会举办以姓氏、宗亲为纽带的聚会或祭祀活动，村里第一大姓氏的氏族成员也可能有族谱和坟场等。乡村地区需要各类的文化活动来显示地方的活力、特色和凝聚力，社会组织可以借助文化场所或公共场所（例如公园/广场）等开展各类活动。虽然社区营造中社会组织是重要的参与力量，但也有不少乡村地区并没有成立这类社会组织，有社会组织的村主要是以举办娱乐艺术类（唱歌、跳舞等）活动为主。部分村落从没有组织过以本地村民为主要参与者的文化/节庆活动，这意味着部分乡村的文化生活仍有待丰富，乡村社区营造在"文"的挖掘上也有不少可为空间。我们在乡村社区营造的每个案例中都能发现社会工作者在社会组织培育上的努力，他们以社区活动和自组织活动串联起人们的关系网络，并在活动固定或恒常的开展中，将这些网络加固，慢慢滋生出更多的在生计等方面可能互助合作的自组织，这些网络逐渐将整个村落联结在一起，并产生自组织间的联结以及与其他村落活动串联形成地方活动特色的可能。

"地"的营造涉及农业和生态等方面。总体上乡村地区是安宁有序、治安良好的，但农业发展在灌溉、机耕、病虫灾害防治和种植规划等方面还有较大的进步空间。从 2016 年的 CLDS 数据可以看出，乡村在绿植被的覆盖率和村庄整洁程度方面表现较好，大部分村落已有公共的垃圾环卫设施，大部分村没有异味/怪味，但空气和水等污染情况在部分村落依然存在。农户在生活污水、生活垃圾、家养牲畜粪便等处理上仍有改善和再利用的空间。书中的从化社区营造案例村已开始发展生态农业，将"产"和"地"联系在了一起，良好的生态环境为生态农业的发展提供了土壤，也为村中返乡人口提供了一种可持续发展的路径。而生态农业的出现并不完全是市场的作用，它与村落的整体生态环境及村民的生态保护意识的转变有关。

"产"的方面，2016 年 CLDS 数据显示，乡村地区有非农经济的比例并不高，村办非农集体经济比例更低，部分村子没有村集体财政收入。样本中一些村子有农民专业合作社，部分是政府资金扶持的，部分是村民自发组织成立的，有些合作社生产和销售一体化。社会工作者似乎更擅长组织培育、服务开展或活动举办，但在乡村开展工作，绕不开的话题便是农户的生计。我们是否要进行"产"的营造？我们如何将"产"的营造做成可持续的？在从化项目的案例中，便存在以生产生态产品为主的经济型农户合作社。农户们组成的合作小组在几年的营造过程中有散有聚又趋向稳定发展，乡村社区工作者、农户们和合作社一起成长，其中的得失成败在多年的积淀中形成了一套可在偏远乡村地区实践的乡村社区工作方法以及一些相应的核心理念，比如社区为本、资源为本、整合式的发展和重视生计改善等。虽然 2016 年调查样本中没有"景"的描述，但本书涉及的古西村营造项目便始于"景"的营造，并在"景"的营造中取得了很大成功，为我们展现了一个空心化村落将景观、"人"、"文"和"产"等营造元素自然融贯在一起的行动过程。

第二章

社区和社区营造文献综述

第一节 概念界定

一、社区

社区概念有两种常见的定义,一种指地域社会,另一种指关系类型。[1][2][3]作为地域社会的社区,主要由美国社会学家罗伯特·E. 帕克(Robert Ezra Park)及芝加哥学派提出,指群体共有一个确定的自然区域(natural areas),同一地域的人们也有共同联系,但这些共有特质、情感、归属和认同所构建的社会互动并不足以构成社区。以地缘为主的社区主要是根据范围进行界定,可以扩展到街道、区、城市、国家甚至全球。美国社会学家杰拉尔德·沙特尔(Gerald Suttles)认为,地域社区只是作为自由市场竞争的结果时,并不能形成它们的身份,一些社区有身份和界限是外界强加于它们的,地域社区并没有被当作是一个孤立的整体,而是一个更广泛的逐步分层的居住群体[4]。这意味着当社区作为生态单位时,是嵌套在所连接的更大社区中的,例如城市、国家,社区的社会力量受到生态学力量的影响。生态学力量是指那些与竞争过程有关联的力量,以及对于因居住和职业而形成的人口分布和隔离现象而言的,任何一个社区的生活不仅受到自身内部各种力量的影响,还受到整个更大生活总体

---

[1] Stacey Margaret: The Myth of Community Studies. The British Journal of Sociology, 1969, 20 (2): 134 – 147.

[2] 高鉴国:《社区的理论概念与研究视角》,《学习与实践》2006 年第 10 期。

[3] 赵定东、杨政:《社区理论的研究理路与"中国局限"》,《江海学刊》2010 年第 2 期。

[4] Gerald Suttles: The Social Construction of Communities. Chicago: University of Chicago Press, 1972, 278.

过程（例如城市/县域）的制约①。

当社区作为一种关系类型来界定时，德国社会学家斐迪南德·滕尼斯（Ferdinand Tönnies）是最早提出社区概念的社会学家。他认为"社区"是指那些具有某种文化共性的同质人口所组成的亲密的社会利益共同体，例如血缘共同体亲戚，地缘共同体邻里，精神共同体朋友。②社区强调的"共同体"③，意指那些建立在情感和共同性基础上，彼此具有认同感、安全感和凝聚力的社会群体。④在传统社会中，三类共同体重叠的可能性很高，共同体是一种理想的社区状态，但伴随工业化发展所进入的现代城市社会，三类共同体可以是完全分离的。滕尼斯的社区概念在沿用中强调传统认同和情感归属，在经历了社区共同体消失论和继存论的争论后，网络主义者巴里·韦尔曼（Barry Wellman）和巴里·雷顿（Barry Leighton）认为，社区应该包括三个因素，分别是提供成员之间社交和支持的人际关系网络（networks of interpersonal ties），居住在共同的地域（common locality），团结感和行为（solidarity sentiments and activities）。⑤在社区发展过程中，与计算机技术结合的虚拟社区流行，交流、购物、娱乐、咨询求助、知识学习、工作等网络行为增长，虚拟社区没有地域界限，依赖于金钱支付、电力供给和网络的技术支持也存在不稳定性，规模大小不一，类型多样，在丰富了居民人际社交网络和日常生活的同时，并不一定能形成精神共同体，而传统以地缘为主的实体社区，仍然在常人生活中占据重要地位。

我们在田野调查中发现，社区营造并非一定以行政社区为单位，既存在一个自然村或一个行政村的营造，也有相邻多村落组成片区的村落串联，这种串联往往基于景观一体、生态一体、文化一体或各村特色汇聚的合作一体等。这使得我们在社区营造中不断思考一个问题，社区虽然需要有边界，但是可以打破行政边界来根据营造事实进行界定吗？如果可以，那么规模不等的社区如何进行社区营造的比较呢？在本书中，我们的案例选取了相对独立营造的乡村，呈现了不同自然村的营造背景、过程、手法和反思，没有选取形成串联的片区村落，但将采用了相似技巧开展实务的村落归类在一起展现。

---

① R. E. 帕克、E. N. 伯吉斯、R. D. 麦肯齐：《城市社会学：芝加哥学派城市研究文集》，北京：华夏出版社，1987年版，第144 – 145页。

② 赵定东、杨政：《社区理论的研究理路与"中国局限"》，《江海学刊》2010年第2期。

③ 费迪南德·滕尼斯：《共同体与社会：纯粹社会学的基本概念》，北京：商务印书馆，1999年版，第58页。

④ 黄平、王晓毅：《社区公共性的重建：社区建设的实践与思考》（上），北京：社会科学文献出版社，2011年版，第2 – 3页。

⑤ Barry Wellman: The Community Question: The Intimate Networks of East Yorkers. American Journal of Sociology, 1979, 84 (5): 1201 – 1231.

二、社区营造

社区营造与社区发展概念紧密联系。早在1951年,联合国推出了"技术援助推广方案",促进落后地区发展乡村建设。一年后成立"社区组织与社区发展小组",在1954年后又改名为"联合国社会部社区发展组"。该机构的目的是助力社区问题的解决,促进社区福祉,增强社区自身力量,推动社区发展和社会变迁。联合国在随后的1955年发表了"通过社区发展促进社会进步报告",列举了社区发展十条基本原则。因联合国的推动,在亚洲、非洲、中东、拉美等全球落后地区,这项社区发展工作迅速地推展开来并取得了一定的成效,后来与重视社会发展的观念和实践逐渐合流,演进为一种世界性的潮流。①

与联合国社区发展计划相关,日本的社区营造产生于20世纪六七十年代日本经济快速发展时期,其目的是保持地域的多样性和独特性,发掘地区传统文化潜质。② 千叶大学宫崎清教授将营造议题分为人、文、地、景、产,分别指人的资源、文化资源、自然资源、景观资源和生产资源。③ 罗家德认为社区营造（community revitalization or neighbour organizing）指政府引导、民间自发,社会组织帮扶,使社区居民自组织、自发展、共同解决社区所面对的公共议题。④ 它是一个社区的自组织过程,提升社区内的社群社会资本,以达成自治理的目的。王文诚认为社区营造本质上是一个主动积极、草根性、由下而上的过程,为了社区发展的目标（如集体共识、公共决策、公共事务管理）所形成的集体动员。⑤ 社区营造体现了人们的广泛参与,表现了社区的活力、凝聚力和自治理能力。

社区营造的内容十分丰富,萧扬基将社区营造主要事务总结为七项:以一种加强价值和建立社会和人群资本的方式,强调具体改善方案;扩大居民参与的社区趋力;全面的、策略的及企业的;以资产为基础;合适的邻里规模与条件;连结更广大的社会以强化社区团体,并为居民开创外部机会;有意地改变

---

① 陈涛:《社会发展和社区发展》,《社会学研究》1997年第2期。
② 胡澎:《日本"社区营造"论——从"市民参与"到"市民主体"》,《日本学刊》2013年第3期。
③ 胡澎:《日本"社区营造"论——从"市民参与"到"市民主体"》,《日本学刊》2013年第3期。
④ 罗家德、梁肖月:《社区营造的理论、流程与案例》,北京:社会科学文献出版社,2017年版,第1页。
⑤ 王文诚:《反身性的社区营造:实践性的地理学想象》,《都市与计划》2011年第1期。

制度上的障碍和种族主义①。

第二节 社区研究现状与社区营造研究趋势

一、社区研究中的两种传统视角

滕尼斯的社区概念在沿用过程中,形成了两类不同的研究视角②:一类研究围绕地域共同体展开,例如农村村庄、城市街居;另一类研究则关注非地域性/跨地域性共同体,例如网络社区。我们是在地缘共同体的含义上来使用社区概念。

(一)"社区"本体论的三种讨论脉络

社区研究中主要的理论包括城市邻里关系/社会网络研究和社区权力研究。③ 肖林将"社区"研究和"社区研究"进行了区分,认为前者将社区本身作为一个以团结为特征的、具体的客观对象来研究,而后者是作为一种研究方法和研究范式,起到见微知著的透视功能,即以社区来透视社会。④ 关于"社区"研究,即社区本体论上的讨论,是沿着滕尼斯的社区概念,分析中存在两种视角,围绕地域共同体关注邻里关系和关注非地域/跨地域的共同体或社会亲密关系。它包括三种相继发展的社区理论,"社区失落论"(community lost)、"社区继存论"(community saved)和"社区解放论"(community liberated),三个理论主要讨论了社区的地域与社会网络的问题。⑤⑥ "失落论"和"继存论"关注的问题是,滕尼斯曾界定的社区概念在现有城市中是消失了还是仍然存在?而"解放论"则是关注非地域的社会亲密关系。

"社区失落论"的代表人物是德国社会学家格奥尔格·齐美尔(Geory Simmel)和美国社会学家路易斯·沃思(Louis Wirth)。齐美尔在《城市与精神生

---

① 萧扬基:《社区营造中社会资本对公民治理的影响》,《台湾社区工作与社区研究学刊》2015年第5期。
② 陈福平、黎熙元:《当代社区的两种空间:地域或社会网络》,《社会》2008年第5期。
③ 夏建中:《现代西方城市社区研究的主要理论与方法》,《燕山大学学报(哲学社会科学版)》2000年第2期。
④ 肖林:《"'社区'研究"与"社区研究"——近年来我国城市社区研究述评》,《社会学研究》2011年第4期。
⑤ 夏建中:《现代西方城市社区研究的主要理论与方法》,《燕山大学学报(哲学社会科学版)》2000年第2期。
⑥ 陈福平、黎熙元:《当代社区的两种空间:地域或社会网络》,《社会》2008年第5期。

活》一文中认为，个人为了适应大城市的生活内容和形式，保留某些自我个性以避免被拖入无价值的感觉中，需要对自身的社会本性进行更多的否定。① 小城镇人人相熟，而大都市人对待他人的精神态度更含蓄，即不对他人做出充分响应，或不信任、冷淡，甚至轻度反感、相互疏远和排斥，但这种都市精神现象的形式或伪装，也赋予人们大量的个人自由。② 他认为个体不仅仅是谴责或抱怨都市生活，而是应适应和理解作为整体的城市。沃思受齐美尔影响，在《作为一种生活方式的都市生活》（Urbanism as a Way of Life）一文中认为，大都市的发展是独特的现代西方文明开始的标志，城市人口数量、居住区人口密度与异质化程度三个变量，可以解释都市生活的特征，能对不同规模和类型的城市间的差异作出说明。③ 都市中的个人与集体行为表现为，原有的血缘关系失去效力，出现了虚拟血缘群体，社会团结基础的区域单位消失，出现了利益单位，城市社会分解为一系列脆弱的片段化关系。④ 他在论述人口集合体规模时提到，由于城市集合体成员的出身和经历各不相同，血缘纽带、邻里关系和共同的民间传统影响下世代生活所形成的情感已不复存在，或变得非常淡漠。⑤ 滕尼斯所认为的亲戚、邻里、朋友所组成的亲密的社会利益共同体，在大都市的社区中已经不存在。英国社会学家迈克·塞维奇（Mike Savage）和艾伦·瓦德（Alan Warde）指出，齐美尔认为都市居民有四种独特且相互关联的文化形式——理智、算计或精打细算、冷漠、很少显示感情，可以在都市环境中发现，这些特质似乎与沃思的说法一致，但仅止于此，齐美尔本身并不宣称都市本身造成这些文化形式，他并不像沃思那样关注数量，他认为数量之所以有社会学意义是因为它是金钱货币的前提。⑥ 无论齐美尔和沃思的观点有多少异同，在论述都市生活理论时，我们通常将其理论理解为"社区消失论"。

"社区消失论"认为社区团结消失，而"社区继存论"则认为仍然存在。在20世纪50年代及60年代，"社区继存论"得到发展，代表人物是美国人类

---

① 孙逊、杨剑龙：《阅读城市：作为一种生活方式的都市生活》，上海：上海三联书店，2007年版，第25页。

② 孙逊、杨剑龙：《阅读城市：作为一种生活方式的都市生活》，上海：上海三联书店，2007年版，第31页。

③ 路易斯·沃斯著，赵宝海、魏霞译：《作为一种生活方式的都市生活》，《都市文化研究》2007年第1期。

④ 孙逊、杨剑龙：《阅读城市：作为一种生活方式的都市生活》，上海：上海三联书店，2007年版，第3-7页。

⑤ 路易斯·沃斯著，赵宝海、魏霞译：《作为一种生活方式的都市生活》，《都市文化研究》2007年第1期。

⑥ Mike Savage, Alan Warde：《都市社会学》，台北：五南图书出版股份有限公司，2004年版，第121-122页。

学家刘易斯（Lewis）和美国社会学家甘斯（Gans）。刘易斯认为当时社会学家对都市生活（urbanism）的关注度远超过对城市化（urbanization）的关注，城市化并不是一个简单、单一、通用的相似过程，相比其他的从农村到城市移民的研究个案，出现例如个体不适应、家庭生活崩溃、宗教信仰下降和失范增多等消极影响，移民到墨西哥城的迪坡斯特兰（Tepoztlán）村民更容易地适应了城市生活——家庭凝聚力和大家庭的关系在城市中反而得以加强[①]：夫妻分居和离异现象很少，没有被遗弃的母亲或小孩，也没有人单独居住，没有陌生家庭居住在一起；除了更多的大家庭居住在一起外，家庭组成和在原来村落时一样，年轻人获得了更多自由，但父母的权威并没有下降，迪坡斯特兰养宠物的习俗也在城市延续；宗教生活也未减少，出现的变化是更多人信仰天主教，而不再是原来的印第安教；许多迪坡斯特兰家庭在城市中仍然使用草药烹饪和治病，移民到墨西哥城的人依然与原村落的亲戚保持很强的联络。[②] 从刘易斯的描述可知，迪坡斯特兰村民移居到城市后，生活方式没有非常明显的变化，人际关系依然紧密。沃思所说的高密度、大规模人口和高异质性等因素，并不必然瓦解城市移民的生活方式。

甘斯所著的《城市村民》（*The urban villagers*）一书中，描述了波士顿西部边缘意大利移民区的生活。甘斯指出当地人的人际关系和社区生活状况，与刘易斯的研究非常相似。他认为沃思的都市生活方式并非由于人口多、密度高和异质性高引起的，而是贫困和受歧视的结果。[③] 英国社会学家迈克尔·杨（Michael Young）和彼得·威尔默特（Peter Willmott）在《伦敦东部的家庭和亲属关系》（*Family and kinship in East London*）一书中论述了伦敦内城贝思纳尔格林区（Metropolitan Borough of Bethnal Green）的一个工人社区，探讨住宅改建对工人社区的影响。他们发现，大部分家庭并没有消失，反而在伦敦相当活跃，该街区的人们与亲戚、兄弟姐妹、叔叔阿姨，尤其是双亲的接触频率相当密集，这种密集的社会网络遍布整个社区，家庭提升了与外界接触的频率。虽然贝思纳尔格林位于都市中心，但却像一个村庄，人们有非常强的亲戚和邻居的联系，长期居住和密集的社会网络产生了社区感，居民团结一体。[④]

这些研究得出了与沃思完全相反的结论，大都市的复杂性被呈现出来。德

---

① Lewis Oscar: Urbanization without Breakdown: A Case Study. The Scientific Monthly, 1952, 75 (1): 31–41.
② Lewis Oscar: Urbanization without Breakdown: A Case Study. The Scientific Monthly, 1952, 75 (1): 31–41.
③ 蔡禾：《社区概论》，北京：高等教育出版社，2005年版，第131页。
④ Mike Savage, Alan Warde：《都市社会学》，台北：五南图书出版股份有限公司，2004年版，第112–133页。

国学者狄特迈尔·雅兹宾塞克（Dietmar Jazbinsek）认为齐美尔论述的城市生活所特有的大多数特征，最多适用于富有的居民区，而不适用于非自愿的经济住房社区，经济房社区中的居民被排除在现代都市人类之外，嘈杂、恶臭和委琐的生活更像是过时了的事物，而非现代都市生活方式。① 甘斯认为，沃思所归纳的都市型社区并不必然产生一致的都市居民生活方式，典型的算计等生活方式，仅适用于当时的城市内城区，并不适用于所有城市中的其他类型居民。② 美国社会学家图迈赫（Tomeh）分析了底特律城市居民的非正式互动情况，包括与亲戚、邻居、同事和朋友的交往频率，发现一半以上的人非常频繁地拜访亲戚，其次40%及以上的人会频繁地拜访邻里和朋友，同事的拜访率最低。他认为有关城市社会生活模式观点需要修正，大城市并不是没有人情味的大漩涡。③

沃思的理论受到诸多实证研究的挑战，但正如杨和威尔默特的研究发现一样，都市生活中具有的某些类似于乡村社区的生活特征，是比较脆弱的，城市的某些管理手段会导致这些特征消失。英国社会学家诺南·帕迪森（Ronan Paddison）认为工人阶级聚居区一旦迁移至新建的外围郊区，原社区的支持性社会网络会终止，社区感也会消失，伦敦东区便是通过分解亲情、分解大家庭网络和隔断社区关系获得再发展。④ 不可阻挡的大趋势是，城市化越来越加深，都市生活方式的高异质性，充满冲突、不和谐现象持续存在，社区整合和社区重建面临困难。

在20世纪70年代，社区解放论提出，代表人物是美国社会学家克劳德·S. 费舍尔（Claude S. Fischer）、英国社会学家巴里·韦尔曼（Barry Wellman）和巴里·雷顿（Barry Leighton）。社区解放论主要强调社区研究不应该仅局限于地域内，应该将社区从地域局限中解放出来，重视跨社区或超社区的研究，成为"脱域的共同体"或"个体社区"或"网络社区"。⑤ 费舍尔在《城市性的亚文化理论》（Toward a Subcultural Theory of Urbanism）一文中关注城市性（Ur-

---

① 孙逊、杨剑龙：《阅读城市：作为一种生活方式的都市生活》，上海：上海三联书店，2007年版，第40—41页。

② Gans Herbert J: The Balanced Community: Homogeneity or Heterogeneity in Residential Areas? Journal of the American Institute of Planners, 1961, 27 (3): 176—184.

③ Tomeh Aida K: Informal Participation in a Metropolitan Community. The Sociological Quarterly, 1967, 8 (1).

④ 诺南·帕迪森著，郭爱军、王贻志等译：《城市研究手册》，上海：格致出版社、上海人民出版社，2009年版，第252页。

⑤ 肖林：《"'社区'研究"与"社区研究"——近年来我国城市社区研究述评》，《社会学研究》2011年第4期。

banism)的社会影响，他认为沃思的研究结论是都市性造成的社会失序和个体疏离。甘斯的结论是都市性没有特别明显的影响，他认为沃思的都市生活理论否定了区位（ecological）因素的重要性，他以不同于沃思的方式重新引入人口规模和密度变量，认为当众多的各种类型的人在城市里都能找到足够数量（critical class）的伙伴，形成一个圈子时，就会产生一些非常规的亚文化（unconventional subcultures）。① 这在非都市地区是少见的，都市的区位作用，使得亚文化特征有可能扩散和深入。费舍尔认为，根据亚文化理论，城市刺激了非传统（unconventionality），亚文化是这样一群人的一个大集合，即分享一个明确的特征，彼此联系，遵循明确的价值观，分享一系列文化工具，参加共同的生活方式，这些属性在程度上有问题的话，亚文化的界限就可能会模糊和重叠，因为许多显现的亚文化是非正规的，城市生活也相对是非常规的。② 费舍尔之后又区分了城市生活世界中公开（public）的和私下（private）的人际关系，在公开领域，城市性产生了对陌生人群体的担忧和不信任，但并没有影响私下的社会生活，他的研究表明，城市性与邻里的不信任不相关，但与更大社区范围内对其他人的不信任相关。③ 费舍尔用个人能力量表和对他人不信任量表，分别测量了无力感（powerlessness）和社会隔离（social isolation），发现城市规模与无力感无关，但与社会隔离相关，社区规模与邻里熟悉程度负相关，他将其归因于城市中邻近的相对不重要，城市降低了邻里联系，但是促进了跨地区（trans-local）联系。④

韦尔曼调查了845个住在约克角东部（East York）、多伦多的居民，发现他们的亲密关系网络非常普遍，由亲属的、非亲属的、非地域的、不均匀的和稀疏的密度组成。居民的邻里关系依然存在，但它只是居民的社会关系之一，邻里之间较少形成强烈的亲密关系（intense intimate relationship）。他认为居民的关系并没有被囊括进脱钩的（decoupled）小世界中，而是驶进了大城市网络中。⑤ 韦尔曼之后的研究转向了网络个人主义，他第二次对约克角东部居民的

---

① Fischer：Toward a Subcultural Theory of Urbanism. American Journal of Sociology, 1975, 80 (6)：1319 – 1341.

② Fischer：The Subcultural Theory of Urbanism：A Twentieth – Year Assessment. American Journal of Sociology, 1995, 101 (3).

③ Fischer：The Public and Private Worlds of City Life. American Sociological Review, 1981, 46 (3)：303 – 316.

④ Fischer：On Urban Alienations and Anomie：Powerlessness and Social Isolation. American Sociological Review, 1973, 38 (3)：311 – 326.

⑤ Wellman：The Community Question：The Intimate Networks of East Yorkers. American Journal of Sociology, 1979, 84 (5)：1201 – 1231.

调查，就主要是分析不同类型的网络提供的不同资源支持。他认为个体获得的各种支持更多是与关系特征相关，而非网络成员的特征。例如子女和父母的关系特征是强关系，那么父母提供给子女的经济支持，可能高于朋友、邻里等其他关系。总体上，综合的成员关系网络能提供稳定的和有选择性的支持。① 他后来又关注基于计算机网络的社交网络（computer-supported social networks），他认为，当计算机网络将人们与机器连接起来时，计算机网络则成为社会网络，这种基于计算机支持的社会网络是虚拟社区，计算机支持是合作工作和远程遥控工作的重要基础，具有很强的社会应用价值，② 此时的韦尔曼已俨然成为网络主义分析者。早期他和雷顿的研究就支持社区解放论，认为应该区别开对邻里和对社区的关注。他们在论述社区问题研究方法中强调了社会网络分析的作用，认为社区继存论和社区解放论，均提出了在合适条件下，对社会系统或个人可行的网络模式，个人的被组织起来的各种网络可以产生灵活的结构来处理日常和紧急事情，在一些情况下，可以观察到社区继存的模式是作为团结的地域邻里，在另一些情况下，则是基于网络的邻里。③

（二）社区作为研究主题的复兴

社区本体论研究从地域共同体转向了社会网络研究。回到滕尼斯的共同体概念，可以发现他所指的共同体关系脱离了地域，还包括血缘和精神共同体。社区继存论和社区失落论的争议都是集中在讨论地域共同体，而社区解放论的讨论走出了地域共同体，关注对血缘、精神共同体的讨论，这种讨论可以是地域性的，也可以是非地域性的，重要转变并不是研究对象是否限定在社区里，而是研究视角发生了转化，网络分析替代了地域分析。这说明，并不是社区研究已经止步，而是对共同体的研究视角发生了转化。

社区中邻里关系和社区权力的研究依然广泛。美国社会学家罗伯特·J. 桑普森（Robert J. Sampson）等对1956年至1998年以邻里或社会资本为题目的文献进行社会科学引文索引，发现除了1984至1992年篇幅有所下降外，该类研究的趋势是一直持续上升的，1997年至1998年的研究篇数达到了100篇以

---

① Wellman & Wortley (Scot). Strokes from Different Folks: Community Ties and Social Support. American Journal of Sociology, 1990, 96 (3): 558–588.
② Barry Wellman & Janet Salaff & Dimitrina, etal: Computer Networks as Social Networks: Collaborative Work, Telework, and Virtual Community. Annual Review of Sociology, 1996, 22 (1): 213–238.
③ Wellman & Leighton Barry: Networks, Neighborhoods, and Communities: Approaches to the Study of the Community Question. Urban Affairs Review, 1979, 14 (3): 363.

上。① 美国社会学家莱瑞·赖恩（Larry Lyon）认为，标准化、同质性、避免种族和阶级区分的大众社会兴起后，社区研究在 20 世纪 50 和 60 年代衰退了，但在 70 年代，大众社会的观点被证明是有限的和被夸大的，在地的类公社的社区差异仍然明显，社区研究复兴了，并且，社区以多样的方式连接到大社会中。②

社区或邻里研究被广泛应用在城市规划、犯罪学、教育学、心理学等学科中。以城市规划领域中的邻里单元模式为例，在 20 世纪 60 年代后已经较少在城市住宅中采用，出现了"反邻里"的看法，有些新城的规划直接采用高密度手法，根本没有邻里单元，也有一些规划采用小邻里均质（住户在种族、文化背景或生活方式上具有同质性），与大邻里的非均质性混合居住型规划。然而，20 世纪 70 年代，城市规划领域中的邻里意识又恢复了，街道和社区空间的犯罪防御性功能被重新重视。规划者和大多数居民的看法是，邻里这个概念在当今现代化社会中需要考虑的是，住在邻里中的人仍能且有必要维持一定的邻里感觉，不能对全体居民，至少对一部分人，如老年人、小孩、青少年而言，需要有这种归属感和自我认同感。③

社区居住空间中，邻里合作发挥可防卫的功能，是社区、街道或邻里研究再受关注的重要因素之一。居住空间是犯罪的主要场所之一，已有关于山东和天津的多次追踪调查表明，居民住宅和人员相对固定的封闭性空间是犯罪的高发地，且居住空间中以盗窃案最为常见。④ 传统的住区对犯罪分子防范方式有人防、铁门窗的物防或以现代防范技术为主的安全技术防，但均存在一定的断点，例如人防受到生理限制，总有疲倦、疏忽大意之时，物防和技术防受到材料或电路系统等影响，对犯罪分子的威慑作用仍有不足。住宅规划的研究认为可以通过环境设计改变物理空间样式，由此改变居民的行动方式和社会联系，达到预防犯罪的功能。这类研究预先设立的前提假设是，犯罪与物理空间有关。例如雅各布斯（Acobs）提出的"街道眼"功能，建筑师奥斯卡·纽曼（Oscar Newman）提出的可防卫空间理论，均重视环境设计对犯罪的预防。如果说建筑设计对犯罪只是发挥预防性功能，那么，居民参与不仅可以作为非正式的监控，预防犯罪行为，也能直接促进犯罪问题的解决。社区治安的研究认为除了警察的作用外，社区在解决社区治安和打击犯罪方面的功能应被挖掘，社区和警察

---

① Sampson, Morenoff: Assessing "Neighborhood Effects": Social Processes and New Directions in Research. Annual Review of Sociology, 2002, 28 (1): 443–478.
② 莱瑞·赖恩著，邓福贞、徐琦译：《社区社会学》，北京：中国社会出版社，2004 年版，第 14–17 页。
③ 李道增：《环境行为学概论》，北京：清华大学出版社，2000 年版，第 53 页。
④ 许建军：《城市居住空间与犯罪预防——通过环境设计预防犯罪》，华东政法大学刑法学硕士论文，2009 年，第 4 页。

应该共同协作，功能互相补充，控制犯罪和维持秩序，社区中的居民应该参与到维护社区安全中来。警察和社区在相互信任的基础上建立合作关系，信任促使社区进行更广泛的联系，进而促进居民之间的交流，结果是相互间更加信任。① 社区合作过程实质上是交流——信任——社区联系互相促进的循环，居民更直接地参与到预防和阻止犯罪与骚乱的工作中，邻里被有效地组织起来。② 社区治安中社区参与，培养了居民的主人翁意识和维持社区秩序的责任感，对社区安全也发挥了有效的治理作用。以社区为主解决治安与犯罪问题的方法在日本、加拿大、新西兰、英国、挪威、瑞典、丹麦等国家均有广泛应用。

社区是老年人养老与日常活动的主要场所，老年人对社区资源有着依赖。伴随20世纪70年代以来大量老年人口居住迁移行为，老年移居理论逐渐发展，关于社区老年人养老问题的研究增多，社区环境、社区社会支持、社区安全和社区参与等因素均被看作是影响老年人身心健康的重要因素。首先，社区环境问题会影响老年人的功能性健康，这些社区环境问题例如噪音、犯罪、垃圾和丢弃物、照明和公共交通等如果持续维持（例如一年），约6.1%的老年人会出现爬楼梯、提重物（4.54公斤）困难等全身功能性健康问题，3.9%的老年人会出现下肢功能性健康问题，而居住在环境良好社区的老年人，此类健康风险发生的情况则会明显降低。③ 其次，社区的社会支持可以降低老年候群症状。在控制了个体特征（例如年龄、性别、受教育水平和婚姻状况等）的影响后，在社区中生活有安全感有归属感及社区凝聚力强，都能显著降低老年人中普遍流行的衰弱症。④ 社区中志愿性质或文娱性质的活动，老年人是参与主力之一，参与活动也有利于老年人健康。社区环境和活动参与，比邻里的社会经济地位对老年人健康的影响更强烈，社区各种类型的活动参与对老年人的自我健康、死亡率、伤残、抑郁症和认知能力有积极的影响。⑤ 受限于身体体能，老年人居住区内物理空间设计若能达到较高的通达性，则降低老年人的社会参与阻碍，

---

① 闫月梅、李晖、庄芮、贾红梅：《社区治安与犯罪问解决》，北京：中国社会出版社，2004年版，第57页。

② 闫月梅、李晖、庄芮、贾红梅：《社区治安与犯罪问解决》，北京：中国社会出版社，2004年版，第63页。

③ Balfour & Kaplan：Neighborhood Environment and Loss of Physical Function in Older Adults：Evidence from the Alameda County Study. American Journal of Epidemiology，2002，155（6）：507–515.

④ Cramm & Nieboer：Relationships between frailty, neighborhood security social cohesion and sense of belonging among community-dwelling older people. Geriatrics & gerontology international，2013，13（3）：759–763.

⑤ Richard Lucie & Gauvin Lise & Kestens Yan & Shatenstein Bryna & Payette：Neighborhood Resources and Social Participation Among Older Adults：Results From the VoisiNuage Study. Journal of Aging and Health，2013，25（2）：296–318.

社区活动的参与是社会参与的延续，老年人与社区中街坊和邻里的交往，也是获得社区情感或工具性支持的途径之一。尤其对空巢老人、孤寡老人而言，街坊邻里的守望互助功能也变得越重要。荷兰学者简·默里·克拉姆（Jane Murry Cramm）的研究表明，虽然单身和贫穷的老人幸福程度低于已婚和富有的老人，但社区服务、社区社会资本和社区社会凝聚力，对这种不利影响产生着缓冲作用，可以减弱因贫困和单身带来的不幸。①

社区或邻里因素在青少年研究中占据重要地位，社区环境或邻里关系对社区青少年的生活方式和教育获得产生重要影响，以社区/邻里效应的研究为代表，重视影响机制的研究。早期芝加哥大学社会学系的克利福·R. 肖（Clifford R. Shaw）和亨利·D. 麦凯（Henry D. McKay）的研究发现青少年犯罪在城市空间分布上存在规律，主要集中在特定区域内，例如重工业区或商业区内，经济条件差的社区、移民社区和穷人社区等，因为城市社区的无序会影响青少年的不良行为，在疾病、离异或贫困等社会问题并存的社区中，教育机构失去威信，青少年的不良行为增加。② 美国社会学家马里奥·L. 斯莫尔（Mario L. Small）和凯瑟琳·纽曼（Katherine Newman）对社区/邻里因素发挥作用的机制进行了完整的总结。他们认为邻里效应是通过社会化机制（socialization mechanisms）影响小孩和青少年的，社会化机制将个体看作是强大的社会力量的接受者，认为在某种邻里模式中长大的人就会有特定的行为模式。例如，流行性模型（epidemic model）认为一个小孩的许多邻里同辈群体若进行某一类型的行为，则该小孩也将被社会化到该类行为中；集体社会化模型（collective socialization model）认为如果小孩住的社区中有一个稀缺的成功的榜样，那么这些小孩则很少会去想象自己也会那样成功；制度化模型（institutional model）认为如果贫困社区中没有与制度相连的成年居民（例如教师或警察），则可能不利于青少年成长；语言隔离模型（linguistic isolation model）涉及贫困且被隔离社区中非裔美国小孩的社会化问题，如果黑人小孩成长于此种环境中，不能学习到标准的美国英语，会影响其在学校中或找工作面试中的表现；相对剥夺模型（relative deprivation model）认为在富裕社区中成长的穷人家小孩比在穷人社区中成长更糟糕，因为人们通常会通过与周围人的比较来判断自己的经济地位，居住在富人社区中的穷人小孩会对自己产生很多不好的看法，某种情况下会借助异常行为回应这种不良适应；对立的文化模型（oppositional culture model）认

---

① Jane M. Cramm & Hanna M. & Nieboer: The Importance of Neighborhood Social Cohesion and Social Capital for the Well Being of Older Adults in the Community. The Gerontologist, 2012, 53（1）: 142 – 150.
② 吴宗宪:《西方犯罪学史》，北京：警官教育出版社，1997年版，第626页。

为隔离或社区贫困导致居民发展了与主流规则和价值相反的一种文化。[1]

在中国，社区研究的复兴与社区建设密不可分。伴随产业结构调整和产权制度改革，企业和事业单位的经营机制转变，一些社会福利与社会管理职能的剥离，由政府统包统揽的福利服务向社会共同承担的转变，社区和各类社会组织团体开始来承担被剥离或被转移出来的社会职能。[2] 与此同时，广大居民的需求也不断增强，但社区居民服务却处于短缺状况，于是，在1983年，民政部门开始酝酿社会福利工作和社区服务改革思路，在1986年，为了配合城市经济体制改革和社会保障制度建设，民政部倡导城市开展以民政对象为服务主体的社区服务，明确提出了开展和完善社区服务的要求，也第一次将社区概念引入城市基层管理中，并在1987年和1989年分别在武汉和杭州召开社区服务工作座谈会，促进社区服务发展。[3] 社区服务以街道办事处和居委会为依托，由社区福利服务业、便民利民服务业组成，是社会保障体系和社会化服务体系中的一个重要行业，具有福利性、群众互动性、无偿或抵偿服务性、地缘性四个特点。[4] 到20世纪80年代末，全国已有过半数的街道开展各类社区服务，服务设施逐渐配套，人员也逐步完善。[5] 早期社区服务的提出，源于社会主义市场经济发展过程中带来的社会变革和问题，社会福利制度由原来的国家负担改革为社会化，街道建立"社会福利服务网络"，社区服务作为深化城市社会福利事业改革的举措。[6]

源于快速的城市化、单位制解体、城市流动人口的急剧膨胀和住房市场化改革等新的社会状况出现，原有的传统管理组织老化，管理理念、方式和人员配置及已有的社区服务体系都不能适应新的城市发展需求，[7] 有鉴于此，1991年国家民政部提出了社区建设的概念。社区建设除了包括社区服务外，还有社区内康复、医疗、文化、教育、卫生、治安等多方面内容的建设，并在两个城市（杭州市下城区和天津市河北区）开展试点。在1991和1992年间，召开了

---

[1] Small & Newman: Urban Poverty after The Truly Disadvantaged: The Rediscovery of the Family, the Neighborhood, and Culture. Annual Review of Sociology, 2001, 27（1）：23-45.

[2] 易晋:《我国城市社区治理变革与社会资本研究：1978—2008》，博士论文：复旦大学行政管理，2009年，第61页.

[3] 张勇:《我国六十年城市社区建设历程、脉络与启示》，《深圳大学学报（人文社会科学版）》2012年第3期.

[4] 蔡禾:《社区概论》，北京：高等教育出版社，2005年版，第140页.

[5] 雷茜:《城市社区建设中的政府、市场与社会的互构》，博士论文：华中师范大学社会学，2012年.

[6] 蔡禾:《社区概论》，北京：高等教育出版社，2005年版，第140页.

[7] 夏建中:《从街居制到社区制：我国城市社区30年的变迁》，《黑龙江社会科学》2008年第5期.

三次全国性社区建设理论研讨会，征求各界对社区建设的意见。在1996年之后社区建设被纳入民政部的工作中，且在1998年国务院确定民政部在原有的基层政权建设司基础上，再另设立基层政权和社区建设司，以便推进和指导社区建设。① 随后，全国出现了城市基层社区管理体制和运行机制改革潮流，社区建设的实验区增加，街道与社区管理组织在城市社会和生活中的地位逐渐提高。社区研究成为当时的重要课题，理论研究和实践同时展开，各地社区建设模式出现。

2000年社区建设正式开展和推进。中共中央办公厅、国务院办公厅印发《民政部关于在全国推进城市社区建设的意见》，认为社区建设意义重大，明确提出城市社区建设的指导思想、基本原则和主要目标，促进社区服务、卫生、文化、环境、治安和因地制宜地确定城市社区建设发展的内容，并加强城市社区组织和队伍建设，制定规划，加强领导，形成推进城市社区建设的整体合力。一些城市社区被作为社区建设的示范进行推广。2002年党的十六大报告中，在政治建设和政治体制改革部分提出了扩大基层民主，完善城市居民自治，建设管理有序、文明祥和的新型社区。全国各地进一步加强社区建设，重视和培养居民的社区参与，城镇社区服务设施开设规模大，综合性的社区服务中心增多，社会团体、民办非企业逐年增长。社区制开始全面替代传统的街居制，成为中国城市基层社会管理体制。② 在这一转变过程中，街道与社区不仅在社会服务和建设上的功能显现出来，也成为城市社会基层管理的创新地。从2004年起，建设和谐社会的任务提出，社区成为和谐社会建设的基础。在2006年，国务院、民政部、劳动保障部等对社区卫生服务提出指导意见和执行办法，社区治理扩展到社区建设各领域中。在2011年民政部提出的《"十一五"社区服务体系发展规划》中，强调了社区服务体系创新，指出全国社区服务中心已经达到3515个，社区服务站44 237个，社区综合服务设施覆盖率达50.8%，设施近20万个，社区服务专职员工30多万人。

社区服务和社区建设先后被提出，后者比前者更完善，同时，也包括了设施和社区内支持网的建设，设施建设是基础，网络建设是核心，实质是一个社区发展过程，也是一个长期的过程。③ 社区服务和建设过程，体现着政府社区治理的逻辑，由政府单向度的治理转为多元主体参与。基层管理体制由街—居

---

① 宋祥秀：《中国城市社区建设历程》，《湘潮（下半月）》2012年第6期。
② 夏建中：《从街居制到社区制：我国城市社区30年的变迁》，《黑龙江社会科学》2008年第5期。
③ 王思斌：《体制改革中的城市社区建设的理论分析》，《北京大学学报（哲学社会科学版）》2000年第5期。

制转向社区制后,社区制集中体现在社区治理结构的构建上,治理动力来源于政府和社区居民。在实践中,治理模式有多种:如政府主导、社区自治和合作型等。① 无论社区服务或社区建设,都希冀通过社区发展推动人和社会发展。但是,由于中国社区服务体系构建和社区建设模式,是自上而下由政府主导、支持和推动的,因此维护社会稳定也是其首要目的之一。通过基层管理体制建设和社区中多元主体的参与,培养居民社区意识和社区文化,实现社区自组织治理,发挥社区的政治功能,政府组织能在社区管理中有的放矢,社区能和谐、有序和稳定地发展,进一步实现维护社会和谐和稳定的作用。

2013年十八届三中全会在《中共中央关于全面深化改革若干重大问题的决定》(下文简称《决定》)中提出和阐述了创新社会治理,提出了"改进治理方式、激发社会组织活力、创造有效预防和化解社会矛盾体制、健全公共安全体系"。2017年党的十九大报告又提出打造共建共治共享的社会治理格局,建立"加强社会治理制度建设,完善党委领导、政府负责、社会协同、公众参与、法治保障"的社会治理体制。延续了《决定》的创新社会治理内容,增加的社区治理体系明确提出了"社会治理重心向基层下移,发挥社会组织作用,实现政府治理和社会调节、居民自治良性互动"。在以人为本并坚持共建共治共享的原则下,社区治理体系的建设重点在城乡社区。治理政策的推进表明中国政府加快了向现代合作治理和政府职能转变速度,在坚持法治基础上,更加强调党和政府在治理中的作用,中国出现的不同治理模式可视为党和政府主导模式的不同实现方式。②

(三) 作为中观背景的"社区"研究

当社区或邻里(以下简称社区)作为自变量时,社区成为高于个体层次的因素,研究主要关注社区的邻里效应(neighborhood-effects),研究对象分别是小孩/青少年以及成年人。对这两类群体的研究共有两种视角,一种是社会生态分化(social-ecological differentiation)视角,关注邻里的贫困、社会互动、制度机制等对青少年群体或成年人贫困、失范、暴力、沮丧、高危险行为等的影响;另一种是集中的弱势(concentrated disadvantage)视角,关注邻里的差异性(neighborhood differentiation),例如生命周期状态、居住稳定性、住房产权、居住密度和种族异质性。

---

① 易晋:《我国城市社区治理变革与社会资本研究:1978—2008》,博士论文:复旦大学行政管理,2009年,第70页

② 葛天任、李强:《我国城市社区治理创新的四种模式》,《西北师大学报:社会科学版》2016年第6期。

从社会生态分化视角来看，邻里在社会经济和种族隔离方面存在很大的社会不平等，许多社会问题一起绑定在邻里层次上，邻里对小孩和成人的许多效应是共通的，邻里效应并不会随邻里单元的界定不同而发生变化。①

从集中弱势视角出发，芬兰学者蒂莫·M. 考珀因（Timo M. Kauppinen）发现邻里的教育组成对学生教育机会的影响，很大程度是通过学校的社会经济结构才产生的，学校的社会经济结构与教育机会是线性关系，而邻里并不产生一个非线性的由高到低的效应。② 但芝加哥大学教授苏珊·E. 梅耶（Susan E. Mayer）和哈佛大学教授克里斯托弗·詹克斯（Christopher Jencks）的研究相反，他们的研究是，在贫困的邻里地区长大，会多大程度上对青少年发展产生影响，他们发现高中学校的社会结构对学生进入大学的机会和对白人小孩的学术成就的影响很低，学校的社会经济结构或社区对小学生的成绩、对高中学生的毕业率、对青少年犯罪和对早期的劳动力市场经历影响也很弱，但在贫困邻里地区长大会增加黑人青少年的怀孕比率。③ 美国发展心理学家珍妮·布克斯关（Jeanne Brooks-Gunn）等的研究也认为，即使控制了家庭社会经济特征差异，邻里效应的影响依然显著，社区中富裕邻居的比例越高，小孩的斯坦福－比奈智力（Stanford Binet IQ）得分越高，青少年生育也会减少，辍学率也会降低。④ 而且，在控制了其他影响因素后，长期居住在赤贫地区或贫困线以下地区的小孩，在学前或上学初期进行干预，将能减少贫困对小孩的影响（Brooks-Gunn & Duncan, 1997）。美国社会学家大卫·J. 哈丁（David J. Harding）比较了两群青少年时期成长在不同的邻里环境中的小孩，发现住在高贫困（high-poverty）社区的小孩，比低贫困（low-poverty）社区的小孩更可能在高中辍学和青春期妊娠。⑤

以上的研究表明，社区的社会经济水平、邻里的人口组成对小孩或青少年的影响是明显的，社区效应对成人的行为也产生影响。美国赖斯大学学者詹姆斯·艾略特（James R. Elliott）的研究认为，邻里贫困对成人行为发展和失范的

---

① Sampson & Morenoff & Gannon-Rowley: Assessing "Neighborhood Effects": Social Processes and New Directions in Research. Annual Review of Sociology, 2002, 28 (1): 443 - 478.

② Kauppinen, Timo M: Schools as Mediators of Neighborhood Effects on Choice Between Vocational and Academic Tracks of Secondary Education in Helsinki. European Sociological Review, 2008, 24 (3): 379 - 391.

③ Susan Mayer E. & Christopher Jencks: Growing Up in Poor Neighborhoods: How Much Does It Matter? Science, 1989, 243 (4897): 1441 - 1445.

④ Jeanne Brooks-Gunn & Greg J. Duncan & Pamela Kato Klebanov & Naomi Sealand: Do Neighborhoods Influence Child and Adolescent Development? American Journal of Sociology, 1993, 99 (2): 353 - 395.

⑤ Harding: Counterfactual Models of Neighborhood Effects: The Effect of Neighborhood Poverty on Dropping Out and Teenage Pregnancy. American Journal of Sociology, 2003, 109 (3): 676 - 719.

影响，是通过非正规社会控制（informal social control）的影响产生的，这种非正式社会控制包括社会组织、集体效能等。[①] 美国社会学家威廉·朱利叶斯·威尔逊（William Julius Wilson）认为贫困集中会导致穷人从中产阶层、相应的角色模型、资源和工作网络中孤立出来，相比在贫困社区中的穷人，在混合收入社区中的穷人利益会较少受到损害。[②] 美国社会学家莱恩·M. 蒂格斯（Leann M. Tigges）等发现邻里贫困会明显增加社会隔离，并降低资源的获取[③]，美国社会学家詹姆斯·罗森鲍姆（James E. Rosenbaum）和苏珊·J. 波普金（Susan J. Popkin）的研究发现，相比留在内城住的家庭，同样低收入的黑人家庭，从公租屋搬到郊区住的人更可能受雇。[④] 斯莫尔将社区环境对成年人能动性的限制方式概括为工具化机制（instrumental mechanism），包括了三种模型：网络隔离模型（networks isolation model）认为在贫困或失业面广的社区中，个体难以从中获得工作信息；资源模型（resource model）认为贫困社区，学校、教堂、休闲区域等制度性资源被剥夺，使得父母不能很好地养育子女；有限政治联盟模型（the limitation of political alliances model）认为并不是因为社区贫困，而是因为社区被隔离，才导致黑人难以跨越种族界限发展政治联盟，也吸引不到公共资源和商业投资来建设像样的学校和操场。[⑤]

社区效应对小孩及成人的行为影响普遍，测量社区结构的特征包括社区的教育组成（例如社区内居民的受教育水平）、社区的阶层水平（例如该社区是否是城市中贫困集中的社区）或者社区的社会经济结构（community socioeconomic context）等。测量方式多样，例如，美国社会学家道格拉斯·梅西（Douglas Massey）测量了贫困和富裕两种社区的集中，公式为：

$$\frac{富裕家庭数 - 贫困家庭数}{家庭总数}$$

上述公式中，富裕家庭被界定为年收入超过五万美金，贫困家庭界定为收入低于贫困线，分值越靠近 1 则代表该社区越可能是富裕社区，分值越接近 -1 则代表该社区越可能是贫困社区，分值为 0 则代表该社区居住的富人和穷人比

---

① Elliott: Social isolation and labor market insulation: network and neighborhood effects on less-educated urban workers. The Sociological Quarterly, 1999, 40 (2): 199 – 216.

② Wilson: The Truly Disadvantaged: The Inner City, the Underclass, and Public Policy. Chicago: University of Chicago Press, 1987.

③ Tigges, Browne, Green: Social isolation of the urban poor: race, class, and neighborhood effects on social resources. The Sociological Quarterly, 1998, 39 (1): 53 – 77.

④ Rosenbaum & Popkin: Employment and earnings of low-income blacks who move to middle-class suburbs. In Jencks & Peterson: The Urban Underclass. Washington: Brookings Institution Press, 1991.

⑤ Mario Luis Small & Newman: Urban Poverty after The Truly Disadvantaged: The Rediscovery of the Family, the Neighborhood, and Culture. Annual Review of Sociology, 2001, 27 (1): 23 – 45.

例一致。① 美国社会学家费利西亚·B. 莱克勒（Felicia B. Le Clere）等用一系列与社区各种特征有关的比例，来构建社区结构，例如社区中黑人/拉美人集中的比例、社区中等收入者的比例、年满25岁且已高中毕业/大学毕业的人口比例等，计算这些比例的四分位数，以较小四分位数作为参考项，构建成二分变量。② 也有研究用多个指标来测量社区结构，或者构建一个综合的社区社会经济地位指数（community socioeconomic index）。例如，美国社会学家斯蒂芬妮·A·罗伯特（Stephanie A. Robert）构建了三个社区 SES 变量，分别为接受公共补助的家庭比例、年收入低于三万美元或三万五千美元的家庭比例、失业的成人比例，将这三个变量加总，构建成一个社区社会经济地位指数，指数得分越高，表明社区社会经济地位越低。③

除了社区社会组成外，也有研究认为空间邻近性本身会产生某种效应，这种效应被归类为邻近效应，而非社区主体的效应。例如，美国社会学家杰弗里·D·莫雷诺夫（Jeffrey D. Morenoff）等的研究将空间相关（spatial dependence）看作一个真实的现象而非一种干扰（nuisance），空间资料在空间上并不随机分布，空间之间存在自相关。他们认为周围的邻里特征对理解给定社区的居民自杀行为很重要，他们采用了空间滞后模型，在控制了内部的邻里特征和之前自杀的变量后，发现空间邻近本身与自杀有强相关。④

除此之外，社区类型和社区内异质性研究也将社区作为中观背景。首先，社区类型体现了两类含义，一是作为社区间差异，二是作为社区变迁的特征。社区类型的分类多样，一方面，可以从社区功能来划分，是一种类型划分法，或者横向分类法。例如，地理学的社区类型划分方式，并不拘泥于行政社区，常常跨越了行政地域范围。在人文地理学中，根据社区的空间特征，可以将社区类型划分为两种：空间性社区和非空间性社区，前者包括法定社区（行政社区）、自然社区（自然形成的定居区）及转能社区（因从事某些专门活动而形成的聚居区，例如：矿山、军营）而后者指精神社区，人们虽分散居住各地，

---

① Massey: The prodigal paradigm returns: Ecology comes back to sociology. In Booth, Alan & Crouter, Ann (eds.). "Does It Take a Village? Community Effects on Children, Adolescents, and Families." Kentucky: Psychology Press, 2001.

② Le Clere & Richard G. & Kimberley D: Ethnicity and Mortality in the United States: Individual and Community Correlates. Social Forces, 1997, 76 (1): 169 – 198.

③ Robert & Lydia W: Age Variation in the Relationship between Community Socioeconomic Status and Adult Health. Research on Aging, 2001, 23 (2): 234 – 259.

④ Jeffrey D. Morenoff & Robert J. Sampson & Raudenbush: Neighborhood inequality, Collective Efficacy, and The Spatial Dynamics of Urban Violence. Criminology, 2001, 39 (3): 517 – 558.

但因共同的精神信仰而频繁交往，形成的心理社区。① 地理学也常用人口普查数据，采用因子分析和聚类分析法，对城市社会区进行划分，划分准则主要是根据一些主要因子，分类也多样。例如，宣国富等人对上海市中心城市社会区，按照老年人与外来人口、社会经济地位、居住条件、商服与农业人口和公房住宅因子，划分为六类社会区，分别是：外来人口聚居区、农业人口散居区、人口导入的新建住宅区、老年人口集中的旧城区、单位公房居住区和社会经济地位高的人所住的区域。② 另一方面，也可以从社区的社会经济地位来划分，是一种等级划分法，或者纵向分类法。例如将社区分类为贫困社区、中产社区或富裕社区。这类划分方式与通过居住隔离视角考察社会空间分异的研究相似，划分方法多从居民的社会阶层差异，以及与经济因素相联系的其他因素出发，例如消费能力、消费品位等。通过等级方式划分的社区空间分异的研究关注社区隔离（segregation）或者居住隔离。国外的种族居住隔离是社区隔离的研究重点，该类研究实质是一个分析种族不平等的视角。

其次，异质性的社会学内涵表现为三个方面：分化、特殊性和差异性，社区异质性指社区内的差异性。异质性表现为代表分化和特殊性的纵向维度，及代表多样性差异的横向维度。社会经济地位是异质性水平中的核心指标，户口性质的测量包括本地人和流动人口的主观地域认同，还包括社区内的利益、居民价值观念和产权属性分化等的测量。层次差异的异质性具有普遍的负作用，而维度差异的异质性具有选择性负作用。

社区研究中面临一些困扰。第一，社区界限模糊。一方面，研究中的社区主要代表着地域或地理位置，大多是以普查区（tracts）构建。例如，考珀因对邻里的测量是通过对调查地赫尔辛基（Helsinki）城市的行政区域细分，将其划分为 117 个分区（subdistrict），最终选定了 108 个分区作为邻里单位。也有研究以聚居区（clusters）构建，或其他邻里单位构建。③ 同时，也存在被访者在问卷访谈中对邻里/社区自行界定的问题。正如罗伯特所述，人口普查区与个体被访者所界定的社区（self-defined communities）并不必然一致，一些人重要的社会网络和交往是在一个很小的邻里地域范围内的，而另一些人则是超出普查区的地域界限，④ 因为理论上的社区和被访者自认为的社区范围有出入，使得社

---

① 孙峰华：《关于人文地理学中社区的几个基本问题》，《人文地理》1990 年第 2 期。
② 宣国富、徐建刚、赵静：《上海市中心城社会区分析》，《地理研究》2006 年第 3 期。
③ Kauppinen：Schools as Mediators of Neighborhood Effects on Choice Between Vocational and Academic Tracks of Secondary Education in Helsinki. European Sociological Review, 2008, 24（3）：379 – 391.
④ Robert：Socioeconomic Position and Health：The Independent Contribution of Community Socioeconomic Context. Annual Review of Sociology, 1999, 25（1）：489 – 516.

区社会经济背景对个体行为或发展的影响,准确度受限。另一方面,社区或邻里效应的研究只关注了个体在居住区的特征,例如邻里环境对健康的影响,但很多居民的日常活动不在社区中,一天的活动会跨越很多社区,这些跨街区的活动也影响着居民个体行为的差异。① 所以,当邻里/街区作为环境变量进行解释时,部分研究问题与社区结合不恰当,例如对社区犯罪行为的研究,可以分析行为事件而非个体差异。

然而,美国社会学家里克·格兰尼斯(Rick Grannis)对社区有另一种理解。他采用地理信息系统(GIS)界定居住单元,将人行通道可达到的整合的街区范围看作是第三社区(tertiary communities)。他认为关系互动是通过第三社区而非地理位置邻近,睦邻关系的隔离网络来自于隔离的居住街道网络。第三社区意味着行人可以不用跨过一个主大街,就可步行到达一个区域,居民与住在第三社区范围内的居民之间的互动程度,高于与住在附近但却需要跨过主通道居民的互动。② 社区的范围被重新界定了,不同的界定对分析对象的影响不同,所以对社区界定的选择可以根据是否贴切研究对象来确定。

再次,社区或邻里效应的直接影响多被关注,而忽略了其间接作用。例如,罗伯特的研究认为,社区对个体除了有直接的影响外,也通过个体社会经济地位间接作用于个体的健康。③ 毫无疑问的是,社区作为宏观因素被重视,且广泛地应用在各类研究中,例如个体社会失范行为、健康等。但在社区或邻里效应分析中,对社区结构的构建仍然是在关注某一类群体或比较某两类群体。例如,以收入为维度划分的贫困或富裕社区,以种族划分的黑人或白人群体等,却没有具体到社区中所有人群的差异性。社区结构作为一个整体所产生的效应得到关注,但整体内部每个个体对整体差异性的贡献被选择性地忽略了。

二、中国社区研究演化路径的知识图谱

目前对社区研究的总结和回顾多围绕特定分支或问题的主题进行文献综述,④⑤⑥ 引入文献计量学的共词分析方法和知识图谱可视化技术,并结合关键

---

① Sampson & Jeffrey D. Morenoff & Thomas Gannon-Rowley: Assessing "Neighborhood Effects": Social Processes and New Directions in Research. Annual Review of Sociology, 2002, 28 (1): 443 – 478.

② Rick Grannis: The Importance of Trivial Streets: Residential Streets and Residential Segregation. American Journal of Sociology, 1998, 103 (6): 1530 – 1564.

③ Robert: Socioeconomic Position and Health: The Independent Contribution of Community Socioeconomic Context. Annual Review of Sociology, 1999, 25 (1): 489 – 516

④ 陈潇潇、朱传耿:《我国城市社区研究综述及展望》,《重庆社会科学》2007 年第 9 期。

⑤ 陈俐燕、胡辉:《虚拟社区研究综述》,《未来与发展》2013 年第 6 期。

⑥ 代明、袁沙沙:《国内外城市社区服务研究综述》,《城市问题》2010 年第 11 期。

词分析和文献分析对图谱进行解读,可以对海量文献全面概括与总结,帮助梳理和追踪社区的研究热点,从总体上描绘国内社区研究的宏观态势,更清晰地把握未来研究趋向。

文献计量学是以样本文献为研究对象,依托定量分析、统计和计算机技术进行计量活动的交叉学科。它能够较为全面地反映出学科研究的热点与动向,有利于科研工作者了解本学科的来龙去脉,把握最新研究方向。知识图谱理论与方法近年来成为文献计量学研究的前沿与热门技术。①② 它是文献计量学的图形化表达方式,能够形象地揭示学科领域的发展进程和结构关系。③ 越来越多的学科开始运用知识图谱来把握学科研究前沿和本领域知识发展动态,例如袁媛等从文献时间分布、代表人物及文章、研究热点、研究前沿和研究内容五个方面切入,利用 Citespace 软件将 Web of Science 数据库中 1999—2014 年近 15 年间关于社区规划的 1681 篇论文进行可视化分析并得出若干结论;④ 沈逸等人以 2000—2011 年间 CSSCI 收录法学来源期刊发文及引用信息为数据来源,从关键词、被引文献和被引作者、作者合作等角度绘制我国法学学科知识图谱;⑤ 王磊等人通过知识图谱揭示 1999—2008 年我国科研管理研究领域的知识结构演化过程;⑥ 钱爱兵等以科学计量学方法和社会网络分析方法为基础,通过知识图谱工具分析 2000—2011 年间我国外国文学学科发展,从关键词共现、文献共被引、作者共被引和作者合著等角度,可视化分析了 CSSCI 收录外国文学来源期刊发文及引用;⑦ 秦长江以 2001—2010 年共 3094 篇社会保障研究的核心期刊论文为样本,采用文献计量学的共词分析方法及其可视化技术,绘制出国内社会保障研究热点的知识图谱。⑧

---

① 沈建通、姚乐野:《多元统计与社会网络分析法在知识图谱应用的实证研究》,《情报杂志》2009 年第 8 期。
② 曹树金、吴育冰、韦景竹等:《知识图谱研究的脉络、流派与趋势——基于 SSCI 与 CSSCI 期刊论文的计量与可视化》,《中国图书馆学报》2015 年第 5 期。
③ Ibekwe-Sanjuan F. How thematic maps can assist collection management: A qualitative assessment of Journals' thematic focus. Library Collections Acquisitions & Technical Services, 2005, 29 (3): 295 – 306.
④ 袁媛、柳叶、林静:《国外社区规划近十五年研究进展——基于 Citespace 软件的可视化分析》,《上海城市规划》2015 年第 4 期。
⑤ 沈逸、史艳慧、苏新宁:《基于 CSSCI（2000—2011 年）的我国法学学科知识图谱研究》,《西南民族大学学报（人文社科版）》2014 年第 9 期。
⑥ 王磊、张庆普、刘岩芳:《基于知识图谱的近十年我国科研管理研究领域的知识结构演化分析》,《研究与发展管理》2011 年第 3 期。
⑦ 钱爱兵、杨欣:《我国外国文学研究热点知识图谱分析——基于 CSSCI（2000—2011）》,《西南民族大学学报（人文社科版）》2014 年第 2 期。
⑧ 秦长江:《基于共词知识图谱的人文学科研究热点可视化的实证研究》,《图书馆理论与实践》2010 年第 12 期。

(一) 数据来源与研究方法

1. 数据来源

关键词一般由论文作者撰写时从题目名、摘要和正文中精选得出,代表了论文的关键点。关键词分析可以较好地反映出某一研究主题的热点以及趋势。国内多以关键词标识文献,基于这一特征,可通过一定数量的文献建立样本库来提取高频关键词,该步骤是共词分析的基础。根据研究目的并尽可能选取出代表性的关键词,从中国学术期刊网络出版总库(即 CNKI 总库)中选择中文社会科学引文索引(CSSCI)数据库进行数据收集,该库统一的标准化论文选择方式可保障样本的可靠性。以"社区"为查询词进行主题查询,数据采集日期是 2016 年 2 月 9 日,对 2006 年至 2015 年间所发表的文献进行检索。

在检索方案上考虑了如下三个因素:①CNKI 收录国内社科期刊数量最多最全,能较为全面地检索到社区研究的相关文献;②不同期刊的论文质量存在很大差异,选择"CSSCI 期刊"能相对标准化地保障社区研究论文的质量;③政策中的社区相关概念经历了社区服务、社区建设后,在 2006 年以社区治理概念扩展到社区建设各领域中,选择 2006 年至 2015 年十年间的跨度作为时间节点来反映社区研究的发展具有合理性。

在确定了检索数据库、期刊类型和时间节点的情况下,将符合条件的文献记录抓取到本地构成样本文献库。为了排除不相关文献的干扰,在检索结果中剔除了期刊通知和启事等非研究性文献,并且舍弃了没有标识关键词等不符合常规的文献,最后保留 5856 篇 CSSCI 期刊文献作为研究样本。

2. 研究方法

文献计量学有多种分析方法,包括常见的引文分析和共词分析等。引文分析通过分析文献的引用情况来挖掘当前的关注点,常用于探究较为成熟学科的发展过程。[1] 共词分析是对已发表文献的关键词、主题词直接统计,分析一对词同时在同一篇文献中出现的次数,以此为基础对它们分层聚类以发现彼此间的亲疏关系,进而分析它们所代表的学科和主题的结构变化。[2] 共词分析往往用于探寻现有文献所关注的焦点,知识图谱方法利用统计软件将高频关键词加以聚类,再通过信息可视化技术以图形的形式进行结果呈现,对共词网络进行

---

[1] 张红春、卓越:《国内社会保障研究的知识图谱与热点主题——基于文献计量学共词分析的视角》,《公共管理学报》2011 年第 4 期。

[2] Qin H: Knowledge discovery through co-word analysis. Library Trends, 1999, 48 (1): 133-159.

多元统计分析方法主要有聚类分析、因子分析、多维尺度分析、社会网络分析等。①

本研究选择高频关键词作为分析对象，使用 Bicomb2 软件进行共词分析，使用统计软件 SAS 和 SPSS 进行聚类分析和多维尺度分析，并采用 Ucinet 进行社会网络分析，选用 Citespace 绘制作者共现图谱和关键词共现图谱。

3. 研究步骤

研究可以分为五个关键步骤：①统计论文年度发文量、作者发文排行，以及作者合作图谱；②确定高频关键词，建立高频关键词的共词矩阵；③绘制关键词共现图谱和关键词时区视图并解读；④对高频关键词聚类并解读；⑤结合聚类结果，对高频关键词相异系数矩阵进行多维尺度分析，绘制出关键词知识图谱，并结合聚类和知识图谱进行相应的解释与分析。

（二）分析过程及结论

1. 文献计量统计

论文数量在时间上的分布情况一定程度上反映了该领域学术研究的理论水平和发展速度。② 从图 2.1 所示社区研究的发文时间分布可知，2006 年至 2015 年文献样本的论文增长曲线略呈先稳定再增加最后稳定的态势，前期发文量稳定在 200 篇左右，在 2012 年后文献开始快速增加，2014 年发文量达到最高峰，之后发文量又略微减少。当前的发文趋势基本符合普莱斯逻辑增长曲线规律，说明了社区的相关研究趋向基本成熟，但仍有较大发展空间。

对文献的作者统计后发现，2006—2015 年十年间发文作者总数共有 5217 人，高校学者是社区研究的主力。以 citespace 为工具，通过作者共现图谱来探究学者间的科研合作情况。以两年为一个时间切片，调整参数得到的图谱如图 2.1 所示，社区研究的作者间合作较少。

2. 高频关键词

采用"书目共现分析系统"bicomb③ 词频软件统计文献样本，共计有 13 497 个不同关键词。综合关键词含义特征及数量，以出现频数 29 次为阀值，共选取出现频次最多的前 50 个关键词作为代表社区领域研究热点的高频关键

---

① 秦长江、侯汉清：《知识图谱——信息管理与知识管理的新领域》，《大学图书馆学报》2009 年第 1 期。

② 张玉双：《我国高校图书馆知识管理研究的文献统计分析》，《晋图学刊》2008 年第 5 期。

③ 崔雷、刘伟、闫雷等：《文献数据库中书目信息共现挖掘系统的开发》，《数据分析与知识发现》2008 年第 8 期。

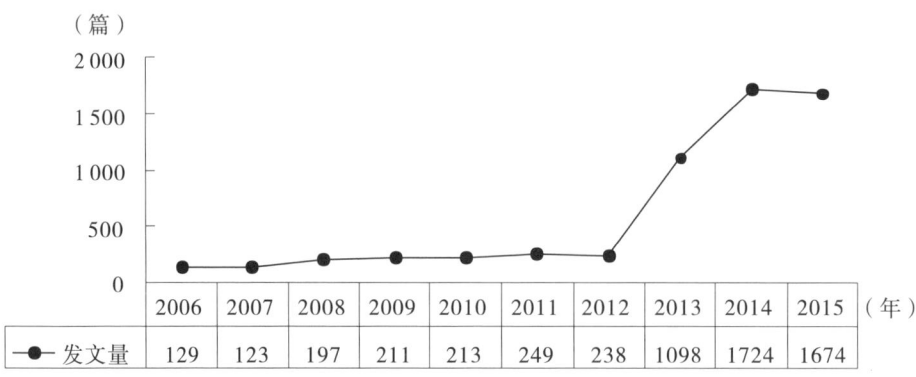

图 2.1 社区研究年度发文量折线图

词，如表 2.1 所示。各关键词的出现频次有较大幅度的差异，此外社区本身作为标识社区研究主题的名词，出现最为频繁。

表 2.1 社区研究的关键词出现频次总结表

序号	关键词	词频	序号	关键词	词频
1	社区	434	26	社区图书馆	48
2	社区治理	182	27	城镇化	47
3	虚拟社区	165	28	对策	46
4	城市社区	152	29	社区管理	46
5	社区建设	148	30	城市化	46
6	社区参与	144	31	农民工	40
7	社区矫正	122	32	居家养老	40
8	社会资本	107	33	新型农村社区	39
9	社区服务	98	34	城市	39
10	农村社区	94	35	社区文化	39
11	影响因素	77	36	可持续发展	37
12	知识共享	73	37	模式	37
13	美国	69	38	公共图书馆	35
14	社区教育	69	39	社会网络	35
15	社区体育	69	40	老年人	34
16	社会管理	62	41	流动人口	34
17	新型城镇化	58	42	社区居民	33
18	社区自治	58	43	政府	32

续上表

序号	关键词	词频	序号	关键词	词频
19	社会工作	57	44	人口老龄化	32
20	治理	57	45	社会组织	32
21	虚拟学习社区	54	46	农村	32
22	公共服务	54	47	困境	30
23	社会治理	53	48	社会网络分析	30
24	社区发展	51	49	高校图书馆	29
25	网络社区	50	50	民族地区	29

3. 关键词共词矩阵

根据样本文献中构建高频关键词之间的共词矩阵，是后续关键词共现图谱绘制、高频关键词类和多维尺度分析的基础，统计高频关键词之间的共现频次，形成一个 50×50 的共词矩阵（部分数据，如表 2.2 所示）。

表2.2 社区研究的共词矩阵（50×50）

*	社区	社区治理	虚拟社区	城市社区	社区建设	社区参与	社区矫正	社会资本	社区服务	农村社区
社区	434	7	5	2	10	3	3	5	3	1
社区治理	7	182	0	15	9	2	0	14	3	4
虚拟社区	5	0	165	1	1	3	0	12	0	0
城市社区	2	15	1	152	11	2	0	4	2	3
社区建设	10	9	1	11	148	3	3	10	6	5
社区参与	3	2	3	2	3	144	4	3	1	2
社区矫正	3	0	0	0	3	4	122	0	0	0
社会资本	5	14	12	4	10	3	0	107	1	2
社区服务	3	3	0	2	6	1	0	1	98	1
农村社区	1	4	0	3	5	2	0	2	1	94

注：由于矩阵为对称矩阵，所以只列出了下三角的具体元素，上三角的元素则对应相等。

共词矩阵的任一元素代表两个关键词同时出现在一篇文献中的次数，对角线上的元素代表该关键词在样本文献中的总出现次数。为了使用统计软件进行后续的聚类分析和多维尺度分析，需要变换原始共词矩阵。此处采用 ochiai 系数法将共词矩阵转换成相关矩阵，通过 Excel VBA 代码实现了对该相关矩阵的求解。

相关矩阵中的数字大小表明了两个关键词之间的相似度高低,数值越大则表明关键词之间的相似度越高。原始矩阵和转换后的相关矩阵包含 0 值偏多,导致统计误差过大,为此用公式(1)计算得到表示两词间相异程度的相异矩阵。

$$Z_{ij}^{''} = 1 - Z_{ij} \quad (1)$$

其中,Z_{ij} 表示原始共词矩阵 Z 的各个元素,$Z_{ij}^{''}$ 表示经过一系列转换后的相异矩阵 $Z^{''}$ 的各个元素,相异矩阵的部分数据如表 2.3 所示。

表2.3 社区研究的相异矩阵数据表(部分相关矩阵)

*	社区	社区治理	虚拟社区	城市社区	社区建设	社区参与	社区矫正	社会资本	社区服务	农村社区
社区	0.000	0.975	0.981	0.992	0.961	0.988	0.987	0.977	0.985	0.995
社区治理	0.975	0.000	1.000	0.910	0.945	0.988	1.000	0.900	0.978	0.969
虚拟社区	0.981	1.000	0.000	0.994	0.994	0.981	1.000	0.910	1.000	1.000
城市社区	0.992	0.910	0.994	0.000	0.927	0.986	1.000	0.969	0.984	0.975
社区建设	0.961	0.945	0.994	0.927	0.000	0.979	0.978	0.921	0.950	0.958
社区参与	0.988	0.988	0.981	0.986	0.979	0.000	0.970	0.976	0.992	0.983
社区矫正	0.987	1.000	1.000	1.000	0.978	0.970	0.000	1.000	1.000	1.000
社会资本	0.977	0.900	0.910	0.969	0.921	0.976	1.000	0.000	0.990	0.980
社区服务	0.985	0.978	1.000	0.984	0.950	0.992	1.000	0.990	0.000	0.990
农村社区	0.995	0.969	1.000	0.975	0.958	0.983	1.000	0.980	0.990	0.000

注:由于矩阵为对称矩阵,所以只列出了下三角的具体元素,上三角的元素则对应相等。

从表 2.3 可以看出,各个关键词距离社区由近到远的顺序依次为:社区建设、社区治理、社会资本、虚拟社区、社区服务、社区矫正、社区参与、城市社区、农村社区。它表明,社区研究中将社区建设与社区治理、社会资本结合在一起进行研究的几率,大于其与另外几种关键词结合的几率。上表中有三对关键词间的距离较为接近,分别为:社区治理和城市社区、社会资本和虚拟社区、社区建设和社会资本,这个结果初步揭示出,在已发表的关于社区的文献中,经常会将社区治理和城市社区结合在一起,或者将社会资本和虚拟社区、社区建设和社会资本结合在一起。

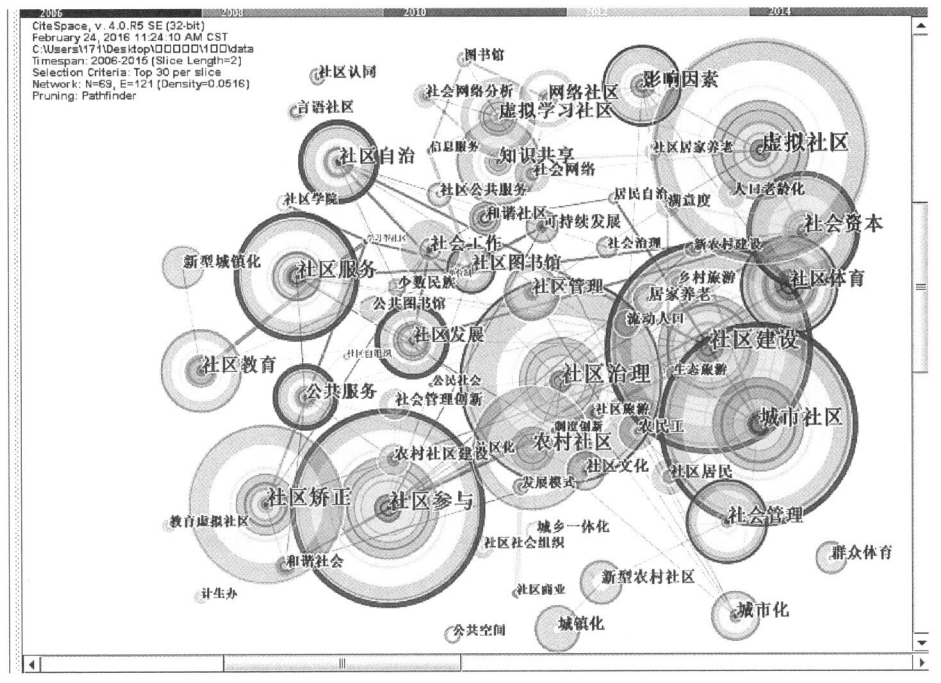

图 2.2　2006—2015 年社区研究关键词共现图谱

通过绘制 2006—2015 年 CSSCI 社区研究关键词共现图谱，以两年为一个时间切片，将十年来社区研究的研究内容在图谱中展示出来，揭示我国社区研究的知识结构及其演进。节点大小与其代表的关键词出现频次成正比，圆环的颜色深浅代表不同年代信息，并与对应年份的出现频次成正比。从图 2.2 可见社区参与、社区矫正、社区治理、社区建设等关键词一直是历年的热门话题，这与表 2.2 数据是相互印证的。

图 2.3 关键词的时区视图清晰地反映关键词间的关联及其出现的时间，该视图是由一系列标识时区的颜色相间的柱形区域构成，并按照时间顺序从左往右排列。

4. 聚类分析

文献计量学中的聚类分析通过聚类操作将共同出现频率高的关键词组聚集成簇，并以图谱的方式表示出样本文献间的相似程度和亲疏远近关系。一个簇往往代表了一个学科的研究主题，或者是某个研究主题下的子主题。由此，共词矩阵的复杂网状关系被简化为数目相对较少的若干簇的联系。此处通过 SAS 统计软件的类平均法对相异矩阵进行聚类分析，得到聚类分析结果的树状图，见图 2.4。

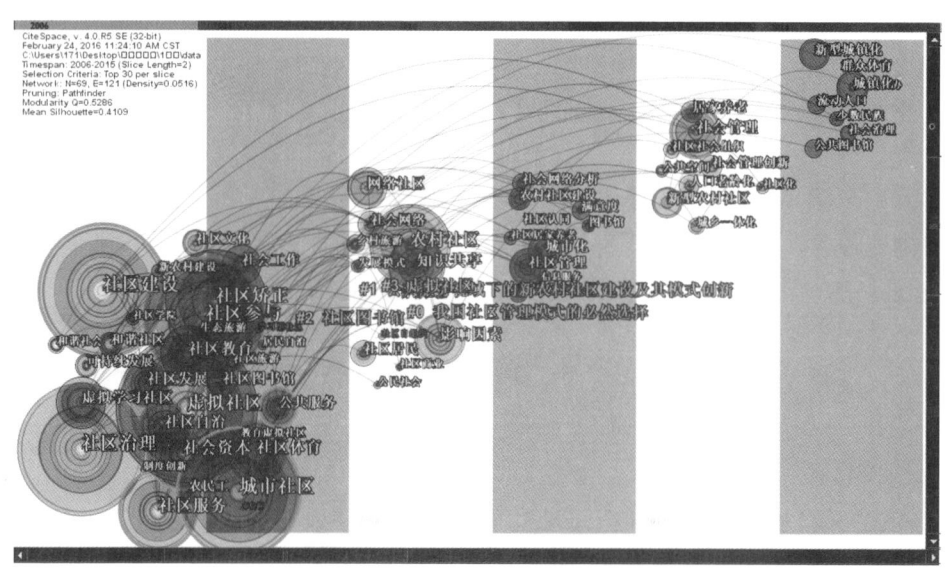

图 2.3　2006—2015 年社区研究关键词共现图谱时区视图

通过分析和对比，认为聚类的分析结果分为 5 个簇较为合适。具体的聚类结果如下：

簇 1 = ｛知识共享、虚拟社区｝

簇 2 = ｛社区图书馆、公共图书馆、美国、高校图书馆、社区服务｝

簇 3 = ｛困境、对策｝

簇 4 = ｛社会管理、社区发展、社区建设、社区管理、城市社区、社区自治、社区治理｝

簇 5 = ｛社会网络分析、虚拟学习社区、社会网络、社会资本、社会工作、社区矫正、农民工、城市化、流动人口、影响因素、农村、新型城镇化、新型农村社区、城镇化、社会治理、社区教育、公共服务、社区体育、治理、农村社区、民族地区、社区文化、网络社区、人口老龄化、社区居民、可持续发展、模式、社区参与、老年人、城市、政府、社会组织、居家养老、社区｝

依据每个簇中关键词组合的含义，将这五个类别从上到下分别命名为：虚拟社区与信息共享、社区服务与图书馆、社区困境与对策、社区治理研究和社区养老。

5. 多维尺度分析

多维尺度分析将原始高维数据降维，在二维或者三维的低维空间展示数据

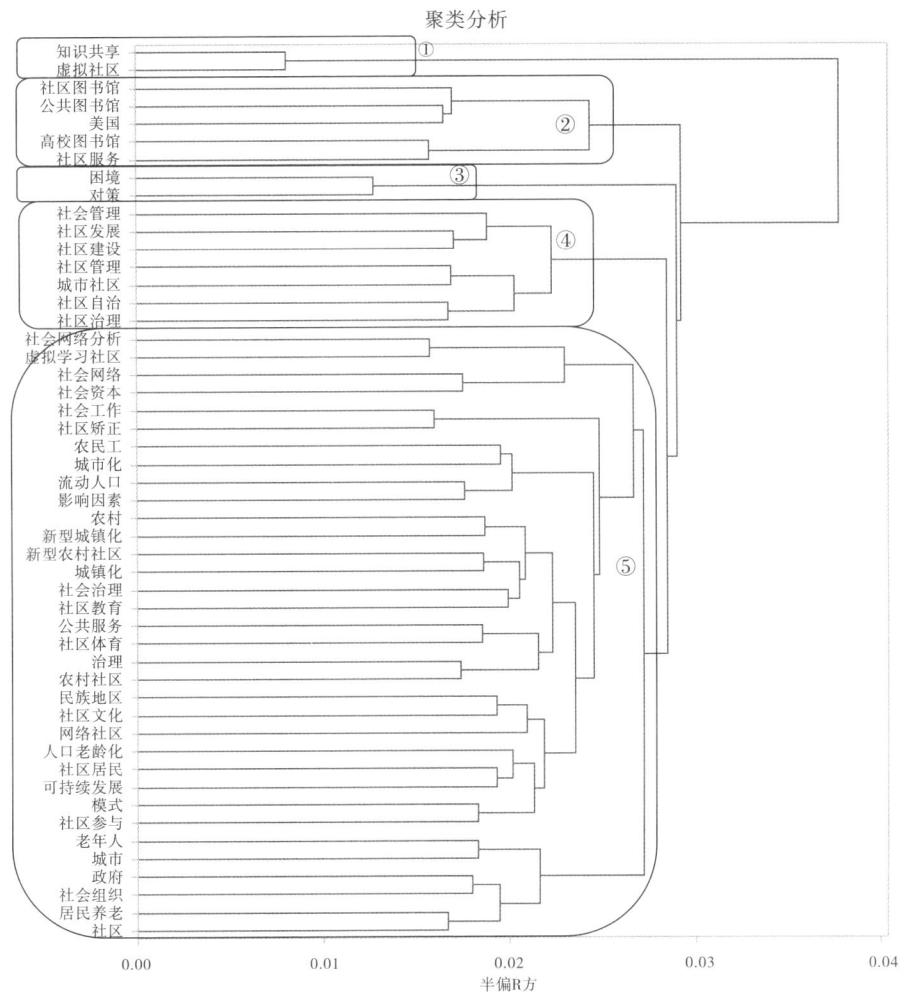

图 2.4 社区研究的聚类分析结果

对象之间的联系,数据对象间的距离反映彼此的相似程度,① 具有高度关联和相似性的对象会被聚集在一起构成组团。此处基于 SPSS 的多维尺度分析工具,采用欧几里德(Euclidean)距离模型对高频关键词转换后的相异矩阵进行二维尺度分析,得到如图 2.5 所示的多维分析图谱。

对照图 2.4 和图 2.5,可以看出多维尺度分析方法绘制的社区研究热点二维知识图谱,基本和聚类分析绘制的知识图谱相吻合,但又表现出特有的表征。从图 2.5 可以看出高频关键词呈区域聚集分布,共有五个相对集中的关键词组

---

① 储节旺、闫士涛:《知识管理学科体系研究(下)——聚类分析和多维尺度分析》,《情报理论与实践》2012 年第 3 期。

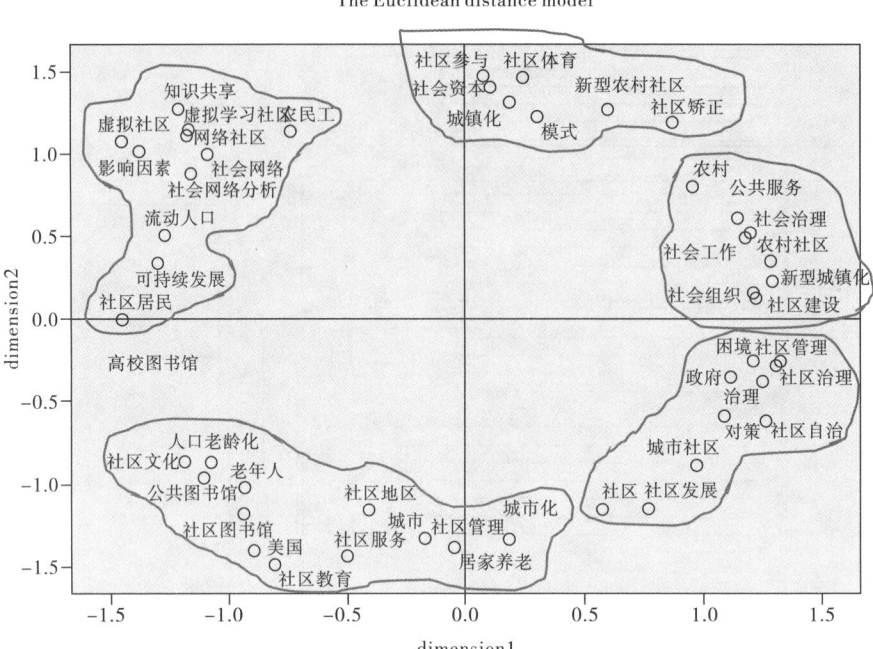

图 2.5 社区研究的多维尺度分析

团,根据各组团内部关键词的含义及联系,将图中组团的主题按顺时针方向依次概括为"虚拟社区与网络分析""社会资本与社区参与""农村社区与新型城镇化""社区发展与治理""社区养老和社区终身教育"。相对聚类分析的图谱,多维尺度图谱的每个组团的内涵和外延更加广泛,五大组团从某种程度上可以看成是对聚类分析五大类别的再次组合聚类。没有一个关键词相对其他词来说是处于较中心的位置,说明在社区领域各方面的子研究都相对分散或自成一体,往往独立发展而联系较不密切。

6. 社会网络分析

社会网络分析是以对社会行动者之间的互动关系研究为基础的结构性方法。[①] 社会网络包括多个节点以及各节点之间的连线,其中节点代表社会行动者,可以是人物、机构或研究主题等,连线则代表了行动者之间的联系。社会网络分析方法在文献计量学主要用于探讨学科的研究状况,研究对象包括引文网络分析、合著网络分析和共词网络分析等。本部分对社区研究中的高频关键词之间的共现网络进行分析,关键词用网络中的节点表示,而关键词之间的共

---

① 费里曼著,张文宏等译:《社会网络分析发展史》,北京:人民大学出版社,2008年版。

现关系则用节点之间的连线表示。社会网络分析可以将研究对象的关系完整、清晰地表现出来。为此采用社会网络分析软件 Ucinet① 对高频关键词的共现矩阵数据进行中心性分析,绘制成如图2.6所示的社会网络图谱。

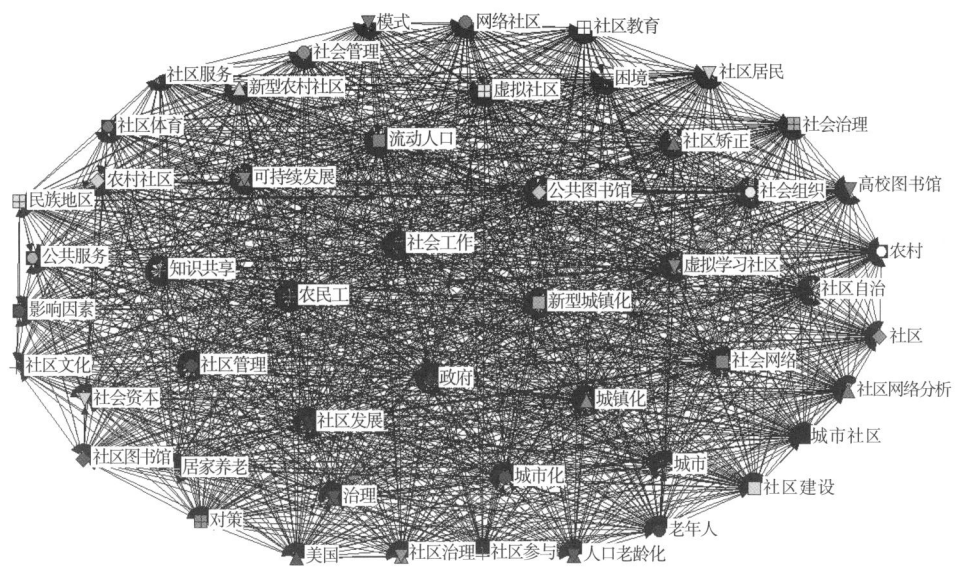

图2.6　社区研究的社会网络分析图谱

中心性分析主要探讨网络中各个行动者居于何种地位。社会网络图谱可以完整地表示出原始矩阵的共现关系。网络密度、点和图的中心性分析等指标,可以进一步定量说明社区领域研究主题的总体概貌及其内部结构。网络密度反映的是行动者联系的紧密程度,行动者之间的关系密切程度与密度成正比。网络密度指标越接近于1,说明网络联系越紧密。

图2.6 的共现网络密度值为 0.9698,标准差为 0.1404,密度水平很高,图谱周围的关键词和图谱中间的关键词连线较多、较粗,而占多数的、分布在图谱边缘的关键词之间的联系也很强。网络整体聚集度的评价可以通过图的中心势作为衡量指标,采用度值中心势描述整体网络的集中程度,计算得到共词网络的中心势为50%,说明该网络具有较弱的集中趋势。政府、新型城镇化、农民工、社会工作等处于图谱中心地位,有较多的关键词与其相连。

中心度是衡量各个节点中心性的指标,可以反映一个节点与其他节点的相连情况。一个点与越多节点直接相连,该点则具有越高的度数。点的度数中心

---

① Borgatti, Everett, Freeman: Ucinet, in R. Alhajj, J. Rokne: Encyclopedia of Social Network Analysis and Mining. New York: Springer Press, 2014, 2261~2267.

度排在前十位的关键词分别是网络社区、新型农村社区、社区居民、人口老龄化、社区体育、社区文化、民族地区、社会网络分析、社区教育、老年人。

以高频关键词表征的社区研究主题的总体结构具有一定程度的集中趋势，围绕政府、新型城镇化、农民工等核心关键词，形成了以网络社区、新型农村社区等热点词汇为代表的热点主题。

7. 综合视角下的图谱

聚类分析、多维尺度分析、社会网络分析三种分析方法各有特点。聚类分析的结果无法得到某关键词与其他类别关键词的联系情况，以及关键词之间的联系强度。多维尺度分析也无法体现关键词之间的联系强度，社会网络分析无法将聚类分析结果纳入考虑。因此，最好综合三种分析方法绘制知识图谱以全面分析社区研究的总体概貌及其热点主题。

根据前述聚类分析图谱得出的五个社区研究类别，以及多维尺度分析得出的五大研究主题组团及其关键词之间的相互位置，社会网络分析得出的社区研究的核心关键词及其关键词之间的联系强度，对高频关键词进行再聚类，将社区研究主题概括为一个核心和六个领域。以社会网络分析形成的知识图谱为基础，将判别后的各个领域的关键词手动拖到一起，形成综合视角下的社区研究知识图谱，如图 2.7 所示。

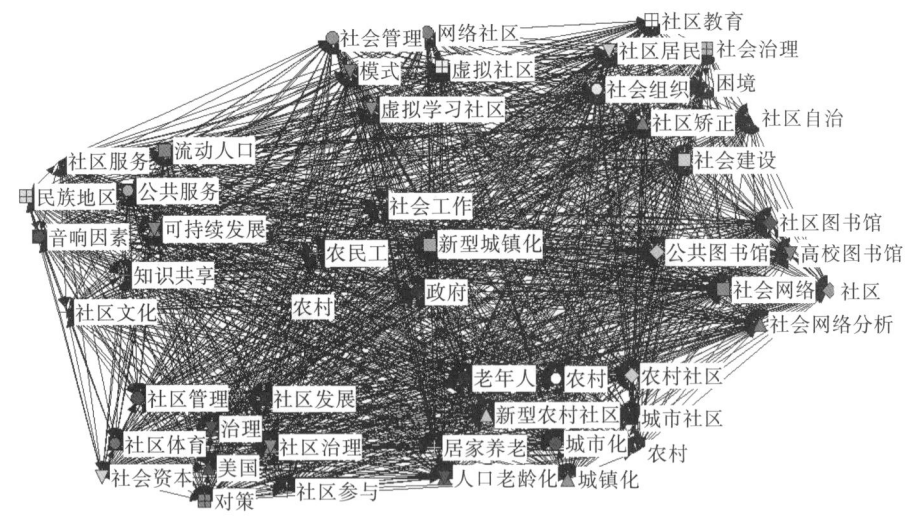

图 2.7　社区研究的综合网络分析图谱

从综合视角的知识图谱可知，一个核心是以社会工作、农民工、新型城镇化、政府四个核心词为代表的关键词团组成，描述了社区研究的学科归属及研究内容，统领各主题的社区问题研究。围绕核心周围分布的五个领域由 5～9

个内部相对聚集的关键词团组成,每个关键词团都有相对核心的关键词代表该类团的主题。根据这些类团中核心词的含义及被学界研究的关注度高低,将图谱中围绕核心区域顺时针方向的六个关键词类团分别概括为社区研究的六大热点主题领域,分别是"网络与社区、社区公共服务、国内外社区治理、老年人口—城乡社区与城镇化、社区终身教育、社会治理—困境与出路"。应该指出的是,即使对高频关键词进行了判别归类,各个主题之间仍是相互联系的,图2.7展现了各个主题之间交错复杂的联系,这种联系体现了主题之间的紧密关系。

8. 研究特点及研究趋势

知识图谱的绘制呈现了近十年社区研究的宏观概貌,结合高频关键词纵向时间维度的分析以及对样本文献的考察,总结出国内社区研究呈现以下显著特点。

(1) 社区研究的热点关键词稳中有变化。对十年间高频关键词每两年进行统计(频数前15位的关键词见表2.4)可以看出,社区、城市社区、社区参与、社区治理、社区服务、虚拟社区、社区矫正等关键词出现频率一直稳居每年度的关键词排名前十五位。然而,在年度的前十位高频关键词中社区体育、和谐社会、社区旅游、发展、社区发展等消失,之后出现了社区自治、农村社区、社会资本关键词,再之后又出现知识共享、网络社区,后又新出现了社会治理、城镇化、美国等关键词。这说明国内社区研究已经形成了一些稳定的研究热点话题,而随着社会发展和研究深入,研究热点的结构发生衍变。

(2) 社区研究与时代发展特征紧密关联。例如,2006—2007年出现的"和谐社会""发展"关键词,与当时创建和谐社会的政策和实践相吻合。随着网络科学技术的进步,互联网普及率和网民规模逐年的持续上涨,"虚拟社区"的词频排序进入到前三名,"知识共享"和"网络社区"等词也进入了前15位。《国家新型城镇化规划(2014—2020年)》的出台,在社区研究论文中也得到及时的体现,"新型城镇化""城镇化"词频首次出现在前15位。从以上词频数的排序分析可知,社区研究与中国当时的社会经济或政策热点紧密相连,呈现出了明显的时代特征。

(3) 综合稳定热点和新涌现热点的分析可以对未来的研究热点进行预测。词频数排序历年一直向上浮动的词,和近年与政策紧密的新晋前15位词中,城市社区、社区治理、虚拟社区、社区自治、社会资本、新型城镇化等关键词,预测它们在一定程度上可能仍是相对稳定的热点。

表 2.4 社区研究的高频关键词分年段统计表（出现频数前 15 位）

序号	2006—2007 年	2008—2009 年	2010—2011 年	2012—2013 年	2014—2015 年
1	社区	社区	社区	社区	社区
2	社区体育	社区建设	虚拟社区	虚拟社区	社区治理
3	城市社区	社区参与	城市社区	社区矫正	虚拟社区
4	社区建设	虚拟社区	社区参与	城市社区	城市社区
5	社区参与	城市社区	社区建设	社区建设	社会资本
6	和谐社区	社区治理	社区治理	社区参与	新型城镇化
7	社区治理	社区矫正	社区矫正	社区治理	社区建设
8	社区服务	社区发展	农村社区	农村社区	社会治理
9	和谐社会	社区体育	虚拟学习社区	社会管理	社区参与
10	虚拟社区	虚拟学习社区	社会资本	社区服务	社区矫正
11	社区矫正	社区服务	知识共享	社会资本	美国
12	发展	社区自治	影响因素	网络社区	社区服务
13	社区旅游	农村社区	社区教育	社区教育	城镇化
14	社区教育	社会资本	社区服务	知识共享	农村社区
15	虚拟学习社区	对策	网络社区	影响因素	知识共享

（三）小结

以 CSSCI（2006—2015 年）的社区研究论文作为数据来源，本章运用知识图谱方法较系统地分析阐述了社区研究在十年间的动态发展情况。在利用共词分析方法及信息可视化技术的定量基础上，从关键词共现的角度分析了我国社区研究的发展态势，绘制了十年间国内社区研究的知识图谱，清晰展现了社区研究的知识结构关系与演进路径，对于社区研究乃至社会工作发展都具有参考意义。具体结论包括：①社区研究自 2008 年左右渐成气候，2014 年随着"新型城镇化建设""社区图书馆"等新的社区子研究主题的成果出现而进入历史高峰；②总体上，社区研究的主题文献被 CSSCI 收录的数量自 2013 年开始激增，然后自 2015 年缓慢回落，表明社区研究开始由规模发展向质量提升进行转型；③上述研究热点与社工行业相关的研究包括社区服务、社区矫正和社区参与等。通过相关知识图谱，客观上帮助我国社会科学研究者更为清晰地把握学科发展脉络，促进该领域研究的发展。

三、社区营造研究现状及趋势

截至 2019 年 4 月份,在 CNKI 中以"社区营造"为篇名检索词,第一种为选择全部期刊时,发现历年社区营造累积发表量有 291 篇。第二种为选择 CNKI 中收录的 SCI/EI 来源期刊与 CSSCI/CSCD/核心期刊时,以"社区营造"为篇名的发文量为 69 篇,以"社区总体营造"为主题的发文量为 7 篇,后者为篇名的发文量明显低于前者,两个共计 76 篇。本书采用了第二种方式。从历年趋势看,发文量呈上升趋势。在 web of science 中的核心库中,以"community development"为篇名的文章共 890 篇,以"community building"为篇名的文章共 207 篇,以"community construction"为篇名的文章共 36 篇,以"community revitalization"为篇名的文章共 7 篇(图 2.8)。

图 2.8　1996—2018 年间国内外社区营造及相关篇名的发文量

在 CNKI 中与社区(总体)营造相关的主题分布中,有社区治理、乡村建设、台湾地区、灾后重建、城市更新等主题,也涉及社会资本、社区参与、归属感。介入涉及自组织/非营利组织、艺术介入、建筑规划、美术家/规划师,以及终身学习、文化自觉、存量规划、历史街区等更分散或更深入的营造层面(图 2.9)。

在 CNKI 中以社区(总体)营造为篇名的文献中,节点过滤中选择出现频

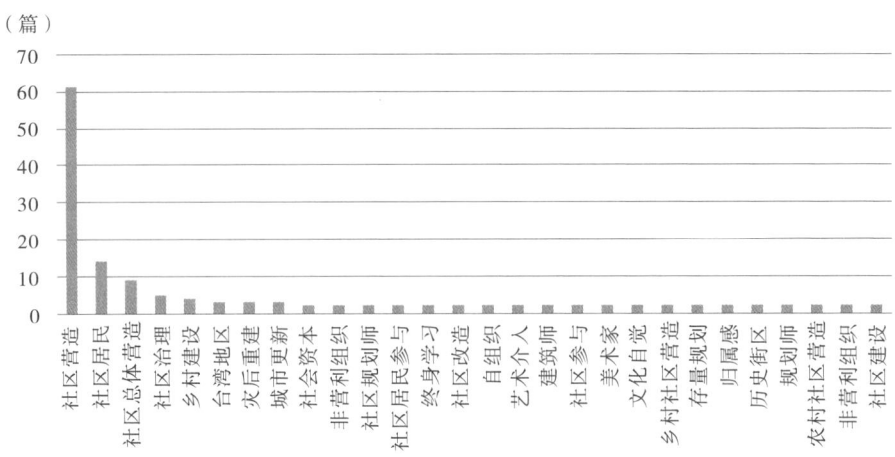

图 2.9　CNKI 中社区（总体）营造相关主题

次为 3，关系分析中选择临近节点，并且聚类分析为 3 时，关键词共现网络如图 2.10 所示，图中关键词通常会共同出现。社区营造为中心点，围绕中心点连线的有文化遗产、历史建筑、居住环境、公共空间、社区意识等核心关键词，与社区营造中的"文、景、地、人"有一定的对照。也有较为笼统的乡村发展、乡村社区、乡村建设、新型城镇化、台湾地区、营造过程等宏观关键词。

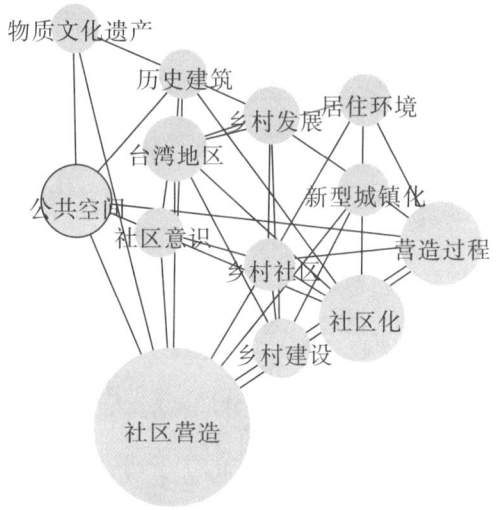

图 2.10　关键词共现网络

在被引率大于等于 10 的 29 篇中文文献中，通过比较篇名和研究内容发现，这些文献主要是回顾和研究台湾地区、日本的社区（总体）营造，对于本土社造的案例探索只有 6 篇，占 21%，平均被引率 32，本土的社区营造有较大的拓展空间。此外，新加坡、韩国各1篇，被引率分别为10和22，同时研究日本和台湾地区的有2篇，平均被引率为60.5，研究日本的有3篇，平均被引率51，研究台湾地区的有16篇，平均被引率为34。以上数据可知，高被引文献的社区营造研究中，台湾地区占据主流。

社区营造研究受到建筑、规划、美术、艺术、教育、社会学、社会工作、民俗、民族文化、农业经济、行政管理、园林、装饰、生态学等学科的重视，属于跨学科的研究。以社区营造参与中公共话题的创建为例，集结了多学科背景，通过景观营造、参与式规划、社区彩绘、建筑修复和环境改善等各具专业特色的方式引发居民的参与。社造视角下的参与可以综合上述学科社区参与的理论、实践和技巧为社区参与路径研究提供新思路。

第三节 社区营造的相关理论与实务梳理

一、社区营造的相关理论

（一）社会资本理论

社会资本的概念受到多领域的关注，在20世纪80年代中期以后愈加热门，其中备受关注的学者包括法国社会学家皮埃尔·布迪厄（Pieer Bourdieu）、美国社会学家詹姆斯·科尔曼（James S. Coleman）、美国社会学家罗伯特·帕特南（Robert D. Putnam）和日裔美籍社会学家弗朗西斯·福山（Francis Fukuyama）。社会资本研究中区分了个体层次和集体的社会资本。

微观个体层次的社会资本是社会网络的特质，是影响个人行为目标的达成及其功效的一种力量，可以从网络规模、网络顶端、网络差异和网络构成四个方面测量。[①] 集体的社会资本指内部社会资本或公共物品，包括宏观的群体内部的社会联结与互信，以及促成集体行动并创造资源的群体的结构方式。[②] 中观层次的社会资本即社区层次。以城市社区为例，城市社区社会资本是城市社区内部的个人和组织在长期的内外互动中形成的，在互惠规则规范下的互利关系。[③] 社区社会资本最常见的测量维度包括了八个方面：参与地方性社团或组

---

① 边燕杰：《城市居民社会资本的来源及作用：网络观点与调查发现》，《中国社会科学》2004年第3期。
② 张文宏：《中国的社会资本研究：概念、操作化测量和经验研究》，《江苏社会科学》2007年第3期。
③ 隋广军、盖翊中：《城市社区社会资本及其测量》，《学术研究》2002年第7期。

织、地方性社会网络、非正式社会互动、信任、互惠、志愿主义、社会支持、社区凝聚力和社区归属感。① 社区社会资本被认为可以分为两类，认知（cognitive）和结构社会资本（structural social capital），认知社会资本是相对主观的，由社会中影响人们参与社会的规范、价值观和信仰组成，通常由邻里间的信任和互惠来测量，而结构性社会资本是相对客观的，反映了人们之间的社会互动，这些互动通常由社区中正式组织组成，通过组织组织成员和社会参与来测量。②

社会资本是多维度的，除了上述两种分类，也有两种形态的社会资本之分。共通性社会资本在客观上指将不同经济、社会甚至政治背景的人联系在一起，主观上指包容性社会信任和互惠互利的道德规范，近似 bridging social capital（结合型社会资本），特定性社会资本客观上指由共同经济、政治或人口特征的人的社会网络组成，主观上指彼此是否认识或以相同的背景为基础的人际信任，近似 bonding social capital。③ 除了这两类外，也有三种维度的社会资本界定，一是结合型社会资本，基于一种独特的认同且同质性成员彼此间的多面向的关系，成员有紧密的接触，且具有强烈的相互承认（like-me 的连结）；二是桥接型社会资本（bridging social capital），指由异质性的个人之间所形成的较弱、较疏远及横断面的社会连结，非我群（unlike me 的连结）；三是连结型社会资本（linking social capital），指跨越既有界限、地位的垂直连结。④

帕特南将社会资本看作是社会组织的特征，包括互惠的规范和公民参与的网络，信任、规范、网络、参与四个维度构成了社区社会资本的主要内涵。⑤ 美国社会学家潘米娜·帕克斯顿（Pamela Paxton）认为社会资本包括两个部分，一是个体之间的客观联系，连接个体必须是一个客观的网络结构，表明个体在社会空间中彼此联结；二是关系的主观类型，个体之间的关系必须是一个特殊的类型——互惠、信任和包含积极的情感，当社会资本存在时，它能提升行

---

① 桂勇、黄荣贵：《社区社会资本测量：一项基于经验数据的研究》，《社会学研究》2008年第3期。

② Zhang J, Lu N: What matters most for community social capital among older adults living in urban China: the role of health and family social capital. International journal of environmental research and public health, 2019, 16 (4): 558.

③ 陈捷、卢春龙：《共通性社会资本与特定性社会资本——社会资本与中国的城市基层治理》，《社会学研究》2009年第6期。

④ 黄源协、庄俐昕、刘素珍：《社区社会资本的促成、阻碍因素及其发展策略：社区领导者观点之分析》，《行政暨政策学报》2011年第52期。

⑤ 罗伯特·D. 帕特南：《使民主运转起来：现代意大利的公民传统》，南昌：江西人民出版社，2001年版，第195页。

动能力，有利于一些物品的生产。① 他并不完全赞成帕特南认为社会资本下降了的说法，他区分了在个体中的信任和在制度中的信任，认为下降的是在个体中的信任，例如人是有用的、是可信任的、是公平的，制度中的信任，例如对宗教、教育、行政部门、立法机关等的信任并没有下降。②

社会资本多的地方，儿童看电视较少、暴力犯罪较少、社会包容度较高，可促进经济发展及让政府更加有效能。③ 在高度流动性与匿名性的自由社会中，若不能累积共同意识、相互信任与规范认同的社会资本存量，理性自利的人可能会将成本外部化，转嫁给他人，并可能在市场机制或政府调控下产生高昂的交易成本，不利于建构健康有效率的安全社会。④

社区营造的目标之一是社会资本的累积，应用最多的为帕特南的社会资本理论。方孝谦将帕特南关于信任与社会资本的论述概括为两个命题，一是互惠（reciprocity）的规范是人际关系网络中的成员产生信任的主因，二是由各种公民伦理（含互信）组成的社会资本是现代社会振兴其民主制度的主要资源，然而帕特南的这两个命题受到不断质疑。⑤ 哈丁⑥认为现代社会每个人众多的、不重叠且情谊浅的小网络，通过直接的互惠行为产生信任。帕特南所认为的一般性的互惠产生民主所需的互信，即互惠规范透过小网络、密集互动、熟知底细、乐观未来的机制而产生互信的社会资本被认为是只适合分析传统乡村社区。英国社会学家林赛·帕特森（Lindsay Paterson）⑦对苏格兰政治史的研究发现拥有雄厚社会资本的社群反而导向了其民主政体的分裂，因而引出了公民公共性和国家公共性两种公共观念。事实上，通过对规范和权威的遵从，国家的政治因

---

① Paxton: Is social capital declining in the United States? A multiple indicator assessment. American Journal of Sociology, 1999, 105 (1): 88 – 127.

② Paxton: Is social capital declining in the United States? A multiple indicator assessment. American Journal of Sociology, 1999, 105 (1): 88 – 127.

③ 黄源协、庄俐昕、刘素珍：《社区社会资本的促成，阻碍因素及其发展策略：社区领导者观点之分析》，《行政暨政策学报》，2011年第52期。

④ 萧扬基：《社区营造中社会资本对公民治理的影响》，《台湾社区工作与社区研究学刊》2015年第5期。

⑤ 方孝谦：《社会资本与社区营造：比较林边与北投》，《社会科学论丛》2008年第2卷1期。

⑥ Hardin: Trust. Cambridge, UK: Polity. 2006: 6 – 8.

⑦ Lindsay Paterson: Civil Society and Democratic Renewal, in Stephen Baron, John Field, and Tom Schuller (eds.). Social Capital: Critical Perspectives. Oxford, UK: Oxford University Press, 2000, 39 – 55.

素如制度也会促使社会资本的产生，[1]但国家过多地介入社会内部也会削弱人们的自组织和协作能力。[2]在社区层次的社造经验中发现，即便是范围狭隘、出自直接互惠而非一般社会互惠的信任，配合其他的资源（如政府资助、社运手段等）仍然能够达到激发民众关心公共事务的目的。[3]社区社会资本重建也是营造中重建社区的重要路径，通过社区参与、社区人际关系整合与社区网络构建完成积累和循环，[4]帮助居民建立归属感与培育公共精神，促进创新制度和运转基层民主。[5]社会资本在社造中的广泛运用，也被注意到其挑战，即凝聚性资本的外部排斥效应或联结性资本的内部疏离。[6]

（二）历史制度主义

居民在行动过程中能否成为主体和社区主体性如何实践的问题上，出现了历史制度主义的解释。制度被视为约束行动者的一套标准程序，也被视为行动者追求利益下所产生的特定秩序与规范。[7]制度变迁过程中的持续性强调路径依赖概念，即某一制度的变革会受到过去政策合法性或过去制度建立时初始条件的影响，而使得制度或政策的演变只锁定在某些特定的方向，或者是遵循以往的模式加以变革，大多呈现渐进式的小幅度改革。[8]

结合路径依赖观点和社区建设史发现，以往社造中由上而下施政社区化时在政策制定和实践痕迹上都存在严重的路径依赖而无法产生居民的自觉参与和社区自主性。因此，社区行动者在社区营造中如何形塑共同体意识，并如何在政策实践中增进自主性，是历史制度主义的分析范畴。[9]

分散模式强调共同完成和按社区需求开展计划，共同完成在治理模式上接

---

[1] Maloney: Social capital and urban governance: adding a more contextualized "top-down" perspective. Political Studies, 2002, 48 (4): 802-820.

[2] Fukuyama: Social capital and civil society. IMF Working Papers, 2000, 00 (74): 1-18.

[3] 方孝谦：《社会资本与社区营造：比较林边与北投》，《社会科学论丛》2008年第2卷1期。

[4] 唐杰、王红扬、钱慧：《社会资本视角下的社区营造——以南京雨花区景明佳园社区营造为例》，《江苏城市规划》2017年第3期。

[5] 萧扬基：《社区营造中社会资本对公民治理的影响》，《台湾社区工作与社区研究学刊》2015年第5期。

[6] 张世雄：《公民社会的想象与福利社会的"社会"改革》，嘉义：全国社区工作教育资源与社区育成中心，2006年版，第17页。

[7] 张峻豪：《台湾社区发展的脉络与类型：一个历史制度主义的分析》，《国家与社会》2012年第12期。

[8] 陈明达：《台湾社区总体营造政策变迁之研究——历史制度论的观点》，硕士论文：台北大学公共行政暨政策学，2008年，第51页。

[9] 张峻豪：《台湾社区发展的脉络与类型：一个历史制度主义的分析》，《国家与社会》2012年第12期。

近共治（co-governance），是继从自上而下的分层治理（hierarchical governance）到自下而上的居民自治（self-governance）之后的另一种互动协商且具有网络伙伴关系的治理模式，① 有助于自主性的展现。况且路径也可终止与再生，路径有多元来源时可能存在共同演化关系而更加复杂。②

（三）社区主义理论

社区主义（communitarinism）是政府和市场治理失灵模式之外基于公益的治理模式选择，透过对公共性的强调，社区和国家、市场达成伙伴关系，也可以自我管理，③ 是国内外社区营造的主要支撑理论。与新自由主义的主张相反，社区主义认为个体的权利和自由选择能力离不开其所在的社群，公益利益的实现才能使个人利益得到最充分的展现，④ 民众参与公共事务不仅是权利也是责任。多主体合作成为治理的核心要素，国家作为合法权威的元治理主体地位和作用被拉回到社区研究中，与地方性知识、治理结构—过程等因素一起解决社区失灵和治理网络有效性等问题。⑤ 基于社区主义理论视角下，格伦提出了三种以公益为诉求的社区主义治理实践模式，即社区发展、社区行动和社区服务。⑥ 三种模式在社区营造中都有体现，但主要侧重在社区发展模式上。社区主义强调共同生产（co-production）的概念，是为民众提供公共服务向由民众提供公共服务的转向，例如第三部门可以透过政策申请或可直接参与政策制定。⑦

（四）治理理论和自组织理论

社区营造即一种善治的治理社区方式。善治和治理是地方和社区治理研究中的维度之一。

善治（good governance）和善政（good government）有清晰的区分。善政包括严明的法度、清廉的官员、很高的行政效率和良好的行政服务，而善治指的

---

① Somerville P., Haines N: Prospects for local co-governance. Local Government Studies, 2008, 34 (1): 61-79.
② Murmann: Knowledge and competitive advantage: The coevolution of firms, technology, and national institutions. Cambridge University Press, 2003.
③ 柯于璋：《社区主义治理模式之理论与实践——兼论台湾地区社区政策》，《公共行政学报》2005年第16期。
④ 俞可平：《社群主义》，台北：东方出版社，2015年版，第30页。
⑤ 吴晓林、郝丽娜：《社区复兴运动以来国外社区治理研究的理论考察》，《政治学研究》2015年第1期。
⑥ Glen A: Methods and themes in community practice. Community and Public Policy. 1993, 22: 40.
⑦ 刘宏钰：《新公共治理的创新思潮》，《台湾社区工作与社区研究学刊》2015年第5卷2期。

是使公共利益最大化的社会管理过程。① 善治的本质特征就在于它是政府与公民对公共生活的合作管理，表现为合法性（人们内心认同的权威和秩序）、法治（官员和公民依法行事，法律面前人人平等）、透明性（政治信息的公开性）、责任性（人们为自己的行为负责）、回应性（公共管理人员和机构对公民的要求及时和负责的反应）、有效性（管理的效率）、公民的参与、稳定、廉洁和公正等。② 作为善治的治理，指的是强调效率、法治、责任的公共服务体系。③ 善治的本质特征就在于它是政府与公民对公共生活的合作管理，是强调效率、法治、责任的公共服务体系。④

治理（governance）原意为引导、控制和操纵，曾与统治（government）一词互换使用，直至20世纪90年代，治理一词被广泛应用于政治社会经济管理等领域，与统治的含义则相去甚远。⑤ 美国政治学家詹姆斯·N. 罗森瑙（J. N. Rosenau）将治理定义为一系列活动领域里的管理机制，这些活动由一种共同的目标支持，虽未得到正式授权，却能有效发挥作用。⑥ 英国政治学家R. 罗茨（R. Rhodes）从国家的管理活动、公司管理、新公共管理、善治、社会—控制体系和自组织网络六种不同的视角列出了六种不同治理的定义，⑦ 除了公司管理外，其他治理视角均涉及了社会治理。

治理一词最具有代表性和权威性的定义来自联合国全球治理委员会于1995年发布的《我们的全球伙伴》报告中，报告中治理定义为各种公共的或私人的个人和机构管理其共同事务的诸多方式的总和。⑧ 它将治理概括为四个因素：治理是一个过程，治理的过程是协调，包括了公共和私人部门，是持续的互动。⑨ 而治理与统治的区别主要体现在两个方面：一是统治的权威必须是政府，治理虽然需要权威，但这个权威不一定是政府机关；二是政府统治的权力运行方向是自上而下的，对社会公共事务实行单一向度管理，治理是一个上下互动

---

① 徐湘林：《民主、政治秩序与社会变革》，北京：中信出版社，2003年版，第71页。
② 俞可平：《治理与善治》，北京：社会科学文献出版社，2000年版，第9 – 11页。
③ Rhodes：The new governance: governing without government. Political Studies, 1996, 44 (4): 652 – 667.
④ Rhodes：The new governance: governing without government. Political Studies, 1996, 44 (4): 652 – 667.
⑤ 周坚卫：《地方公共财政理论与实践》，北京：中国财政经济出版社，2008年版。
⑥ 徐湘林：《民主、政治秩序与社会变革》，北京：中信出版社，2003年版，第69页。
⑦ Rhodes：The new governance: governing without government. Political Studies, 2006, 44 (4): 652 – 667.
⑧ 全球治理委员会：《我们的全球伙伴关系 Our Global Neighborhood》，香港：牛津大学出版社，1995年版，第2 – 3页。
⑨ 全球治理委员会：《我们的全球伙伴关系 Our Global Neighborhood》，香港：牛津大学出版社，1995年版，第2 – 3页。

的管理过程,主要通过合作、协商、伙伴关系、确立认同和共同的目标等方式实施对公共事务的管理。①

社会治理理论的发展与全球国家处于政府和市场失灵的管理危机有关,传统公共行政逐渐转型。在社会组织蓬勃发展的情景下,传统的行政管理模式向现代合作治理模式转变,社会组织成了参与社会治理的重要主体之一,并影响了治理理论的发展。从各国政府和各类组织解决相应公共问题的角度,当前治理理论包括多个层次,如治理跨国际问题的全球治理理论,合理配置社会资源、解决国家或地方公共服务与社会事务问题的国家和地方层次的治理理论。全球、国家和地方治理的理论,包括了自下而上的参与、自组织的多中心治理、社会合作网络体系建构、运用社会资本作为治理手段和目的等思想。

社区范围较小,且相应的治理理论论述较少,但却是全部治理系统的基础,治理理论的思想也在一定程度上可以用来分析社区治理。② 在全球社会治理经历了新自由主义和社区主义的调和后,产生出了第三条道路,即全球公民治理或社会治理的基础回到了社区中。这意味着全球各国和各组织参与的社会治理从宏观的层次向基层社会下移。全球基层社会治理的研究中,继承了治理理论并产生了一些治理范式(地方主义型、社会动员型、个人主义型和集权主义范式)。③ 若将社区治理的核心主题归纳为社区领导力、促进公共服务的管理和培育社会资本三类,④ 那么,社区治理主要讨论如何培育社区社会资本和通过多元主体协商合作参与,解决社区公共事务和发展社区。在社区治理模式上,经历了"强政府、弱社会"的治理模式,"社区主导、政府支持"的自治型模式和"政府推动、社区自治结合"的合作型模式。⑤ 实际上是探索以某一主体主导或合作治理的社区治理方式。在引入社区营造后,治理模式更加丰富。

罗家德认为社区营造是一门专业,提供了专业技能,以促成社区善治,其核心理论来源于治理理论(governance theory),尤其是自组织(self-organization)的理论与实务。⑥ 他将自组织理论应用在社区营造分析中,自组织理论的

---

① 徐湘林:《民主、政治秩序与社会变革》,北京:中信出版社,2003 年版,第 71 页。
② 夏建中:《治理理论的特点与社区治理研究》,《黑龙江社会科学》2010 年第 2 期。
③ 夏建中、郑杭生:《中国城市社区治理结构研究》,北京:中国人民大学出版社,2012 年版,第 12—14 页。
④ Sullivan H: Maximizing the contribution of neighborhoods – the role of community governance. Public Policy and Administration, 2001, 16 (2): 30–49.
⑤ 夏建中、郑杭生:《中国城市社区治理结构研究》,北京:中国人民大学出版社,2012 年版,第 20—23 页。
⑥ 罗家德、梁肖月:《社区营造的理论、流程与案例》,北京:社会科学文献出版社,2017 年版,第 3 页。

研究认为社区营造的第一步是在社区组建自组织及网络。这种自组织网络就是公共、私人和志愿者组织的复杂混合。① 社区营造中的一大模块社区社造化,实际就是自组织过程,社区营造中自组织成功建立在关系、结构和认知三者的因素中,他提出了自组织治理运作机制的理论框架。② 社区营造中的自组织模式,与已有社区治理的层级组织为主体和市场组织为主体模式,并列为第三种治理机制。

作为一种新的社区参与模式,倡导通过培育自组织来铺垫社区营造之路,却未注意到社区组织间的共识合作、资源竞争冲突、难孵化、资金匮乏和可持续性差等问题。

二、 社区营造的实践研究

上述理论在实践上多数采用了社区培力(enpower)的方式。培力也可译为充权、增权、赋能和赋权等。社区工作中的社区培力是通过陪伴与协助的过程,③ 核心概念是权力,批判的意识觉醒与对话是培力实施的要素。④ 美国的培力强调通过个体能力的重新建构去控制自己的生活,个别化的工作方法受到重视,而英国的培力观点重视社会进步取向,去除结构不均牵扯到权力的转移。⑤ 参与(participation)因其显现了相互性、反科层和经验智慧被视为培力的重要做法之一。⑥ 它意指加入某种组织或参加某种活动,是产生认同的基础,能提高信任水平、异质性包容力和社会责任感等⑦。社会参与作为一种桥梁,居民能通过参与达到熟悉和信任。参与具有正、负和无功能,但无论是项目制治理、服务型治理、多元治理或合作治理,均以参与发挥正向功能为前提,参与主体可以是个体或组织。

台湾社造经验中有四种常见的社区培力实践。协助社区从资产角度看到自

---

① 夏建中、郑杭生:《中国城市社区治理结构研究》,北京:中国人民大学出版社,2012年版,第93页。
② 罗家德、梁肖月:《社区营造的理论、流程与案例》,北京:社会科学文献出版社,2017年版,第46-47页。
③ 李易骏、刘承宪:《透过社区方案进行社区培力的行动研究》,《台湾社区工作与社区研究学刊》2013年第3卷3期。
④ 黄彦宜:《社区充权:台湾与英美经验的对话》,《台湾社区工作与社区研究学刊》2016年第6卷2期。
⑤ Dominelli L, Campling J: Anti - oppressive social work theory and practice. Macmillan International Higher Education, 2002, 15~20.
⑥ 黄彦宜:《社区充权:台湾与英美经验的对话》,《台湾社区工作与社区研究学刊》2016年第6卷2期。
⑦ 胡荣、李静雅:《城市居民信任的构成及影响因素》,《社会》2006年第6期。

身优势，或重视社区能力建立，或重视社区草根组织的串联行动形成磁吸效应施展影响力，亦或强调财源自主，因其社造中政府透过经费辅助等资源配置和评估机制，合法化了上对下不对等关系，① 而去掉了培力中权力这一核心议题，形成了一种消权式的参与。

通过社区培力帮助社区形成社区能力（capacity），指社区多数居民能够对于社区未来的走向有着共同意识而产生集体行动来提升或改变现况，对于社会风险的觉醒、凝聚、动员与积极性。② 常见的能力包括偏重解决问题或完成任务的技术，及相对稳定的社区结构性的能力基础即储能或能量两种。③ 也有研究发现社区能力中只有财务力和关系力对社区生活品质产生积极影响。④ 培力中除了发展操作性能力，培育民众对风险思辨及参与觉醒的意识也是重要任务。也因由将社造中社区能力分为实务操作、社区网络关系经营和维续、精神和价值层三个层次的递进⑤（图 2.11）。

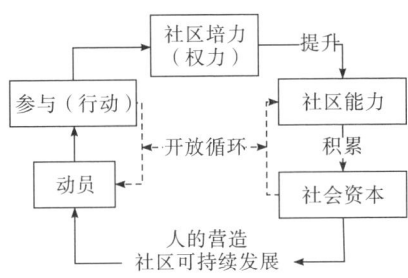

图 2.11　社区培力路径图

社区能力有强有弱，如果按社区能力分级后的结果使用培力技巧，权力是核心。个体参与上，并不意味着每一位居民都有所行动，参与频率高者作为成熟的参与者可以培育其自觉行动能力，拥有资源的潜在被动员者需要以紧密贴近他们生活的公共议题来引导进入行动中。可以是培力培训、计划/议题型事件与活动中方案的制定和执行、对外网络与资源的连接等，再逐渐扩大公共议题

---

① 黄彦宜：《社区充权：台湾与英美经验的对话》，《台湾社区工作与社区研究学刊》2016 年第 6 卷 2 期。

② 蔡弘睿、张菁芬：《台北市的社区组织培力行动与策略》，《台湾社区工作与社区研究学刊》2015 年第 5 卷 1 期。

③ Chaskin R. J: Building community capacity: A definitional framework and case studies from a comprehensive community initiative. Urban affairs review, 2001, 36 (3): 291 - 323.

④ 黄源协、庄俐昕、刘素珍：《社区能力与社区生活品质之研究：对社区治理能力与社区发展的意涵》，《公共行政学报》2015 年第 49 期。

⑤ 李易骏、刘承宪：《透过社区方案进行社区培力的行动研究》，《台湾社区工作与社区研究学刊》2013 年第 3 卷 3 期。

的范围和可期待的愿景以保证参与的持续性。通过行动参与使人们学习解决问题的技能以及技能的使用，促进意识的觉醒。组织参与上，多目标的组织串联在公共议题中，避免竞争、冲突和懈怠，有效的、策略性的、协同运作的技巧应该是什么？这涉及无论是基于一般互惠或直接互惠，社造参与中需要重视并促成各方参与主体目标的实现，也涉及各类型组织的活动如何能够整合起来为共同的培力和社区发展目标服务的问题。因此，从组织方面来看，改变组织单一的财政依赖，除了发展社区产业或者注册社会企业是自力更生的一种方式，对于驻扎社区中的重要小型专业非营利组织而言，面临大企业资金投给基金会，中小型企业不经过小组织直接提供服务给居民的现状，有偿服务难有市场或难维持员工工资的窘况，阻碍了其参与的可持续。个体如何保障时间和精力等投入到一个个公共性议题中形成自觉和持续性的参与，以及政策和公共部门的持续性支持等也依然是问题。

三、看待社区营造的视角

一方面，可以从更加宏观的现代社会风险生活视角来看待社区，社区营造通过培育社区能力以应对贫穷、社会排斥、科技疏离化，及全球化加剧的地区差距和部分社区愈加边缘化等问题，强调用地方回应全球化挑战及社会风险。全球化使流动空间代替了地方空间，促成了解控的社会生活，可控制性、确定性和安全性等理念已经崩溃。[①] 而个人投入意义且以各种方式相关联的地区，经由直觉及经验，可以帮助我们得以透过地方来了解整个世界，产生的地方认同可以迎接全球化的挑战。[②] 我们可以经由地方来创造地方认同感，地方感是力量的来源。[③] 例如乡村社区的生活方式和价值观所构建的文化模式往往具有不同特色，经由社造的文化模式回馈给地域空间便会形成地域性效果（locality effect），通过社造长期积累的社会资本力量，运用产业发展的商业手段来共同面对和解决社区经济与社会变迁（例如国家财政危机、捐款紧缩、照顾能力需提升等）的双重问题。[④]

另一方面，可以从社区公共参与的视角看待社区营造。中国社区建设自20

[①] 乌尔希里·贝克：《风险社会》，南京：译林出版社，2004年版，第20-22页。
[②] 李永展：《全球时代下的台湾社区营造》，《国家与社会》2009年第12期。
[③] Green, Richard J: Attachment to place: social networks, mobility and prospects of young people. York: Joseph Rowntree Foundation, 2007, 37.
[④] 林家炜：《非营利组织经营社区产业适法性之省察》，《台湾社区工作与社区研究学刊》2018年第2期。

世纪 80 年代至今经历了社区服务、居民自治和社区协商三个阶段。[①] 在此过程中，政策推进逐步深化，提出共建共治共享格局，政府加快职能转变速度迈向现代合作治理。社会组织、人才队伍建设、经费投入也有所增长，产生了部分理想效果。社会组织在介入基层社会治理实践的十几年间积累了丰富的实务经验。社会工作机构数量迅速增长，服务层次、质量和特色呈现差别化，专业服务人才数量增多。地方政府通过向社会组织购买服务形成了"购买岗位""购买项目"的模式，确立"综合＋专项"的服务平台，交由第三方评估，推进社会工作信息化建设，进行"社工＋义工""三社联动"的工作机制。各地方政府在理念、政策制度和队伍建设上都取得了很大进步。基于社会组织参与基层社会治理的研究也有总结为"项目制治理""服务型治理"[②]"合作治理""社区为本治理"和"自组织培力"为核心的治理等。

然而，问题依然存在，如组织行政化、人才去专业性、服务覆盖率低或没有有效匹配、治理问题不明确且碎片化及治理主体权责模糊等。社区层面居民参与不足、自组织自主性不强且社区主体性未显现，外加现代风险社会的压力、疏离、污染、安全等社会问题交叠，社区是否已陷入了不可治理的危机？社区营造从社会参与机制革新切入，是有成功的路径可供探寻。近些年来各地社区总体营造的涌现，旨在整合多方面资源，破解参与不足问题并重塑共同体，治理转向自下而上，社区营造被作为治理创新的方式。它强调实务干预和社区发展可持续，有完成的流程和实务方法，为治理精细化提供可行的技术支持，是否成功也可以通过任务目标的效果进行评价。

社区营造融合了社区治理、社区建设、社区服务和社区发展中参与方面内容。政府对社会组织和人才队伍建设的支持是对社会力量进行适当放权，使其参与到社会治理格局中，通过社会治理达到认同度强和基层社会秩序稳定的目标。社造迎合了国家打造共建共享共治的社会治理格局的愿景。同时，党的十九大报告中提到的建立"加强社会治理制度建设，完善党委领导、政府负责、社会协同、公众参与、法治保障"的社会治理体制，将党委领导放在首位，党的引领是区别于他国社区发展的不同之处，其天然的合法性身份和完善的组织网络相比，社区内自组织更具有可持续性和更契合国家的政治目标。政府以部分资金和政策条文方式或间接或直接支持基层社会建设，社区营造可以在国家指导思想和政府部门的支持下，通过专业技能以促成居民联结，改善生计、福

[①] 黄晓星、蔡禾：《治理单元调整与社区治理体系重塑——兼论中国城市社区建设的方向和重点》，《广东社会科学》2018 年第 5 期。

[②] 王思斌：《社会治理结构的进化与社会工作的服务型治理》，《北京大学学报（哲学社会科学版）》2014 年第 6 期。

祉、治安、人文教育、景观和生态，建设大家理想中的家园，[①] 满足居民心理的安全感、归属感和认同感需求，过一种有品质生活的需要，发展乡村产业和文化振兴的需求。

借用社造手法将人文地景产以点串面的社区建设需要按社区能力进行分级对待，并不是所有社区都需要社造也适合社造，例如已经发展良好的农村社区并不一定需要额外的干预。从实务上，社区培力中权力、参与和社区能力紧密关联，践行了社区培力方式。然而，纵观经由政府推动几十年的台湾社造，依然在整体上存在依赖政府经费而无法实现社区自主性，使社区沦为伙计而非伙伴关系，甚至社区行政化，以及社区居民对环境改造的参与积极而对权力问题的冷漠，公共利益难以形成，社造志工化等问题，也使社区无法回应变迁和权力等重要议题，阻碍着社造的效果，甚至导致社造夭折或停滞。参与机制的创新便不是头痛医头和脚痛医脚的问题，而是从整体上寻找个人、组织、社区参与互相关联的整合机制。也打破了就社区论社区、就组织论组织，但可以借用培力的方式生产能力，在制度环境上探索共同生产模式以实现共治。

[①] 罗家德，梁肖月：《社区营造的理论、流程与案例》，北京：社会科学文献出版社，2017年版，第3页。

第三章

从化的社区营造故事

第一节 营造故事

广州市从化区地处珠江三角洲到粤北山区的过渡地带，全区地势以山地、丘陵为主。由于从化区距离广州市中心区较远，且地势崎岖，目前交通设施建设尚不完善。在产业方面，从化区第一产业比重偏大，第三产业比重偏小，产业结构总体优化水平相对滞后。2018 年从化区地区生产总值 416.7 亿元，[①] 人均 GDP 为 11 928 元，经济规模在广州市各区中排名最后一位。此外，从化区城镇化进程相对滞后，社会事业发展水平较低，是面临着典型"三农"问题的地区。

本章要介绍的是广东省春野社会工作发展中心开展的从化区社区营造项目。项目开展地点选择在上溪村和明乐村。这两个村庄位置邻近，其社区基本情况、经济与人口结构、历史文化等基本相似，且目前都面临着偏远、贫困、空心化等问题。2009 年春野社会工作发展中心入驻上溪村开展农村社会工作服务，由此打造出特色的从化项目——以上溪村为中心，带动周边村落共同发展的春野从化项目，其项目宗旨是打造"城乡合作、公平贸易、共创生态文明和可持续生活"的试点项目。

一、案例介绍

上溪村和明乐村都位于从化区良口镇偏北部的山区，是两个紧邻的自然村，都属于水源保护区。其中，上溪村归属于长流村委，下分为五个经济社，面积

---

① 数据来自南方网新闻报道。

约12平方公里，总人口约400多人，村中以杨姓和易姓为主。而明乐村（图3.1）归属于明乐村委，其面积约为15.5平方公里，下辖六个生产社，在籍人口745人，常住人口212人，60岁以上的长者有上百人，村中以何姓为主。两个村因为位置邻近，因此在经济、物产、地势地貌、建筑、文化、语言、风俗习惯等方面都极其相似，如两个村的主要经济作物都是毛竹、砂糖桔以及其他果树等。正因为这两个村在基本特征上的相似性，广东春野社会工作发展中心在这两个村开展的服务内容也具有较高的相似性。因此，本章在分析时决定将上溪村和明乐村整合在一起描述从化的社区营造故事，不是单独阐述某一村。

图3.1　明乐村社区地图（2018年12月摄于明乐村庄2站）

二、营造背景与故事过程

（一）乡村振兴与社会组织力量

自改革开放以来，市场化、城市化、工业化进程令中国的面貌、人民生活等发生了翻天覆地的变化。在城市化进程中，农村滞后于城市的发展带来了"三农"问题。虽然在过去的40年间，我国的农村和农业产业取得了巨大的成绩和进步，然而目前我国"三农"问题依然突出，特别是"农村空心化""农业边缘化"和"农民老龄化"的"新三农"问题日益突出。①农村人才流失严重，劳动力大量外流，村舍断壁残垣，农村凋敝现象严重。大部分农民如今的增收方式仍然是依靠外出打工，农业收入少，农村产业薄弱，留守在农村的多为老人、妇女和儿童，农地荒芜，"谁来种地""如何种地"问题突出。农产品的竞争力弱，农业农村污染问题突出，城乡之间发展不平衡，"新三农"问题成了全面建成小康社会、实现现代化和中华民族伟大复兴的短板。

长久以来，党和国家都将农业农村农民问题视为关系到国计民生的根本性问题，因此必须始终把解决好"三农"问题作为全党工作的重中之重，实施乡村振兴战略。2017年10月18日，习近平总书记在党的十九大报告中提出乡村振兴战略。2018年2月4日公布的2018年中央一号文件，即《中共中央国务院关于实施乡村振兴战略的意见》，文件认为我国发展不平衡不充分问题在乡村最为突出，实施乡村振兴战略，要求将农村打造成为产业兴旺、生态宜居、乡风文明、治理有效、生活富裕的共同体。2018年3月5日，国务院总理李克强在作政府工作报告时提出要大力实施乡村振兴战略。面对这个艰巨的任务，仅依靠农村自身的发展是远远不够的，必须引入外部资源为乡村振兴注入活力。

政府、市场与社会成为乡村振兴中三种不同的力量来源。其中社会的力量通常是指由社会组织等非营利机构开展的乡村振兴服务，社会组织因其具有公益性、资源来源广泛性等特性，是乡村振兴战略中不可或缺的一支力量。社会组织如何参与到乡村振兴战略中来，它将扮演怎样的角色，起到什么样的作用，则需要我们在实践的基础上进行深入的研究。

（二）项目背景与执行机构介绍

1. 项目背景

2009年以来，广州市开始以政府购买社会工作服务的方式开展社会建设。2009年底，广州市民政局推出了33个广州市社会工作人才队伍建设政府购买社会工作服务试点项目。这33个项目多以城市为主，涵盖了重点人群服务、社区发展服务等，其中广东春野社会工作发展中心的从化社区营造项目是唯一的农村社会工作项目。该项目自那时起就得到了社会的广泛关注，成了我国社会工作介入农村社区发展的典型案例。

2. 执行机构介绍

广东春野社会工作发展中心是省级专业社会工作服务机构。以"扎根社区，

---

① 廖彩荣、陈美球：《乡村振兴战略的理论逻辑、科学内涵与实现路径》，《农林经济管理学报》2017年第6期。

精耕细作，培力弱势，彰显公益"为宗旨，借助城乡合作、公平贸易的平台，在与社区民众同行的过程中，尝试走出一条经济发展——社会互助——文化传承——生态良好的社区可持续发展道路。2009年至今，春野社会工作发展中心承接了广州市第一批社工人才队伍建设政府购买社工服务唯一的农村社会工作项目，该项目选择广州市从化区最偏僻的长流村开展社工服务。

（三）个案介绍与项目目标

广东春野社会工作发展中心（以下简称"春野社工"或"春野"）是专业服务农村农民的社会工作团队，其工作围绕培育村民组织、建立生产合作社、打造城乡公平贸易平台等目标，进行社会工作介入农村社区发展的尝试。从化项目开展的五年期间，围绕着培育村民组织这一目标，社工先后组织了乡村旅舍妇女小组、生态种植小组、青梅产品加工互助组、返乡青年文化导赏小组等村民组织。春野的社工们希望通过发展各类村民小组来达到多元的以及可持续的生计方式。村民组织通过利用本地人文传统（古围屋等）和生态资源，以春野社会企业为桥梁，开展城乡互动与公平贸易。在社工和村民们的共同努力下，一方面村民生计得到了显著的提升，另一方面也保护和传承了村庄的传统文化，保育了生态环境。

三、个案分析与营造过程

（一）项目资源分析

资源一：良好的自然风貌

上溪村和明乐村都有着良好的自然风貌。整个村子被蓝天绿水环绕，优雅而静谧。村子周围有很多海拔不高的山，站在山上可以俯瞰村野，远眺群山，与群山"对话"，一声呐喊，回音响彻山谷。村中及村后的山上生长着各种各样的花草树木，还有水牛、蜜蜂、蝴蝶、青蛙、蝌蚪、蚱蜢等等，来这里的旅客可以观察动植物，自己制作标本。最难得的是晚上，一出户外，抬头即可看到满天的星星，由于光源污染少，北斗七星和北极星清晰可见。如果是春夏季，夜晚沿着村边的小路散步，则可以看到一路荧光点点的奇妙景色，无数的萤火虫在草丛间飞舞。这些属于这里的独特风光引人入胜，在城市里难以寻觅。因居于山腰，夏日的午后，夕阳的余温还没散去，村里的凉气缓缓漫开绕于周身，舒适得很。村民基本都有耕种自己的农田，浇菜、除草等农活并未荒废。农田的耕作占据了村民大部分时间，其他时间则以做一些农副产品为主，生活平静而自足。

资源二：诗意的历史传说

上溪村有许多有趣的传说。传说远古时期，此处的女子都十分漂亮，山上有一条小溪延绵而下美丽如同仙女，因此称为"上溪"。然而现在上溪已经被填平，没有了往日的传奇。二说是从前村子旁边有座山名为"围佬山"，有一位仙女为了将山化作一座城池，便派乌龟和牛用铁耙夷平围佬山。谁知这个消息被鬼怪听到了，不怀好意的鬼怪妄图破坏仙女的计划，便假装鸡鸣。乌龟、牛听到鸡鸣，都误以为天亮了，怕被人发现，于是化身为石头。牛所化的石头现在位于村道两旁，而乌龟所化的石头则被垫在了村道下面，河里的大块石头则是铁耙所化。虽然仙女好心为凡人建造城池，却被鬼怪所破坏，村民为了纪念仙女的一番善意，于是将此村命名为"上溪"。这样的传说给上溪蒙上了一层神秘的面纱，只待游客来揭开。

资源三：特色的建筑资源

上溪村和明乐村都有着当地的特色建筑——围屋。其中上溪村的围屋现在已经被租给了春野的社工们作为乡村旅舍。从上溪村口进入村子，走几步就能从上溪村的祠堂走到游客唯一的住宿点——上溪乡村旅社。这个旅社即村子里的和安巷，原为村里一杨姓人家的围屋，是当地留存的最大规模的特色建筑，20世纪80年代曾经重建。不到20间房分列在一条狭窄的巷子两旁，房间都是青瓦土砖。旅社的面积很小，放一张床，两个茶几，就已经没有什么活动空间了。阁楼地板上也铺了床，最大的亮点是楼顶有几片瓦是玻璃的，躺在地铺上看着床前明月光，透过玻璃瓦看星光点点，可是绝佳的体验。和多数老房子一样，这些房间非常凉爽，夏季的夜晚甚至不用开风扇，睡到半夜还会感觉有点凉意。

资源四：丰富的物产

上溪村四周环山，空气清新，清澈的上溪水绕村而流，山花的香气不时扑鼻而来。山上溪水潺潺、竹林簇簇，沙糖桔、青梅、李子等多种果树林立。这里民风淳朴，村民勤劳善良。在这里可以体验到传统的农耕方式，品尝到丰富多样的农副产品。在这里，春季桔子花香满山洋溢，树叶新绿，生机盎然，你可以和村民一起体验上山采竹笋的快乐；夏天，百花盛开，你可以品尝到百花蜜的香甜，也可以体验一把农耕的乐趣；秋天，是丰收的季节，你可以与村民一同分享收获的喜悦；冬天，山上的果树挂满了黄灿灿的沙糖桔，你可以和村民一起上山体验采摘桔子的快乐。

资源五：有趣的歌仔

歌仔是旧时村里办喜事或白事以及亲朋好友聚会和劳作之时会唱的一种歌曲，一般采用对唱的形式，阿公阿婆们的少年时代，会跟着劳作的队伍学着哼唱,从歌仔中获取生活的指导。歌词从盘古开天辟地写到中华人民共和国成立,也有关乎时令以及猜字谜的,涵盖内容非常广,这当然难以由一人或几个人谱写而出,是村民集体生活智慧的结晶,现今有些村民家里还有以前遗留下来的歌本。据村里的阿公阿婆说,1989 年以前,村子里结婚的习俗是新娘和自己的兄弟姐妹们一起走路到新郎家,晚上送亲的亲戚朋友要与新郎这边的亲戚朋友在一间房子里隔着一个洞对歌,从晚上唱到天亮,要唱两天,场面十分热闹欢快。

资源六:丰富的公益资源

2009 年,春野社会工作发展中心率先入驻上溪村开展村民服务,其后带动沿线村落发展,也入驻了明乐村开展服务。春野社工到来之后,为上溪村与明乐村带来了大量的公益资源,如香港理工大学志愿者团队、深圳大学志愿者团队等,协同为两个村的村民们开展服务。广东省春芽乡村妇女发展基金会则是 2016 年进驻明乐村的另一个组织,该机构关注乡村妇女儿童发展问题,在明乐村开展了乡村体验游、源味厨房等一系列旨在促进农村发展的服务内容,并与春野社工等众多社会力量协同服务,很大程度增强了村民的自信心,也提高了村民对自己村庄的认同感。

(二)项目挑战分析

挑战一:地理位置偏僻

上溪地理位置偏僻,要入村并不是一件容易的事情,从广州流花车站坐车到从化汽车站,在从化汽车站再转乘一辆开往长流的公共汽车,一共要经过三个小时的颠簸。一路上蜿蜒曲折,不断地在盘山公路上绕弯,一个圈接一个圈,绕进村的车开到山顶终点才下行入村,且一趟需花费近一小时,出行颇为不便,因而村民们一般只有赶墟之时,或需外出办事才会搭班车出去,还有村民选择开摩托车。不仅仅是路途遥远,去两个村的盘山公路有一定危险性。偏僻的地理位置造成了游客的往来不便和农产品运输的困难,目前从良口镇到上溪村和明乐村的公交车每一天只有两班,去这里的游客如果需要预约车辆上山存在较大的困难,这给上溪项目带来了很多挑战。

挑战二:经济困难

从化地区一直以来是广州市精准扶贫的重点区域,像上溪和明乐这种处于深山、无村办企业、无支柱产业的村落,难以进入到市场化的竞争当中。同时,农户无就业渠道,劳动力大量外迁,造成劳动力资源不足。村里的经济结构单一,以依靠种植业为主,缺乏新型产业、工业,难以增加村民收入。大量的荒废的土地未能对农村经济发展作出应有的贡献,也制约了农村经济的发展。

挑战三：人口流失严重

随着广州市城区的不断扩大，就业机会增多，大量的农村劳动力转移到城市。上溪村和明乐村劳动力人口严重流失，如今村中的主要人口是老人、妇女和孩子。闲置的住房和荒置的耕地随处可见。大量的年轻劳动力离开了村庄进入从化市区、广州市区等地打工，同时在工作地购房，从而离开了乡村。

挑战四：公共设施匮乏

上溪村各种公共服务较为陈旧，村中的饮水、公路、能源等基础设施无法满足村民日常生活生产的需求。村里没有集市，只有小卖部，平常售卖一些小零食、鸡蛋、面粉等，生意不大，却是满足村民日常生活需求的最重要渠道。在上溪项目开始之前，村中没有公共厕所，目前为止，村中的旅社也只有公共澡堂，日常旅游带来的垃圾等无法得到有效处理，只能劝游客带回。同时村中通信信号极差，很难打电话或者接收到网络信息，这些不足都限制着上溪村的进一步发展。因位置偏僻，村里还没通快递，如果在淘宝购物，拿快递则可以去5公里之外的长流村，这算是近的了。有的则需要到远在28公里之外的快递点拿，着实不方便。所以村民有镇上的快递时都会托进村的村民帮忙拿回来。

挑战五：历史文化资源流失严重

作为已经有着悠久历史的建筑——围屋，是上溪村和明乐村都有的传统建筑。过去，一家人或者几家人住在同一个围屋中，围屋里冬暖夏凉，是在围屋里长大的孩子们的天堂。但随着现代建筑逐渐"入侵"村落，越来越多混凝土小楼房取代了围屋。

此外，随着村中的年轻人越来越少，从前寄托着历史文化的歌仔也逐渐失传，现今年轻一代已较少唱歌仔，只有几个上了年纪的阿姨们能够对唱。走在村里见到阿姨们，问一句"阿姨会唱歌仔吗"，阿姨大多会害羞地笑着说："以前就会，现在不唱了"，听来不免令人惋惜。

四、项目过程及内容

（一）上溪村营造过程及营造内容

2009年春野社会工作发展中心在入驻上溪村后，针对上溪村的各种资源和困难作了详实的调查。上溪项目正式启动后，春野社会工作发展中心围绕着探索城乡合作、公平贸易、共创生态文明和可持续生活的发展模式在上溪村开展驻村社工服务。在这个过程中，上溪项目围绕着"景观—人文—物产"三个方面不断进行乡村社区的建设和发展，经历了从景观到人文，从人文到物产，从物产再到景观的多面向发展模式，构建了一个多方面协调发展的发展模式。

阶段一：从景观到人文，以旅社为发展中心的初始阶段

在上述关于上溪的资源分析中已提及，原生态的自然景观是上溪项目的重要吸引点。在上溪村中，目前还保留着较为原始的农家生活风光，如村中蜿蜒着许多窄窄的石头巷子，村民们的住房很多还是20世纪中叶修建的土房，这些土方中的土砖墙都饱含着历史感与沧桑感，仿佛时间流逝极慢。这些村中特色的景观对村民而言是稀松平常的旧景，但对春野的社工们来说则是能帮助上溪村发展的资源。驻村的社工们花了几个月的时间驻村走访，跟村民们培养感情，了解上溪村的历史及村民的故事，与村民们和上溪这一方土地充分建立了感情。社工们看到了村中的特色围屋后，又将村民们遗弃不用的老房子租了下来，修缮整理成为了乡村旅社。

围屋的历史和故事[①]

据记载，杨氏大太公英明公来到上溪后，选址在青龙围（现已倒塌）建起了自己家族的围屋，于是青龙围便成为了村中第一座围屋。随着该家族人员数目不断扩大，青龙围无法满足该家族的居住需求，于是英明公三子念德公的第五个儿子起聚公及其孙子连贵、连佐和连伙等重新选址，选在距离青龙围只有几十米的地方，另建新围屋，取名为新龙围。据说，因其第一个围屋名为"青龙围"，而这是在青龙围之后新建的另一围，于是便取其意，唤作"新龙围"。而另一种说法便认为这只是一个对围屋的称呼，即现在的门牌号一样，用以区分其他的围屋，并没有具体的意义。正如除了上溪有新龙围，上溪村和增城那边同样也有围屋，名为"新龙围"。

根据现存由"瓒"字辈太公所撰写的族谱记载，该族谱修订于"咸丰己未年仲秋"，族谱上并未对新龙围的修建时间进行详细的记录。但是WF阿公介绍说，他在"瓒"字辈太公在世时曾询问关于新龙围的修建事宜，该太公表示新龙围先于其存在，具体的建造时间也无法确定。因此，按照其太公所处的年代——咸丰年间来推算，新龙围至少修建于咸丰年间或之前。随后，MT阿公更是查阅了多方祖辈遗留下来的文献得知，新龙围原建于清代道光皇帝年间，到咸丰二年（1852年）才全部完工，前后总共花了38年的时间（原文如此，如按38年时间推算，新龙围应建于清嘉庆年间）。由此，推算新龙围已经有170多年的历史，可谓是上溪村落变化的又一见证者。

由于土泥砖防水性不高，新龙围的墙角基本上采用石头作为基底，避免了

---

① 该部分资料来自于上溪项目公众号：https://mp.weixin.qq.com/mp/profile_ext?action=home&__biz=MzIxNjc5MTk2Nw==&scene=124#wechat_redirect

水的侵蚀。与现有的砌墙工艺相异,新龙围的墙角工艺称之为"种墙"。一般采用两块木板进行固定,然后在中间放置石头,用石灰泥土进行填充,层层挤压,将其加固风干,完成后则取走木板,重复该程序,进行另一部分的"种墙"。在那时候,有钱人还会加入黄糖作为混合物,用来增强其韧性,提高其坚固程度。"种"出来的墙体,在战争时期,可以坚硬到连炮弹都打不进去。而这种传统工艺由于其复杂程度正在逐渐消失,就连多年前新建土砖房的时候,也已不再采用木板,而是直接使用白线拉直作为范围的固定。

乡村旅社是从化项目的特色项目之一。在旅社的外观上,旅社很好地保持了土屋的原貌,同时由社工带领村民们修建了公共浴室、公共厕所,安装了热水器等,将乡村旅社打造得有模有样。在旅社的运营方面,社工则培育起了上溪乡村旅舍合作小组,通过组织八位村中的妇女作为合作社来主管旅社的管理及运营。社工与村民们的共同努力使得乡村旅舍运营良好,成了从化项目和上溪村的"活招牌"。

在打理好旅社后,驻村社工们又着眼于村中建筑物及文化历史物品的保护及利用。2010年前后,上溪项目开始打造本村的乡村博物馆。乡村博物馆位于杨氏宗祠里面,博物馆里陈列的有村民们过去使用的一些旧家具、老农具。这个宗祠里的家具大部分是在建造旅舍时,由社工从村民手中收集来的,有些已经有上百年历史了,在经过重新修整后放入了博物馆进行陈列。同时,在收集家具的时候社工们就会记录下家具主人口述家具的来历,然后整理好文字图片贴在房间内部,介绍每一件家具的故事。如,某个小小的木架子是建房子用的砖磨,主人名叫YLS,40岁,长流村人。"以前自己建房子的时候做泥砖用的模具,把泥水倒进去晾干再敲出来就是一块一块的砖了。拆老家房子的时候看到的,估计有上百年的历史了,用的也是杉木。"砖模下面是一个嫁妆柜,主人名叫YGH,56岁,女,上溪村人,"100多年前,我太婆和这个柜子一起从良口嫁过来。全是用杉木做的,这里的人都喜欢用杉木做家具。后来我爷爷要结婚的时候,家里穷做不起家具,这个柜子就传给我爷爷。等到1972年建了新房子买了新家具之后,这个柜子就不用了。家里一直舍不得丢弃这个柜子,将它保留了下来,想留个纪念。"纺车与织布机的主人叫YCJ,男,42岁,长流村人,"20世纪70年代以前,奶奶经常用它们做衣服给家人穿,当时很多人都会自己织布做衣服。"[①] 乡村博物馆的建立为上溪村留住了本村的历史和故事,通过对工具、家具的故事梳理,将过去上溪村民的历史和文化保留了下来,成了

---

① 以上四个故事资料全部来源于媒体对上溪村的报道。http://news.gd.sina.com.cn/news/20120229/1249013.html。

不会被磨灭的记忆。乡村博物馆现在已成为上溪旅游的一个热点，青年人也热衷于了解过去的故事，从旧时光中寻找自己的认同和未来。

除了乡村博物馆，2015年开始，社工带着实习生做关于村民的口述历史，讲述目前还在上溪村生活的村民们的生命故事。每一个生命故事的主题都不一样，比如：涉及个体成长的历史，村中婚丧礼嫁的历史，村庄空间变迁的历史，村庄与地方政府关系的历史，以及某一建筑或物产与某个人的回忆等。社工通过口述历史的方式将上溪村重要的文化记忆保存了下来，这些故事将继续留传给未来的上溪村民和来到上溪村的游客们，将上溪村的美好告诉更多的人。

从房屋景观到人文历史的保护是春野从化项目的第一个阶段，这个阶段中社工首先是采用了"用脚画地图"的方法，将深入了解当地的历史文化作为项目的第一步，从而能发掘出本社区的优势及劣势、资源及挑战。在充分了解社区各种情况的基础上，社工以打造乡村旅社为契机，收集村中的历史故事和物品，开办博物馆，让村民能够认同及接受社工的做法，并认识到自己社区中历史及文化的重要性，从而由接受变为进一步支持社工的做法。在阶段一，社工通过以上的种种努力使得社工与村民深深地认识和了解了对方，成了相互之间的"伙伴"，这也为后续计划的开展奠定了坚实的基础。

阶段二：从人文到物产——以发育村民组织，改善村民生计为发展中心的发展阶段

村民是上溪项目的核心。"人"作为社区营造和社会工作的核心目标，其意识及行为的改变是社工最重要的议题。对于社区营造而言，以"人"为重点的营造是指满足居民生活需求、保持公共产品的供给、打造和谐邻里关系、建构社会支持网络，鼓励居民参与公共事务、实现社区自治。居民是社区营造的核心主体，必须了解居民的社区需求，将居民组织起来开展社区营造活动来实现自我管理、自我服务。在这个过程中将居民形塑成真正的"社区人"，即具备社区意识、清晰社区权责，能积极主动地投身于社区共同体建构。因而，人的营造是社区营造的核心议题，无论从五个议题中的哪一个出发，都必须回归人的营造才能实现共同体的再造。

针对"人"营造和改变，春野社工在发展乡村旅社及乡村博物馆的同时，也在不断思考如何将项目发展本身与村民的生活境遇改善结合起来。当时，上溪村民们面临的最大的挑战即是生计问题，村民大多依靠种植业为生。然而农业种植的收入低，贫困在上溪村中是挥之不去的阴影。如何提高村民的收入水平是社工们必须要考虑的最大问题。同时，在看到驻村社工们不断努力为村民们谋福祉后，不少村民开始慢慢接受"共创生态文明和可持续生活"的理念，愿意与社工一起合作，参与到上溪项目中来。由此，上溪村第一个合作小组——

上溪乡村旅社合作小组正式开始建立。

合作社一：乡村旅社合作小组

乡村旅社小组是负责经营上溪乡村旅社的合作小组，主要的工作是经营和管理从化项目中的上溪乡村旅社。该小组一开始有二十几人在共同主事，随后因为生计、个人原因等，一些村民逐渐退出，现在八位女性村民成为旅社合作小组的中坚力量（简称"旅社合作小组"）。这八位阿姨年纪加起来超过400岁，过去主要依靠种田、干农活等为生。加入旅社合作小组后，她们的工作和生活也有了一定的改变。她们分工合作经营旅社，将乡村旅社打扫得干净整洁，做出来的饭菜也是美味可口，获得了来上溪村旅游的游客们的一致赞扬，旅社合作小组现在已经成了上溪乡村旅游的一块活招牌。通过合作社的形式，八位女性村民每年平均能获得乡村旅社带来的近万元收入，改善了上溪村妇女们的生计。

"八仙女"乡村旅社合作小组成长记[①]

2010年，春野与妇女们结缘，组成乡村旅社妇女小组。最先的七位成员，是大家熟悉的"七仙女"；

2010年：乡村旅社营业，接待第一批游客，阿姨们最深刻的印象是，第一次分钱分到晚上2点，每人分了一斤鸡翅的钱（十二三元），确定分工；

2011年："七仙女"到"八仙女"；

2011年9月：外国学生来到村子里了，阿姨说："以前连人都少见，现在还见到了外国人"；

2012年：重修祠堂，妇女小组打理祠堂公共空间。"我们方便了很多（做饭），不用到处找地方搭台吃饭""整个村子吃了一天，是村里最热闹的一天"；

2012年：小组共同租地，种水稻、蔬菜，共同劳动，种生态产品；

2012年：小组使用公益金做好公共卫生间、风水池的修缮；

2013年：投票选"组长"，重新分工合作，合作越来越顺畅；

2013年：乡村旅社妇女互助小组独立经营，自己做"老板"；

2014年：妇女当"代表"；

2015年：阿姨们开始跳舞了，也带动村里其他妇女跳广场舞；

2016年：阿姨们和上溪村的其他村民小组有更多的合作。

---

① 阿文：妇女节——说说我们村的"八仙女"，https://mp.weixin.qq.com/s/JjtV92j5EFbeI5mkTsH2Lg，美好上溪公众号。

合作社二：生态种植小组

除了乡村旅社合作小组，上溪项目中另一个村民合作小组也延续至今，即生态种植小组。过去种植业一直是上溪村民们的主要经济来源。20世纪六七十年代，当时的良口镇政府曾极力推广村民种植青梅树，青梅树是一种粗生植物，对环境友善，种植过程不需要化肥、农药和除草剂。当时，村里的家家户户都有青梅林，而这些林子起到了很好的保育水土的作用。不过，前些年砂糖桔成了最炙手可热的果树，经济效益好。比起来，青梅价格低、产量低，卖得也不好，许多人陆陆续续地砍掉了自家的青梅林，种上了砂糖桔。但砂糖桔对自然环境的破坏却是极大的，单一种植加上除草剂的过度使用，使山坡看上去十分荒凉，水土流失非常严重。而且种砂糖桔每年需要喷7~8次农药，对土壤、环境和村民的身体都造成了伤害。尤其是这一两年，许多砂糖桔得了黄化病，好几位村民都发现砂糖桔树不结果子不说，地里也长不出东西来。2011年前后，上溪项目开始尝试进行生态种植，成立生态种植小组。生态种植小组早期主要是种青菜、青瓜、茄子之类的生鲜蔬菜，以及养鸡和卖鸡蛋。生态种植小组强调不使用农药化肥，不使用人工催熟等方式进行种植，由于该种植方式所耗费的人工较多，同时又需要从山村运送到广州市区，因此产生了较高的运输费用，故而导致生态蔬菜卖得比其他的菜要贵一些。对于村民们而言，生态种植的付出与收益难以相抵，因此种植的积极性越来越低。不久之后生态种植小组濒临解散，许多村民退出了生态种植小组。如今仍有一些村民还在继续尝试生态种植，通过种植青梅取得了一定的成功，也有一些村民在不断反思失败的原因，自己开始找资源尝试生态种植。如，有几个阿姨在生态种植小组失败后，现在尝试自己单独做生态种植，通过种植番薯、花生、水稻等，取得了一定的成绩。

对于生态种植小组的失败，村民们都能理解相关的原因，而上溪的驻村社工阿G认为有两方面的原因：一是村民们对生态种植的理念仍抱有疑问，在技术上也无法完全处理好质量与产量之间的问题，因此生态种植难以持续；另一个原因则是市场体制下，效率原则成为主导农产品价格及收益的主要力量，相比起生态种植背后的理念和实际功效，人们更注重的是菜的品质及价格。就目前而言，生态种植的市场还没有发展成熟，公平贸易需要的信任关系、维系体制也无法达到，因此生态种植小组的尝试以失败而告终。然而在失败的基础上，有村民提出从种植转型为加工，上溪项目的第三个尝试——产品加工小组应运而生。

合作社三：产品加工合作小组

提出做青梅加工其实有着非常偶然的因素，当生态种植小组失败时，村民们也在不断反思：靠山吃山的我们，在青梅价格走低，砂糖桔不行的情况下，是时候反思一下之前走过的路了，不能再全凭"市场老板"说"好不好"。驻村社工阿G在和生态种植小组中一个叫QG的村民聊天时，QG提出想把青梅砍掉去种砂糖桔，当时青梅价格很低，产量不高，而且又卖不掉，赚不到钱，还占了大片的山，对于靠山吃山的村民来说简直是浪费土地。但是QG又有些舍不得砍掉种了很久的青梅树，社工刚好了解到青梅是一种疗愈性食物，而且可以加工制作成一系列产品，于是阿G提出可以考虑把青梅进行加工。于是，社工开始尝试寻找会进行青梅加工的人，通过多方联系，终于找到一位有着十几年食品加工经验的香港老师，由他带领，尝试教几位村民做一些青梅的加工。QG和另一位村民N哥最早开始尝试青梅加工，生产出了如话梅等一些加工产品，并通过驻点社工机构的宣传，慢慢有了生意，开始盈利。2014年，又有一些村民同意加入青梅加工小组，目前已有13户村民是青梅加工小组的成员，每年盈利六七千元，开发出来了包括青梅酵素、青梅酒、梅干、话梅等产品，青梅酒还可以分为好几个品种，如冰糖青梅酒、红糖青梅酒，酵素也可以分为冰糖酵素、红糖酵素、蜂蜜酵素，目前已经有六七种青梅产品在售，受到了众多消费者的认可。

"2013年只有少数村民加工青梅产品，包括青梅酒、青梅酵素、梅精等，很快销售一空。2014年吸引了年轻人加入，成立了青年和中年两组。人多了，制作技术也提升了，并邀请城市的消费者朋友、合作伙伴进村召开了产品品鉴会，村民们也不定期参加广州城乡汇农墟、上溪小农墟，几个小组轮流摆摊。在2015年，产品制作技术更加娴熟，销售良好的情况下，三个小组注册为一个合作社就提上了日程。利润中的一部分积累作为社区公益金，关注村里的公共事务、上溪新龙围的打造、明乐妇女之家的筹建等。2016年，三个小组注册成了'原乡梅好'青梅合作社，借由青梅产品的开发、公平贸易、城乡互动等。"①

合作社四：导赏合作小组

在上溪项目开展的两三年里，逐渐受到春野项目理念感染，认同项目理念及做法的返乡青年加入了几个合作小组，其中的代表人物之一就是阿T。阿T在2014年返回上溪加入青梅加工合作小组，在乡村旅游越来越受欢迎的背景下，2015年阿T等几位村民决定开设文化导赏小组，为来到上溪旅游的旅客们介绍本村的文化传统、历史故事、动植物导赏等。这个年轻的文化导赏小组与乡村旅社小组合作，一起为上溪的旅客们带来更为丰富的旅游体验，受到了游客们的好评。

---

① 本部分资料来自上溪公众号：https://mp.weixin.qq.com/s/wLjyaU8zzFdLkWZd5YKOlA。

"2015年导赏小组成立，为了做好导赏小组，组员们都非常努力，例如对着空气、他人、墙壁等练习开场白。2016年开始，导赏小组逐渐独立开始组织活动，如青梅主题活动、水稻主题活动。2016年到2017年期间，导赏小组经历了很多的坎坷，如部分组员的离开和相继退出，使导赏小组从六个人变成了两个人，小组曾一度想解散。2017年，剩下的两个人决定慢慢地坚持把事情做下去，后来又陆续加入了新成员，有的成员同时也做生态种植。2018年3月，导赏小组成员去了大学分享成长经历，又一起做田间学校，每个人都充满干劲。也想着大家可以一起合作，去带动村民，搞好村里的环境，搞好村民的关系。"①

阶段三：从物产到景观——以改善社区生存环境、回馈社区为目的的阶段

在各个合作小组不断发展的同时，驻村社工推动他们定下了规定，将每个合作小组收入的10%定为社区公益金，更好地支持村里的公共事业发展，为上溪环境建设贡献一份力量。这也成为连接各村民组织、动员和融合全村的纽带。这种在自身获得收益的同时回馈社区的行动得到了体现，比如在2017年全村人（包括各个村民小组）一起修建了上溪村的集忆广场。

2012年左右，从化区政府有一个关于"危房改造"的补贴，该补贴的领取方法是，只要村民把旧房子拆了，盖红砖房，就可以得到3万多元的补贴。这一政策措施的出台刺激了上溪村中的很多村民，村民们开始建"现代化"的新房子，村子最中心的公共空间——公社化运动时留下的旧饭堂——沦为了废弃建材堆积场，一直荒废好几年无人处理，不仅影响了村居环境，更造成了村中公共空间资源的浪费。

与此同时，驻村社工了解到SZ大学A老师正致力于在地建筑资源的研究，并投身于乡村公共空间打造，双方一拍即合，上溪公共空间打造也就正式拉开序幕了。

A老师来到上溪，他发现上溪村有一个很特别的点跟别的村子不一样，就是村里面有很多年轻人，他希望能跟村子里的年轻人一起合作打造属于本村的公共空间，得到了驻村社工及村民们的支持。希望以此提升村民对自身村居环境的归属感，寻找当地传统材料的创新用法，探究以建筑作为媒介激发社区参与的方式。

A老师提出了一系列围绕着村民生活和社区发展的修建计划。如，在设计整体施工方式方面，A老师提出"设计—收集材料—样板制作—施工"的全过程，由村子返乡年轻人组成的村民小组将全程参与设计讨论和协助建造，让乡

---

① 本部分资料来自上溪公众号：https://mp.weixin.qq.com/s/MzISoUrdtAkXvBiB98j3Q。

村成为一个相互学习的环境。在设计理念方面，A 老师则提出以村民为中心的想法，采用参与式设计，将村民、社工与设计团队作为共同的商讨对象，同时以工作营的方式来试探文化、生计与环境互相平衡并可持续的可能性。

在确立了以村民为中心的思想和参与式设计的设计理念后，SZ 大学师生团队、社工团队及上溪的村民们开始了广场的筹建工作。最早大家经过商议确定以篮球场作为第一期的改建工程，但是后来因为篮球场的地是由十几户村民的地组合起来的，不能算村中的公共空间，因此经过几次讨论之后，A 老师与村民们一致同意对旧饭堂进行改造，于是就有了后来的旧饭堂变小广场的建设。A 老师又提出参与式设计，由村民自己捐工捐料，材料方面尽量利用村民的建筑废料，能不买的就不买，这些新颖的想法，得到了村民的踊跃支持。设计团队根据村庄现有的建筑材料做了简单的捐工捐料统计表，由村子的五个社长发放到各个小组给村民填写。在进行几轮的样板测试之后，舞台开始施工。首先，进行放线挖地工作，当天很多村民拿着铁锹、铲子和锄头来到工地，大家一边干活，一边打打闹闹，同时村民们按照自己的想法去设计格子的铺法，由此也形成了广场独特的故事，每每走过广场，总会突然听到有人说："这块是我铺的。"

小广场耗时近一个月，终于初具规模，在这期间老年人和年轻人、村里人和村外人、性格急的人和性格慢的人，共同携手打造出了属于上溪村的公共空间，回馈哺育了上溪村民们成长的村落。

提起这个小广场的建设，村民阿 T 十分骄傲，他说："我从来没有体会过，村子里面一起做一件事情是不要钱的，大家投工投劳一起去做，村里面的祠堂理事会的成员和社长们能够很用心地去和 A 老师沟通，一起去做一些事情，把这个本来用来堆放废弃材料的旧饭堂建成这样一个广场，一个很美丽的广场。我们上溪很小，但是我们所做的这件事情，是一件大事，很伟大的事情，世界上有那么多的村子，没有几个村子能像我们这样子做。"

（二）明乐村的营造过程及营造内容

2010 年，作为上溪沿线发展项目，明乐村开始尝试生态种植小组和青梅加工小组实践。2015 年，在广东省妇联和春野社工的支持下，明乐村建立了"妇女之家"。沿着社区服务与社区发展的实践逻辑，社工带领妇女们走出家门，陆续成立了各种组织，开展生计、文化娱乐、社区互助、社区教育等活动，为留守老人、儿童等提供社区照顾服务，同时积极参与村庄公共事务，探索乡村的可持续生活。

阶段一：培育广场舞小组，建立社工与服务对象的初步联系

2015年明乐村的"妇女之家"建立后，妇联的项目资金也到位了，此时社工和实习生开始希望能真正为村中的妇女们开展一些优质的专业的服务。社工首先想到的是组织村里的阿姨们到广场跳舞，但因阿姨们之前没有接触过，总觉得害羞，因此不愿意参加。

负责广场舞的社工在访谈时向笔者感叹道："发起这个活动（广场舞）以及队伍的组建可谓是颇费心力啊，一开始跳舞很不成体统，我们只能从愿意学的阿姨们入手，与她们建立良好的关系，我们是自己先学会了再教阿姨们一起跳，只能凭着一股坚持和勇敢去跳去教她们了。"

在社工的坚持与努力下，阿姨们终于打消了顾虑，加入到广场舞训练中，并于第二年（即2016年）成立了广场舞队。该小组的宗旨与目标是快乐健身、活跃村庄。广场舞队是"妇女之家"的主要使用者，不仅让本村妇女加入到广场舞行列中，凝聚了人心，更是影响和带动了附近几个村的妇女走出家门，跳舞健身。

在组建广场舞小组时，社工克服了一系列的困难，通过"与村民们同行同感"，最终使得村民们都愿意接受社工的服务，尝试广场舞。首先社工需要帮助阿姨们克服害羞的心理障碍，自己先学会了再教阿姨们一起跳。开始教的舞蹈比较难，阿姨们学得有点吃力，但也不好意思说。后来村民M就向社工反映，可能动作简单一点的舞蹈会比较适合阿姨们学，于是教学的实习生也马上做了调整。一开始参加跳舞的阿姨只有几个人，为尽可能发动妇女们，实习生就挨家挨户去说服阿姨们一起来公共空间跳舞，阿姨们总是会以"我不会跳，不好意思跳"为由婉拒，实习生就引导阿姨们转换思考角度，比如有些阿姨原本不会跳的也在学，我们自己也会不好意思。于是慢慢有些阿姨会来广场看其他阿姨跳舞，社工抓住时机，引导其他阿姨说服观看者们加入到学习中，刚开始都有些放不开，后来大家互相鼓励支持，也很愿意一起学习跳舞了，而且有社工在带动，阿姨们跳广场舞的积极性很高。

其次，社工在鼓励阿姨们跳广场舞的同时，也需要帮助阿姨们不断提高与进步。因为跳舞的场地较空旷，而人数有30多人，社工在教学的时候颇为费劲，常常是讲得口干舌燥。阿姨们虽有时会偷懒，动作不标准，但被实习生认真负责的态度感染，也进入了状态，学得很投入。慢慢地阿姨们学会了一支完整的舞蹈，便每晚相约出来，晚上8点多家务活忙完，就聚在广场跳舞一直跳到十点半甚至11点，好不尽兴。

Y阿姨算是最早一批学习跳广场舞的，当时也会趁着和其他阿姨聊天的机会，游说她们来尝试跳广场舞。Y阿姨还说，有广场舞之前的晚上，妇女们都是做完家务活就开始看电视，或者和三五村民相约打牌，当时村中妇女的娱乐主要以打牌为主，没有其他娱乐活动。但因为跳广场舞，要花时间学习，排练队形等等，阿姨们又比较有热情，基本上很少参与打牌了，而且大家聚在一起跳舞也能聊天，加之跳广场舞对身体也好，她明显感觉到自己比以前更自信了。村里的其他妇女也是如此，并且更加团结了。队长F姐说，以前在村里，妇女之间很容易有闲话，某些人的关系处得不好，但因为跳广场舞，大家相处的时间多了，了解也逐渐加深，以前的偏见或者误解也消除了，大家的关系变得密切了。平常去田里干活也会相约一起去，有事情也很愿意相互帮忙。可以说广场舞对明乐村妇女的改变是潜移默化的。

第三，在广场舞队伍逐渐庞大后，社工需要将阿姨们组织起来，形成有正式管理的广场舞队伍。随着跳舞人数的增多及熟悉舞蹈的人也多了，妇女们便和社工商量成立广场舞队的事宜，以队伍的形式学习和表演等，于是广场舞队顺势成立。而阿姨们有了组织的归属感，跳舞的热情也高涨了不少。很快，"明乐的妇女在跳广场舞"这一事件便传遍周边村子，于是还带动了周边村的妇女也去了解并爱上了跳广场舞，有了强烈的想学习的愿望。此时广场舞队成员便开始探讨跳广场舞对自己的影响，以及有必要教周边村子的妇女也一起跳广场舞。当下F姐和Y老师就和周边村的妇女取得联系，并约定具体时间过去教。F姐和Y老师一般都是晚上开摩托车去教，因晚上时间才宽松。通过教学，明乐的妇女也充满了价值感，自己学的舞蹈可以去教别人，另外在教学的过程中也鼓励她们自学更多的舞蹈。周边的妇女都会跳广场舞之后，大家就商量着要把自己学习的成果展示出来，于是一起筹划并举办了广场舞大赛，可以说正是广场舞把周围几条村的妇女都联动了起来。赛程中，妇女们使出浑身解数，展现自己的舞蹈以及在舞蹈中透露的自信，热闹极了。最后明乐村妇女的广场舞队斩获冠军，这给了村中妇女极大的信心和热情去学习广场舞。这支舞蹈跳腻了，就想学习新的舞蹈，实习生找出合适的新舞蹈教阿姨们，并且引导阿姨可以利用公共空间的电视播放视频自学。

通过广场舞小组的培育，我们可以看出，春野社工进入明乐村后，对村民、村风带来的一系列的益处与改善。明乐的妇女是最早跳广场舞的，因为跳广场舞，妇女们提升了自信心，也更愿意表达自己了，妇女之间的联系紧密了，凝聚力增强了。而在实习生实习临近结束时，社工选了三名妇女作为广场舞队的队长，分别是F姐、Y老师和Y阿姨，由三位队长继续跟进妇女们跳广场舞，但慢慢地有些阿姨就懒散了，不想继续跳，加之有些阿姨要带孙子，也没有空闲来跳舞。而在2018年后半年，负责该广场舞队的社工离职，F姐家中有小孩需要照顾，并且还有一份幼儿园的工作，Y老师则准备退休，搬到从化城区去住，较少参与广场舞活动，至此广场舞队转入低潮期，现今只有少数几个阿姨仍在跳舞。队长 Y 老师想重振广场舞队昔日荣光，但仅凭个人有心无力。据 Y 老师说，这次的妇女节活动中（即 2019 年 3 月 8 日），几个村的妇女也聚在一起跳舞，她认为明乐的广场舞队是几个村里表现最不好的，作为资历最老的广场舞队，这让她颇为忧心，希望能尽快找到切入点，重燃大家跳舞的兴趣和热情。

阶段二：发展各种生产小组，由兴趣小组转变为更细化的生产小组

2015 年前后，在春野社工的组织下，广场舞队的部分成员参访了山西和河南一些做生态种植以及传承传统比较好的乡村，看到当地即使年纪很大的阿姨也在做一些传统的手艺，既可以帮补家计也能传承传统，广场舞成员们对此倍有感触，并由此想到自己村子的村民也可以组织起来一起做一些事情。社工在了解到阿姨们的想法后，给予了很大的鼓励和支持。在村民们的共同意愿和春野社工们的支持下，明乐村的阿姨们尝试了一系列具有一定专业性质的生产小组。

1. 竹编小组

发展竹编小组的想法源于春野社工组织村民们去广西学习交流时，看到别的村庄对自己传统刺绣的继承时发展出的。当时看到别的村庄的刺绣时，村中的 FY 姐说，"人家阿姨年纪都那么大了，比我们村里的阿姨年纪都要大，但是还是在坚持做一些事情"，颇有感触。回到村里便也想要挖掘、保护和创新本地的传统手工艺。村里一些妇女小时候也接触过竹编，比如 XM 姐的妈妈做竹编就挺厉害，还有 M 姐的一个亲戚虽身有残疾但也是竹编高手。有了具有竹编手艺的村民，加之村里种了很多竹子，于是社工与村民便一起开始尝试竹编。竹编小组一开始只有两三个妇女，后来村民 D 哥说对此比较感兴趣，FY 姐便邀请他加入竹编小组。D 哥是个动手能力很强并且很乐于尝试的人，对于竹编很有兴致。在小组成立后，组员们商量一起去砍伐竹子，制成可以编制的薄度和长度，学习与研发实用的竹制生产和生活用品。

刚开始时，由于小组成员们对竹编不是很了解，便从简单的学起。首先学习的就是编制竹扇子，扇子工序较少，较为简单，成员能很快上手，并且出品还算快，加之样式好看，通过社工的联系以及成员们在朋友圈上宣传，很快就能售卖出去，这给了竹编小组成员们很大的信心。不久竹编小组收到了春芽的订单，需要编制 20 个小箩筐，但难度较大，成员们开始一边上网搜索视频教程，一边请教村中长者，耐心学习编制手艺，最后编了十几个箩筐。

但是箩筐的制作也就此作罢，因为编织实在太费时间和精神。经过这一次，成员们开始考虑竹编的效益问题，成员们认为，编织竹制品所花费的时间以及精力与收入不成比例，且现今机器制作的竹编制品也很精美，人力肯定是

比不过机器的。此外有些阿姨也说做竹编非常费工夫研究，而且这门技艺很难掌握，讨论之后便决定不再继续了。于是2016年成立的竹编小组很快就进入低谷期。现如今小组虽也存在，但没有例行的竹编活动，而因导赏内容需逐渐丰盈，协会成员与小组成员便商量把竹编体验并入外来游客的体验项目，如果游客想自己动手做竹编，小组可以提供材料以及教学，让游客可以制作完成竹编并带走做纪念。

2. 腐竹小组

腐竹小组的成员也是来自广场舞队。该小组原先尝试过做油糍，但因为工序麻烦，较难掌握，且油烟很大不利于环境，小组成员很快放弃油糍的制作。但是小组成员并没有因此气馁而放弃尝试生计小组的念头。2017年前后，村民FY姐（腐竹小组的发起人）在村民WF阿姨家里吃饭时聊着厨艺，就讲到了做腐竹。村民以前会自己做腐竹吃，于是FY姐开始考虑组织大家一起尝试做腐竹。一方面，明乐村有着做腐竹的传统，在技术上并不难掌握；另一方面，村里有不少长者曾经做过腐竹，有着丰富的做腐竹的经验。在上网搜集了相关信息并获得社工的支持后，很快就投入到腐竹制作的尝试中。之后FY姐和社工便不断地去村里寻找愿意参加腐竹小组的村民，历经两个月断断续续地游说，有四位阿姨表示愿意一起做腐竹，腐竹小组初步成形。

在尝试制作腐竹的阶段，小组成员们克服了重重困难。一开始大家急于实践，上网买了一台几百块的榨豆浆的机器，由于播种的豆子还不成熟，于是拿了家里存放已久的黄豆来试验（图3.2），小组成员们兴致勃勃地做出了腐竹，满心欢喜，一尝却发觉苦得不行。于是去买了豆子来尝试，没有工具就拿来家里以前留下来的工具，比如石磨、蒸锅等。水和黄豆的比例也不断地在摸索，再不懂的，就上网查资料、看视频，一起学习一起尝试，终于在腐竹小组成立半年后成功把种的半亩黄豆做成了腐竹（图3.3）。加之当时天公作美，阳光充足，通风条件也很好，晾晒出的腐竹品质很好，经村民自发地在朋友圈宣传，以及通过参访者和社工平台的介绍，推销得比较好。

腐竹小组虽获得了一定成功，但也遇到了一定的困难。因为做的腐竹量少，销售出去赚的钱分摊下来也不多，有些成员将之与自己平日种豆子和砍柴的人工对比，并且和在外面工作一天的人工比较，觉得实在是划不来。而且考虑自己已到五六十岁的年纪，不久也要带孙子，商量之下便有四位阿姨退出了腐竹小组。

对于成员的退出，FY姐表示理解，"50多岁了，不愿意尝试那么多，她们有可能明年后年就抱孙子，要带孙子，如果现在跟着我，投入那个本钱进去，（如果）一两年赚不回来，又觉得亏了。但现在还处于尝试的阶段，投入的这两年是很难回本的,做什么生意都是一样,没那么快的,我们想的路比较长远,她们就抱着做一两年或许带孙子就不做了的心态,立场不一样,想法不一样,所以她们退出我也理解"。之后腐竹小组开会,退回了退出成员购买制作腐竹工具的钱。

小组的解散风波让 FY 姐开始反思,在组员的筛选上需要下功夫。于是在筹备重组腐竹小组时,就将目标定位在村中年轻妇女身上。其间她经常和社工聊天,也说出了自己的想法,觉得好不容易才经营起一个小组,实在不想就此放弃。社工也十分理解其中的艰辛,安慰鼓励 FY 姐,并且和 FY 姐一起游说一些村里的年轻妇女,踏实肯干的 GY 阿姨以及敢于尝试的 XL 姐愿意加入。除此之外,FY 姐还拉来了 XM 姐,还有 FY 姐的丈夫也加入了小组,2018 年的 5 月底,腐竹小组终于重组成功。

重新成立的腐竹小组在讨论了别的村的可借鉴之处,并总结了之前的经验之后,商议决定要修建场地,完善制作的工具。此时大家商量决定一起凑钱买工具,场地修建的费用则先向春野社工们借。在大家的共同努力之下,腐竹加工场地很快修缮完成,成员们心里感慨万分也充满干劲。在硬件条件满足的基础上,对于如何制作腐竹,FY 姐算是颇有经验了,比如:用铁锅和蒸锅制作出来的腐竹是不同的;在煮豆浆的过程中,要一直看着火候,不能过大,否则煮沸了会影响腐竹的成型效果;天气湿度较大的时候,腐竹不能直接暴露在空气中晾晒,只能在炉里烘干等等。对于每一次遇到的难题以及最后摸索出来的解决办法,FY 姐都会细心记录在小本子上。比如,烘腐竹,因为 2018 年冬天天气不好,晾晒不了腐竹,她们上网查找一些资料,了解到可以采用烘干的方法。但因为之前并没有烘腐竹的经验,导致第一次尝试时,腐竹都被烘碎了,完全不能销售,实在是浪费。FY 姐看着碎了一地的腐竹,很心疼。好在大家愿意继续去探索,找出原因,改进技术,终于掌握了烘干腐竹的技巧,并且品质不错。

腐竹制作的技术摸索费了很多心思,小组在经济成效上没有什么起色,到 2018 年底腐竹小组预计已投入总共大约 4 万元。FY 姐作为组长有点着急,因为有些组员像 GY 阿姨,没有其他工作的收入,如果小组不能尽快提高产量增加收入,她感觉有点对不住 GY 阿姨,所以心里很有压力;再说 XL 姐,她因为做了手术,身体还在恢复期,难以参与腐竹的制作;XM 姐是村委工作人员,事情琐碎也比较忙,难以分心去参与腐竹小组。而 FY 姐本身在幼儿园教书,腐竹制作需花费较多时间,所以只能利用周末时间。这些情况着实让 FY 姐焦虑不已。幸好在 2019 年初的小组会议中,协会会长 D 哥也来参加会议,FY 姐在会上分享了自己的感受和想法,表达了自己的担忧。D 哥是个动手能力比较强的人,对于腐竹制作技术的一些难题提出了自己的想法和方法,也很愿意帮忙尝试新的方法以及继续摸索水和黄豆的比例，每次尝试都记录下来，以寻找改进的方法，终于用同等重量的黄豆做出了比以往更多的腐竹，且损耗率大大降低，这都给腐竹小组的继续运作带来了希望。

现阶段，腐竹的制作工艺逐渐成熟，有外界的组织会把黄豆委托给小组做腐竹；小组也与春野的社会企业合作，本来一斤售卖50元，就会适当降低一点卖给社会企业。2019年年初接待了一批冬令营体验的小朋友，也有些许收入（图3.4）。按FY姐的话说就是，现在虽然还没回本，但是继续下去肯定是不会亏本并且能盈利的。社工逐渐放手小组的事务，如果小组需要开会讨论的话，社工会当牵头人，而更多的是在情感上的支持和鼓励，有时也会提建议，腐竹小组目前开始逐步探索小组的规则与制度，不断地提升小组整体的能力。

图3.2 挑选黄豆

图3.3 制作腐竹

图3.4 腐竹体验营

3. 筹备导赏小组

因上溪村已经有比较成熟的导赏小组，借鉴上溪导赏小组的经验，村民们便将村里的动植物、村庄历史及建筑物以及村里生计小组的内容纳入导赏内容，并根据时间的长短来规划不同的路线，为此村民D哥和FY姐带着实习生一起去村里老一辈的家里做村庄历史故事以及建筑特色的口述。目前导赏小组还没正式形成，仍处于孕育阶段，需要社工的引导和支持，也需要村民们自觉自主地去学习。

4. 春野学院社区讲师团

从2017年下半年开始，春野社工致力于培养村民骨干为社区讲师，社区讲师承担的是向参访者分享自己的经历、故事和想法，传播乡村发展想法、尝试农村生计文化等工作（图3.5）。由于社区讲师都是从化项目发展的见证人和推动者，他们或是对生态种植颇有经验，或是对组织村民活动有心得，或是对协会管理运营有想法等等，因此由他们述说自己的经历，社工协助梳理成一定的逻辑框架，能够格外引人入胜地向其他人传播社区发展的理念。

2017年9月，村民骨干开始与春野团队一起研发课程，根据不同主题，由社区讲师来准备自己的课程内容。在春野社工的带领下，上溪和明乐村的9位村民正式开始试讲自己的课程。因为村民讲师每人都有与自己的经历配套的

PPT 内容，故而讲解起来基本连贯，但初次上台如此正式地分享，免不了紧张。据 XM 姐回想自己第一次上台分享的感受：讲话都有点磕巴，有时还会重复讲过的一些内容。而每次分享完，他们都会聚在一起讨论分享的情况以及自己的想法和感受，比如 PPT 字太多了，有时眼睛会看花，她们不太适应看那么多文字，图片可以放多一点，她们看到图片就知道讲什么了，于是社工就会适当修改一下 PPT。有时候社区讲师们也会担心，不知道如何用普通话表示一些方言的词语、语句，或者普通话讲得不标准等等，在社工和讲师们之间的相互鼓励下，讲师们越讲越好。M 姐就是一个值得分享的例子，M 姐是最早加入春野生计小组的村民，她谙熟于生计小组和农耕事务，却不知道如何向他人表达，更不敢在众人面前演讲，总是担心自己讲得不好。于是 XM 姐便经常鼓励她，XM 姐说："即使是第一次讲，M 姐刚开始是有些紧张，但是越讲越进入状态，后面发挥得很棒，而且说了很多（生计小组）发展过程的细节，她分享出来让参访的人也能汲取经验。"这样的鼓励给了 M 姐很大的信心，之后也愿意继续做分享。同时社工还会常常组织村民外出学习，或请专家进村来培训，不断充实他们的经历和经验，通过分享，讲师们感觉到自己的经历经验被认同，并且得到尊重和欣赏。

　　社工对村民们的改变感觉非常惊喜，并给予了极高的评价，社工认为："（社区讲师们的）这些改变是我们没有想到的，但是我们乐于收获……毕竟在现代意义上（这些社区讲师）可能自己只是个教育水平低下的农民，哪知有朝一日，自己也能站在台上做分享，为参访者交流传授一些经历和经验，他们心里肯定是骄傲与喜悦的……且随着外出学习开阔眼界，（社区讲师们）自己乐于尝试、丰富经验，自己也越来越自信，上台分享也更加得心应手，并且能自如地与参访者互动了。现在在接待之后的参访团队时，讲师们能够根据团队的需求，来制定自己要分享的内容，哪些是重点需要分享的等等，也能够较好地现场回答参访者的问题。"

图 3.5　村民讲师

5. 明乐综合农协

明乐综合农协全称是明乐综合农民协会，由明乐村现有的生计小组组合升级而成，是具有管理和协调功能的村民自助组织。协会的基本目标是：对外衔接、宣传；对内协调各小组、服务社区。协会的工作内容为：带动村民接待来访者，协助村民参加城乡互动活动以及策划社区活动；逐渐承担社工的工作，推动成立村民组织、推动产生小组骨干、协调小组间关系；抽取并管理社区公益基金，实现协会各小组的生计产出、文化娱乐与服务社区同步发展；倡导村民参与社区公共事务，吸引青年返乡，参与乡村建设，守护美丽家园。

春野的社工常说："我们来到这里，是为了离开这里。为了离开这里，必须要培养不走的在地社工。"从外来社工到培育不走的社工，春野社工们时刻践行着这个理念。明乐村妇女之家在2015年项目初期时就定下了项目总目标：成立综合农民协会，在整村发展的思路下，推动村中各个组织合作互助以及多个村子的良性互动。至于何时成立农协，社工认为这无法规定明确的时间表，而是要看日常点滴的积累乃至水到渠成的时机。对于时机的确定，社工是基于以下两个判断：一是现存小组共同参与诸多活动需要协调管理，例如社区公益活动、参访接待；二是经历了幸福家园项目、妇女之家改建、佛山团建、广场舞大赛等活动，妇女之家大会需要转型升级。

"这是我们的协会，我们要自己来选领导班子。"——协会成员在第一会议上的呼声，就展示了自我意识的觉醒，我们有决定权，协会领导不是社工赋予的。

协会会员来自村中现有小组的所有成员，协会工作小组的7名成员在第一次会员大会上，在社工的见证下，由会员们投票产生。对于选人任人，会员们自有道理。从城市返乡践行生态种植的D哥，阅历丰富，是妇女之家的积极支持者，他热爱社区公益，对村庄发展有期待和想法，担任会长实属众望所归；副会长FY姐作为广场舞组长，开朗大方，极具会议主持风范；由村庄的"粘结剂"YE阿姨担任理事成员，协助协会沟通工作的确是发挥其所长；监事XY姐和XM姐都是乐于社区公益的好帮手；求实严谨的XL姐和Y老师分别担任财务和会计。

综合农民协会成员工作职责

1. 管理和维护妇女之家的场地设备和物资。
2. 活动前按时开放场地，活动结束后收集及整理活动场地。
3. 提前通知参加活动的人员，并组织其参加活动，同时维护活动现场的秩序和纪律。

4. 负责记录开展活动的相关资料。
5. 协助参与项目活动的检测及评估工作。
6. 为妇女之家的良好发展提供可行性建议。
7. 向村委及相关负责人反馈活动开展情况。
8. 参与妇女之家各项会议，共同制定其发展计划并执行。

协会从"我想做"到"我能做"，都在每次的活动和参访接待中得到检验，呈现阶段性的进步。协会运行初期：社工着重教育协会工作小组，授予开会和策划技巧，给予鼓励和支持。在妇女节活动和大型培训接待中，协会的表现在及格和不及格之间徘徊。协议成长期：在社工的引导下，协会尝试独立策划并能独立进行工作的分工执行，该阶段反思的要点常在于协会内部力量团结和能力提升。协会成熟期：以社区讲师和大型合作培训为契机，协会成员作为社区讲师同社工共同分享春野的明乐经验，协会与社工进入平等的关系阶段。

2018 年明乐综合农协年度大事记

1 月 3 日：在妇女之家会议上正式提出成立协会并试运行；

1 月 10 日：协会第一次会议（明确协会成员职责分工、双百培训接待方案等）；

3 月：三八妇女节活动，四村联合活动；

5 月：香港学生服务学习接待，儿童节活动，完善协会规章制度；

6 月：举办父亲节活动，确定会服、会旗、口号；

7 月：稻坪村广场舞交流，大型培训接待；

8 月：开展夏令营活动；

9 月：开展中秋活动；

10 月：协会外出团建；

11 月：丰年庆接待；

12 月：春野学院共学营接待工作。

农协故事——理想照进现实的冲突

对农协愿景的初探讨，出现在协会成立之初的全体大会上。对于"愿景"这一概念，大部分的阿姨并不理解。长期从事生态种植的骨干成员 XY 姐以自己的亲身经历来向大家解释了自己的愿景：坚持生态种植，是为了让家人吃上健康的食物、对土壤和环境友好、多余的农作物卖给其他人不仅可以赚钱补贴家计还可以让城市居民能吃到健康的东西。XY 姐的丈夫 D 哥（协会会长）将之总结为：初心、初衷。在会长的引导下，会员们将愿景理解为：理想、目的。

讨论后，会员们将协会理想界定为：对外要进行衔接、宣传；对内则协调小组、服务社区。

如何实现理想？接待来访者是最有意义的实践。参访者的食宿安排需协会成员互相配合，项目经验的学习也需要协会成员参与分享。这一过程无疑是对内协调的挑战也是对外宣传的好机会。接待时，会员们各司其职，参与积极性高，配合默契，获得了社工和来访者的高度认可。可到了结算费用的时候，矛盾却浮现了：G小组人多，不支持按参与人数均分；M小组人少，支持均分；借用了F小组的场地就餐，就近由F小组组员在家做饭，其他成员认为不公平；是不是社区公益金抽取得太多了？分配方式的异议同时引起了对住宿安排公平性的质疑，不少成员认为，应将参访者分散到更多成员家里住宿。协会内部激烈的讨论演变为争论，大家不欢而散。除了场面上的不欢而散，个别阿姨更是用了"冷暴力"的抗议方式——接下来几次会议中，对分配结果不满的阿姨选择迟到，不来开会，会上沉默不语，私下微词颇多。面对由利益分配带来的矛盾，骨干们感到自己的努力事与愿违，因而十分沮丧：怎么才能让所有人满意？怎么才能做到完全的公平？怎么继续合作？是不是大家只为了利益去接待，却不愿意考虑未来的发展？

基于协会面临的尴尬处境，社工家访了骨干和部分会员，发起了骨干会议，对此事进行分析和讨论。骨干们首先聚焦了由利益分配带来的纠纷，先达成了初步的方案：做饭和分享的费用，抽取10%投入协会基金，主要分享者抽取10%，剩余的由所有参与者平均分配。至于会员们是否会接受这个方案，是否有其他更公平有效的方式，骨干们主动提出，先不告诉会员们这个方案，让大家先思考，鼓励表达，如果大家讨论不出结果，我们再抛出这个方案和大家商量。社工及时提醒骨干们应认可的是：会员们都很关注公平，对接待有十足的积极性。基于此，在接下来的会议中，骨干们从接待意义出发抛出系列问题引发会员的思考：我们为什么要做接待？接待对实现协会对内对外的理想有没有作用？大家愿意继续接待吗？在获得会员们对接待意义的认可后，会议主持人继续发问：那我们的接待遇到了哪些问题？我们怎么解决？这两个问题引发大家的激烈讨论，虽然会员们就费用分配细节仍未达成一致，但是要继续接待的动力让大家用更平和的方式去讨论，并达成多劳者多得的基本共识。骨干们适时抛出了设想方案，随之取得了会员们的一致同意。为巩固此次沟通的结果，会议主持人趁热打铁，继续引导会员们思考：大家有不同想法的时候，我们是不是该这样当面讨论？（表达出来）是不是更好？

值得一提的是，此次问题的顺利解决，YE阿姨功不可没。在未达成一致之前，争论的各小组成员默契地把她当作传声筒，通过她来表达意见。骨干们认识到该情况后，鼓励YE阿姨作为协会润滑剂，搭起中间的桥，促进会员们进行非正式沟通。此外，在协会工作中，社工和骨干们为解决问题而展开的家访还衍生出了另一种沟通方式：协会成员们互相邀请其他成员来家里吃饭聚餐，在品尝各家风味的时刻，举杯共饮，畅谈想法。就这样，阿姨们采取冷暴力的抗拒方式渐渐减少。

五、项目成效

（一）创造就业与改善生计

春野社会工作发展中心紧紧围绕着创造村民就业，改善村民生计这一中心，培育了一系列有助于提高农民经济收入的合作社或合作小组。上溪村先后组织了乡村旅社妇女小组、生态种植小组、青梅产品加工互助组、返乡青年文化导赏小组等村民组织，明乐村则组织了广场舞小组、竹编小组、腐竹小组等。通过以点带面，春野社工的从化项目形成了一个大的生产合作社，几个村在产业上融为一体，形成了品牌效应，由此在当地发展出多元的可持续的生计方式（表3.1）。

在发展农村合作社时，春野社工重点放在较为弱势的服务对象上，如留守妇女、留守老人等。春野社工在上溪培育的第一个村民组织，即是由留守妇女组成的乡村旅社小组。同时，通过春野社工搭建的城乡互助贸易平台，村里的老人们可以通过小农墟向城市居民推介自己制作的食品。

表3.1 春野社会工作发展中心从化项目成效一览表

年份	上溪乡村旅社	上溪及明乐村生态种植与加工合作社	社区老人小农墟	返乡青年导赏小组	总计
2010—2012	12.84	24.38	- -	- -	37.22
2013	11.35	6.18	- -	- -	17.53
2014	24.00	22.70	1.20	- -	47.90
2015	25.00	26.00	10.00	0.79	61.79
2016	24.00	26.00	11.00	2.50	63.50
2017	8.00	12.00	3.00	1.20	24.20
总计	105.19	117.26	25.20	4.49	252.14

注：数据来自该中心网站。 （单位：万元）

(二) 丰富社区活动与城乡互动

从化项目也致力于开展丰富多样的活动来满足村民们的日常生活需求，既有针对村中居民开展的如社区晚会、社区电影等活动，也有针对外来参访者们的活动，如农耕体验活动、自然教育活动、传统食物制作工作坊、小农墟、"城乡汇""青梅工作坊""洛神花工作坊""乡村自然文化解说"等特色品牌城乡互动活动。通过不同类型的社区活动，一方面丰富了村民的生活，使村民们感受到农村发展的另类可能，丰富了村民对未来的想象，同时保育了村落传统文化，保护了村落环境，促进了社区公共参与和社区和谐；另一方面春野的从化项目搭建起了一个城乡互动网络平台，使上溪村和明乐村的村民们与城市居民共同参与城乡互动活动，并通过城乡交流，树立了村民们的自信心，加强村民们的自我认同，推动了城乡融合与社会和谐发展。

第二节 评价与小结

春野社会工作发展中心所打造的从化项目的初衷，是在农村社区推行以村民组织与村民生计为中心的农村社会工作项目。但是在项目的逐步推行过程中，则越来越趋近于社区营造的理念与手法。在本书中，我们将春野的从化项目视为一种社区营造过程，则可以看到本项目是围绕着整个社区中的"人、文、地、产、景"五个方面的要素进行着社区的再造。在学术研究和社工实务中我们都发现，乡村社区营造的主要议题或发展方向，着重解决的是农村的共同体解体问题，通过社区营造的理念和手法，以培育共同体之"共同感"来达到社区中"人、文、地、产、景"的发展。在社区营造的理论探讨中我们可以发现，对于社区营造的五个要素而言，人的要素是指村民们致力于社区团结互助，营造共同的生活；文的要素是指致力于社区文化，营造共同的文化；地的要素是指致力于社区生态，营造共同的土地；产的要素是指致力于社区富足，营造共同的产业；景的要素是指致力于社区美丽，营造共同的景观。通过这五个方面的共同营造，农村社区得以再造生产和生活共同体，村落的社区情感得以恢复，"我们"这一共同体得以再造。

一、人、文、地、景、产五种要素的营造与社区总体营造

(一) "人"的营造

从化项目点的重点在于"人"的营造。"人"的营造是指满足居民生活需

求、保持公共产品的供给，打造和谐邻里关系，建构社会支持网络，鼓励居民参与公共事务，实现社区自治。居民是社区营造的核心主体，必须了解居民的社区需求，将居民组织起来展开社区营造活动来实现自我管理、自我服务。在营造的过程中，居民通过参与社区事务而形塑成真正的"社区人"，即具备社区意识，清晰社区权责，能积极主动地投身于社区共同体建构。因而，人的营造是社区营造的核心议题，无论从五个议题的哪一个出发，都必须回归到人的营造才能实现共同体的再造。在从化项目中，春野尝试从村民的生计入手，不仅有利于村民生活水平的提升，也致力于村中公共产品、公共服务的提升。这些服务以培育村民合作小组为中心，进行社区组织的建设，鼓励村民进行公共参与。通过建立各种兴趣小组、生计小组、农协、城乡贸易平台等，村民们围绕着生计开展了协助和互助，村中的邻里关系得到了改善。在生计小组和农协的基础上，村民们又发展出围绕村落发展的社区公共议题进行互助和协作的意识，通过一系列的活动如接待外来参访者、修建社区公共广场，村民们的公共社区意识得到了增强，提升了村民对于社区中公共议题的理解和解决能力，使得从化项目中的村民能因公共事务而团结在一起，形成其共同体之感。

（二）"文"的营造

从化项目中，"文"的营造侧重于社区历史文化保育、社区文化创建和社区教育。从项目的发展历程我们可以看到，社区文化营造是五个发展方向中最能凝聚村民共同意识的内容。它包含两个方面：一方面是对村落中现有的社区历史遗迹的保护与保育。上溪村中的老楼、老物，明乐村的歌仔等，它们是社区空间的灵魂，是地方群体生活的记忆。保护这些建筑物、用品和歌本不仅是保护文物，更是在唤起地方集体记忆中的生活共同体。随着农村的空心化，村落的文化也逐渐凋敝，村民之间的曾经共同的情感、记忆与认同也逐渐淡漠。因此，重建村落的文化就是一个重塑社区精神共同体的过程。从化项目通过修缮和保护本村特有的文化遗迹，发扬本村特有的文化传统，唤醒了居民的共同体意识，激发了"我们"之感。通过对村中旧物旧歌的保存，使得上溪村和明乐村成为了村民们的现实家园也是精神家园，一个可以"回得去"的社区空间。另一方面春野组织也对当代村民文化进行培育，它包含了唤起村中集体劳动的精神和提倡自然、健康的生活方式。春野社工通过建造上溪村的村民博物馆来展示其生活状态与生活历史，让居民在社区空间获得生活尊严与价值感，从而能加强他们的社区认同。同时能够与时俱进的是，春野组织通过组织不同的游客、学生、义工等团体，以生活体验、社区教育等方式向不同年龄、性别、社会阶层居民展示上溪村和明乐村独特的文化与历史，使得他们愿意来这里，更爱上这里，这是社区社会资本建构的有效方式。社区文化成为了联结社区精神共同体的纽带。

（三）"地"的营造

在"地"的营造方面，上溪项目重在社区生态环境保护与发扬、本土化与自我认同边界的建构。在上溪项目中，我们看到与"地"有关的主要因素有两点：其一在于资本带来的物理空间开发，不仅村中的生活空间遭受挤压，生态环境也频遭破坏，在笔者走访上溪村时，会看到许多因修建新房屋堆积下来的建筑材料，这些被废弃的建筑材料、建筑垃圾以及生活垃圾由于没有办法运出村去，只能留在村中，使得村落的生态环境遭受了一定的破坏。未来在上溪村的进一步开发中，这样的问题还会继续产生。要想留得住有青山绿水与乡愁的社区，村民则需要对社区生态环境进行保护。其二，这种生态环境保育不是消极地不顾经济效益，而是强化本土化生态特点，并强调开发中的社区权益。生态保护也是自然空间环境与人互动的过程，通过对生态环境的保护，对村中生活环境的打造等，建立起村民对村落空间的情感。这种基于共同生态环境的社区营造活动，也是一种对地理空间中群己边界的标识与内群体利益的强化，能有效促进社区居民因"地"结"缘"，强化生活共同体。

（四）"产"的营造

从化项目的特色之一即是注重社区生产共同体的经济经营。发展社区产业是为社区进行经济赋权，是真正让社区具有独立意识和行为能力的最佳方式。它能繁荣社区经济，便利居民生活，解决社区就业，减少社区贫困，为社区发展提供资金支持。产业发展的制度化、理性化等内在要求，还能促使因产业而结合的居民自组织的结构化与自治驱动力的强化。上溪项目组织农村社区留守妇女开设民宿、组织返乡青年开展种植合作社等等，上溪项目的"产"是一种以非营利性组织的项目推动和社会企业经营为主，与市场中营利性企业最大的不同是它追求利润的同时更强调社区性，对社区发展负有责任。这种经营盈利在给村民带来收入与分红的同时投入乡村建设，也可以视为一种产业为主的社区营造模式。这种经济共同体带来的社区联结效果也是显著的，从上溪村的尝试开展各种社区活动等的热闹景象中，均显示出较强的社区共同体的凝聚力。

（五）"景"的营造

以"景"为重点的社区营造力图进行社区空间的创造性建设。与"文"不同，它主要是对社区公共空间的开发、人造景观创造以及公共空间生活场景的营造。与"地"的不同在于它更强调社区在生活美学上的意义，是居民精神生活享受的源泉。社区景观潜移默化地形成了居民精神上的群己边界符号，从"我们的村庄""我们的祠堂"到"我们共同修建的广场"。我们能从居民对社区的描述中理解居民认知"我们的"社区往往会从社区的标志性景观开始。从化项目中，通过对上溪村小广场的修建，对村中特色景观的保护，村民们越来越认同这些"样子"就是"我们村的样子"，村里的面貌是村民们共同努力的结果，由此形成了居民精神上的边界符号。

从春野社工通过对上溪村和明乐村"人、文、地、产、景"五方面的营造，全面激发了社区的行动力。在这里，我们发现村民参与社区营造的驱动力不仅仅来自其本身的利益，也包含着对其所在村落的深厚情感。当我们把与"人"同在整合议题中的"文、地、景、产"拆开来看，就可以发现社区"文""景"的营造是从精神生活层面不断唤醒居民的社区意识，打造情感共同体。而社区"地""产"的开发与经营其实是赋予居民共同的利益目标，打造经济共同体、社区营造中的"人、文、地、景、产"并非孤立的存在，它们在社区内的发展是相互依存与促进的。在社区的总体性营造中，人们在不断的营造行动中主动地凝聚，建立起邻里亲密关系并逐渐形成社区信任，从而能积极投身社区治理。

二、村民意识的改变与共同体再造

在春野社工的介入下，上溪村与明乐村不论是村风村貌，还是村民的个人素质等，都得到了很大的提升。一方面，社工注重以上溪村与明乐村自身的特点与本地优势为依托，开展适宜于本地村民的各种服务项目等，使得村民能够发挥自己所长，改善了自身的生活境遇；另一方面则激发了村民们参与社区公共事务的主体作用，尤其是推动了村民们自己思考、自己行动，让村民认可自己是村子的"行动主体"，由此团结其他村民，重新激发出村落的共同体精神。在这个过程中，村民由此提升了对自然环境的认识，并且培育了村民的社区公共精神。

首先，通过环保和生态意识的提升，村民们越来越能察觉个体自身与身处的自然环境之间的联系，认同自身行为价值。为了经济效益，过去上溪村和明乐村的村民们在土地上大量使用化肥与农药，不但污染了土地和水源，使野生动植物不断减少，而且还污染了农产品。同时造成一些农产品品质日益退化，质量下降，色香味越来越差。上溪村的N哥过去一直在种砂糖桔，在种了几年后，发现农药化肥对土地的伤害非常大，因此他从内心能够坚持生态种植，善待自己的土地。N哥说："小时候……村里的一切都很宁静，很自然。那个时候种田、种地,也会偶尔施农药化肥,但基本上也不舍施,每亩地只施那么一点点,那时的农药也就只有两三种,比如杀虫霜、乐果、敌百虫。化肥就只有磷肥和碳铵。后来种植砂糖桔的时候,村里逐渐大量使用农药化肥。我经历过不怎么打农药、施化肥,到施不起化肥的年代;也经历了大量使用农药化肥的年代,再到后来自己开始学生态农业,并尝试不用农药化肥。农药化肥,对于土地的伤害是很大的,我经历的这个过程的变化,也会有很多的感触。"

生态种植强调遵循天道,顺应节气,爱护土地,尊重作物的生长规律,拒绝化肥、农药、除草剂、激素、塑料薄膜等干预,提倡作物自然生长。通过春野社工对生态种植的提倡和推广,现在大部分村民都愿意接受生态种植的理念,并且越来越能摆脱过去单一的市场经济思维,去主动思考自身与自然环境的联系,如一位村民就很明显地感觉到了全球变暖议题与自身的生产、生活之间的关系。

"以前总是在媒体上看到全球变暖等文字,但其实没有很直观的感受,而且离开土地久了,不能深切体会这给我们的生活带来了什么。生活在乡村,靠天吃饭的农民在田间地头总能对气候的变化有深切的体会,这些气候变化体现在农民种的果树、蔬菜上面。想起去年青梅也少,原因是结果那段时间,广州又发生了几十年不遇的低温下雪,很多果实就被霜和雪打坏了,所以产量也低。还有去年冬天的砂糖桔,果园里有一半的桔子是被霜冻打坏的,满地都是掉落的桔子,哭都哭不出来。还有芥菜、菜心,村里的这些青菜每到冬天打了霜的时候超级好吃,芥菜会由苦变甜。但是现在打霜的日子越来越少,村里的芥菜(吃起来)也一直很苦。这些气候异常对农业有着重要的影响,生活在城市似乎感受不到气候对农业的影响,但是靠天吃饭的农民对于气候的变化总是有着敏感的反应,能根据气候的变化来了解作物的长势和特点。"

自然环境是人类发展的主要影响源,但社会科学的研究者们却往往会忽视这一点。对于生产与生活本就为一体的农村来说,意识到自身的处境与周围环境息息相关有助于加强村民对自身所在社区的理解与保护。对于上溪村和明乐村的村民而言,开展生态种植、保护村落环境就是在保卫自己的家园,增进自身的福祉。以此为契机,村民能够重新反思市场经济和效率逻辑带来的对传统农业的挑战,并且理解自己的行为所带来的社会效益,这些都能帮助原本在市场竞争中处于弱势的村民们重新认可自己的职业和生产价值,以及认同自己村落的生产价值与文化价值,最终形成精神上的纽带。

其次,通过不同的生产组织形式及社区公共事务的集体参与,村民们越来越意识到自己是村落的主体,肩负着村落发展和历史文化传统的意义。如,返乡青年阿T就是在外打工后,逐渐意识到了自己是上溪村的主人,也影响着上溪村的未来，因而决定投身于上溪村的生计小组和导赏小组，向更多的人介绍自己家乡的美好。

"我回家的这几年，也目睹了周边村子的变化。这几年，家乡附近的村子都变得不'寻常'了，似乎成为很多人关注的焦点，有大老板把村里的老房子承包下来搞民宿，也有村里人搞起了农家乐。这些变化，跟我读书时有很大的不同。以前，除了亲戚朋友的来访，也没看到有太多的人关心这里。如今，这些村子来了大老板，老板们的朋友们也相继到来，整个村子突然就热闹起来了。于是，那些原本打算要拆的，或者正在荒废的土房子，似乎一下子就'火'起来了。村子里的人，大多数似乎觉得这些事情与自己无关，或者只是感叹人家有钱，他们依旧过着自己的生活；渐渐地，少部分有钱的村民，搞起了农家乐；也有部分村民在自己家门口打起工来了，成为老板的员工。如今，这熟悉的村子有了变化也有了发展，只是这发展对我而言，总觉得有些别扭。这种热闹，好像也与自己无关，就像缺少亲朋好友的感觉，他们在一旁热闹着，我们在一旁观看着。

"由那个熟悉的村子开始，联想到自己的家乡，在未来发展的某一天，我们的村子是否也会变成老板青睐的地方，会不会也有老板进来，把我们村给'占领'了？慢慢地，我们变成员工？还是村民各自搞着农家乐，大家互相'拉客'？如果真发生这些变化，村子或许会变得热闹起来，但这种热闹是我们想要的吗？很多的问题从头脑里冒出来。虽然会觉得这个样子不好，但自己也似乎没有找到我们觉得好的样子。

"上溪是我的家乡，是我长大的地方，这里有我从小玩到大的朋友，有我的家人，有我熟悉的环境，这些正是我所在乎的东西。对于我而言，生活在一个地方，就应该和那里的人建立关系，和那里的一切发生联系。了解家乡的文化历史，关心家乡的自然环境，对这些生活细节的关注，让我觉得很有趣，原来习以为常的家乡，在重新观察后，又变得更加深刻了。回来后，我重新和这里的一切建立联系，这种联系是我所希望的，也是让我感觉开心的。

"和家乡的村民一同去找到我们生活在上溪的好生活。我和朋友们尝试的事情，希望有更多的村民一同加入进来，自己的村子，应该自己就是主人，而不是变成在村里'打工'的人。把家乡的文化和历史保育下来，大家变得更加团结，环境也能够变好，大家不是只为赚钱而奔波，也可以好好享受休闲时光，和身边的朋友聊聊天，去爬爬山。那生活在这里，才会感到幸福。"

除了阿T这样拥有主人翁意识的年轻人，更多留在上溪村的妇女和老人，则是通过参与公共议题，进行村落公共事业建设等方式参与到社区建设中来，广泛的居民参与正是构建村落共同体的基本条件。在公共事务的参与上，春野社工通过从不同的小组开始，到村集体事务，让村民们慢慢提升了规则意识、民主意识和参与意识。在各个合作小组的生产实践和村落的公共事务的讨论与进行中，涉及重大的议事决策等，春野的社工都要求村民们必须按程序、按规则办事。比如说召开小组会议时，必须全员到场而且让每个小组成员充分地表达自己的意见，春野的社工和合作小组的小组长等不能越俎代庖，代其他人做主。一旦形成共同的意见和结果，就具有约束力和权威性。同时，当村民们能感到自己的事情自己说了算，自己的事情可以由自己来决定时，特别是自己的付出能够给村子带来改变时，其对自己的村子就产生了特别的责任感。比如，在上溪村修建小广场时，乡村旅舍合作社就能够用自己的资金来建设自己的村子，规划村子面貌等。这种公共性的培育正是社区共同体的精神基础，凝聚着现有村民们的共同理想。

最后，村民们在认可了春野社工们所带来的理念及认同自己的家乡、文化、事业后，村民越来越能掌握自己对未来生活和职业的规划，并能将自己的职业作为安身立命之本，真正找到自己的价值与信仰。村民阿 F 在分享自己的故事时就充分表达了自己作为生态种植的职业农民、身为上溪村村民的骄傲。

"我一直以来认为，男人就应该有一份自己的事业，趁年轻就要打拼，失败不可怕，可怕的是你没有一颗拼搏的心，机会是永远给有准备的人。返乡不代表失败，而是重新开始。因为我觉得家乡才是最好的，因为我自己家乡有美好的环境，清澈的河流，一望无际的原始森林，还有独一无二的传统文化，这就是世外桃源，这就是很多人希望的一个家，在这个社会上也许就是唯一的了。自己回到家乡守护好自己的这些资源就是一笔很大的财富，虽然看起来是无形的，但它的财富是取之不尽的。这些说起来看起来很虚，但我们永远都不能丢弃它。

"现在社会上食品安全问题很严峻，有时候也会在电视上看到很多因为食品（污染）而导致的重大安全事故，很多人对于食品谈之色变，我觉得产生这些问题的主要原因就是食品的种植方式出现了问题，我们太依赖化肥农药了。我个人也在反思，我要不要转变，要怎么样转变，经过长时间的考虑，我决定说服我家里人搞生态种植，从自己家的果园开始，希望自己和家人能够用生态的办法种出健康的食品，不再为食品安全而担忧，也希望生态种植能够比以前使用农药化肥产生更多的经济效益……我也要做出改变了，回家乡创业，我也要变成一个有理想、有追求的人。这就是我返乡的原因，因为我已经说服我家里人了，我很庆幸我自己能够勇敢地踏出这一步，我也有了自己的梦想，我希望能把自己的果园打造成一个'食物森林'，让家里人不再为食品安全而担忧，从自己家开始打造属于自己的一份事业。也希望通过自己的行动去影响更多的人。"

从不理解不认可自己的家乡和自己的职业,到对自己的家乡和职业产生守护和创新的意识,从化项目对村民最大的改变在于构建了一种村民可以认同和相信的生活模式。而这种生活既可以让村民通过自己的劳动获得具有相同价值的回报,又可以造福城市里无法获得优质食物的人,这种互惠互利的生产模式带给了上溪村和明乐村村民们以希望。而另一方面,这种对多元生活模式的探索,也给社区发展和社会发展提供了多种可能,在资本主义日益不断侵蚀个人生活,使得个人生活变得原子化的今天,重新强调农业、农村的发展和村落共同体,将有助于改善单独的个体异化、原子化的现象,以共同体的力量抗击市场风险。

三、 社区营造如何可能

通过上溪村和明乐村的经验我们可以看到,要营造一个社区共同体,经济、文化与地域三者是分不开的,经济决定了人们是否愿意留在这个地区,地区决定了该处会产生一种怎样的文化,文化造就人们如何认同自我的身份与价值感,三者缺一不可。

在社区营造的方法上,有几种模式:第一,寻找到原本属于这个社区的,当地居民都认可和肯定的文化与历史;第二,通过社区营造在硬件方面投入以及组织居民的参与,使得社区环境得到了改善,组织居民参与到社区的环境改善中来,使得居民能够对社区的物理环境产生认同;第三,在营造居民认同的物理环境的同时,通过活动的参与、日常生活的接触等,使居民之间产生情感上的认同,最终接纳彼此成为自己的"命运共同体"。此外,传统文化的保护和传承是极其重要的,传统的建筑,特别是祠堂之类,是社区的公共空间,也是社区共同意识的凝聚之处。最值得肯定的是社区中的居民生计组织,这样的生计组织令居民可以放心地留在故土而不需要为生计而抛弃自己的家乡,社区留住了人,才是社区兴旺的根本。同时,让村/居民越来越多地参与到整个社区的管理、决策和服务里面。基层工作得到不断提升,尤其是在城镇住宅小区里面,通过建立村/居民的主体感和认同感,社区将得以存续。

作为对我国本土化农村社会工作的发展探索,从化项目一开始就面临着偏远贫困的山村、居于劣势的客观环境、村落人口流失和资源匮乏等诸多问题。在这些困难面前,从化项目依靠组织现有村民的力量,发展其"内驱力"来应对市场化、城镇化带来的挑战,其以生计、组织、共同发展、公共参与为行动策略的尝试,是值得我们不断思考与总结的。通过对春野社工介入的从化项目"典型案例"的经验梳理,将有助于农村扶贫工作、农村社会工作、农村发展问题当中遇到的困难及瓶颈。

从化项目的"他者"视角——两个实习生的生活体验

在这里，体验生活 感知生命[①]

本科实习主要是在家综进行，接触的是传统的个案、小组以及社区活动，于是自己就有个印象，似乎家综的工作模式大体就是如此，而在研究生阶段，我开始反思自己，希望能进一步加深对社工的认识。

去明乐村实习完全是在预料之外，但确是不错的安排，打开了我对社工的新认识，或者说更深刻地体会到社工专业的价值与理念。在这里没有固定的上下班时间，也没有固定的假期，实习初期，脸皮比较薄，不好意思去村民家里坐，也基本是在村民会议上才能知道哪位阿姨怎么喊，知道小组协会有哪些人，之后见到面村民便会和你热乎地闲聊，很自然地感受到心理的不适应被融化了。细妹姐也经常鼓励我们多去村民家里走走，聊聊天，"留在村民家里吃饭也没事的，这里的人都很热情"。她也会和我们聊以前的社工在明乐的故事，很有意思。刚去实习那会儿，基本都是社工带着我们去串门的，和村民聊天，了解一些他们最近的情况，熟络之后，我便会自己去走访，了解他们对一些事情的看法，对村里的小组的看法和感受，了解他们希望农协还有小组能有怎么样的发展，看看自己能够在哪些方面可以协助他们。之前会有困扰，觉得聊天就是漫无目的地聊，没有所谓的访谈路径，聊的东西比较散，虽然能了解一些事情，但是回来并不能系统地将其记录下来。但其实和村民聊天是一个建立关系的很好的方式，也许不用带太多的目的性去聊，像是唠唠嗑，其实能更明显地感觉到彼此之间的连接加强了。

而在村民会议中，会与村民们一起讨论某些事情，也能真切地感受到与村民之间的关系变得密切了，相互更加接纳与信任。他们很愿意说出自己的想法和感受，对村庄的发展也有自己的想法，我们因此也更加明晰我们可以做哪些事情，极大地增加了我们实习的信心，感受到自己的作用。在会议中，社工主要起一个引导的作用，会议流程以及记录都是村民自主完成。当然不是所有村民的自主性以及积极性都很高，就拿我们收集歌仔、村庄历史来说，需要经常去问问村民，聊聊天，他们才可能会愿意走出来和你一起做这件事。

[①] 该部分内容来自于笔者的实习记录。

因为村民有村民的一套语言体系，所以有时候需要考虑问问题的方式或者问题的提法，太正式的提法可能不太切合村民的语言。而有时候遇到不会听也不会讲普通话的村民，交流真的很困难，这很大程度上打击了我们去深入接触的积极性。有时候难以对村民的苦恼、困扰给出一些有效或积极的建议和引导，而自己的一些想法，也不是很敢讲，怕影响村民，带来一些不好的效果。但其实可以提一下建议，村民自己是会衡量的，不用过多担心村民，给他们加很多的预设；而有时候对于同一件事不同村民的说法是不一样的，需要自己去判断，了解清楚事情的整个过程，才不会妄下结论。所以即便只是聊天也会有很多需要注意的，需要学习、练习的。当然这些疑惑都可以与驻村社工分享，社工毕竟在这儿做过很长时间，自己的困惑他们以前也都经历过、思考过，他们很耐心地和我们分享他们的想法、感受以及之前工作的一些事情，受到不少启发。

社工驻村的条件比较艰苦，但是丝毫不影响社工的工作热情，听社工和村民聊天的时候，可以体会并学习到社工运用的语言，这当然是带有强烈个人风格的，但是其中总有些理念可以吸收到，尤其是对村民意识的提升，对村民的自主意识的培养。

明乐村虽偏远，交通不便，没有城市的气息，但在这里能见识到社工如何践行社工理念和情怀，能感受到村民的淳朴，人与人之间的温度，这真的是一个使你来了就会有很多感动和不舍的地方。

驻村实习生存守则[①]

从化的山里有个村子叫明乐，我很荣幸在这里驻村实习两月有余。从一开始的试探性接触，到离开之际，我对这儿的物和人，不觉萌生出越来越强烈的温情。作为暂别的仪式感，我记下几则我的实习生存守则。

（一）不宜沉迷屋后的水声

快到村口的时候，手机照片定位显示的地名是"牛屎粪"，说实话，心里一惊；那一刻，脑子里飞速闪过，舍友说：每晚要听5架飞机飞过学校上空后，才睡得着；听过5架飞机才感觉不到，这大概就是心理学上的感觉适应现象吧，"5"是舍友的阈值；对于预设中牛粪的感观刺激，还来不及确定我的阈值会是多少，下车即见明乐桥，桥下潺潺流水，清澈透亮，安庙边的大树，叶落至水中，鸭群在水里欢快戏水；未见牛粪只听水流，颇有意外之喜，顿觉欢乐、明朗，果然应了"明乐"之名；驻村时夜听水声，周末回校，没有了明乐水声，反而难以入眠。

[①] 该部分内容来自于笔者的实习记录

（二）不宜买果蔬

实习前就听闻村民不时会送蔬菜来，也常热情邀请社工吃饭。但我笃定自力更生，不拿村民一针一线。镇上菜市场距离社工站200多道弯，一个小时的路程，公交一天仅往返两趟。真到了做饭的时刻，没有蔬菜，"巧妇难为无米之炊"显得如此真实。进村前的我，绝不会想到我学的第一句粤语竟是"我来择点葱"。走访村民家，他们总是大方地把水果蔬菜塞给我们，热情地邀请我们吃饭。婉拒多次，盛情难却！再有时候，看到村民采摘砂糖桔，喊一声：阿叔好，阿姨好。总是一不小心就收获满满的一袋桔子！以至于我和同伴在市场买菜的时候，遇到部分果蔬，常常大言不惭地说：这个我们村里有，不买！仿佛整个村子的蔬菜都有我们的一份。

（三）不宜吃零食

广东人爱煲汤养生广为人知，明乐村的阿姨们对于食物的寒热属性更是熟记于心；见到我们吃着含有添加剂的零食，村民们总是摇头叹息，毫不掩饰地嫌弃。若是实在要吃零食，他们倒是乐意让我们多尝尝他们制作的番薯干、洛神花蜜饯、Q梅等天然好物。那可都是生态种植，再用手工制作的上等好味。他们可能不是最早理解"有机种植"的那一批人，但是在工业化饮食方式繁盛的时代，他们突破樊笼，愿意生产不添加农药化肥的食物，即使产量低，即使不省力。所以，不宜吃零食，这一则让我们乐于配合村民们的初衷：健康、生态。

（四）宜学习

选择驻村实习，我有两种冲动：一是春野的实践让我佩服和好奇，吸引我打破自己认知的惯性，想来这里学习和体验农村社会工作的魅力；二是内心所谓践行正义的冲动——迈向需要的地方，陪同村民成长。不幸的是，来这里的第二天，我就失去了这种正义感，不是因为没有了情怀，而是因为心虚和羞愧：站在双百培训课堂上的XY姐用一份《越走越明白》的PPT讲述了生态种植的历程以及种植过程中自己的成长和蜕变；阿忠给我看了《资产为本的社区》PPT，当然还有阿W、阿F他们的精彩分享。我佩服他们的勇敢！我惊讶于村民的能量和智慧，即使我被灌输过"相信人的潜能"这样的价值观。他们是不折不扣的村民讲师。简单地说：我被镇住了！他们就那样，用自信和自然的状态感染了我：虚幻的正义，只是把自己作为主体放在高位，把村庄和这群实践者当成客体去对待。幸运的是，这两个多月，我都愿意承认，这是个可以向每个人学习的好地方！

（五）宜聊天

村庄有历史，村民有故事，聊天对村民来说是更自主和擅长的互动方式。

就这样，聊天成为驻村实习中最自然而然的部分。做番薯干很厉害的 D 哥会边泡茶边告诉我们，明乐综合农协是怎么吸取前人经验建立、发展的；敬老院的何叔在聊天时让我们明白，钱怎么腐化了语言，贫穷如何被视为对道德人格的考验；社工 FL 姐告诉我们，如何根据天气推测村民是否在家，哪个时间段是合适和村民聊天的、如何聊天，诸如此类的经验技巧；不服老的 Q 姨告诉我们，钱害人啊，适时停下，累了就休息；YE 阿姨鼓励我们，别怕丑，一起学个广场舞……聊天在产生意义吗？我想是的，不然 FY 姐不会在向长者收集村庄历史的时候感慨："这样的家访真好啊，让我对村庄更有认同感。"

第三节　从化项目的社会工作思考

春野社会工作发展中心运营的从化项目以社会工作的价值理念、服务手法等对上溪村和明乐村进行了社区社会工作层面的介入，其介入效果则是村落社区的总体营造——从个体福祉的增进到村落共同体的培育。在营造的过程中，分析、总结与反思社工所运用的社会工作专业理念与手法是本书希望能带给读者的收获，本节内容将围绕从化项目的社会工作相关元素进行反思和总结。

一、从化项目中的社会工作反思

（一）对社会工作扶贫的反思

从化项目的落脚点——上溪村和明乐村代表着我国大多数自然村落所面临的共同挑战：贫困、偏远、人口流失、文化断裂等。对于这些急需改善生活境遇的农村，国家制定乡村振兴战略时提出："因地制宜、因户施策，探索多渠道、多样化的精准扶贫精准脱贫路径，提高扶贫措施针对性和有效性。"尽管国家希望通过多样化的方式提升村民的收入，然而收入提升是否等于脱离贫困？在这个意义上，当社会工作参与进扶贫项目之中时，就更需要去澄清什么是贫困。

目前而言，学者对于贫困的讨论集中于以下三点：第一，贫困是"穷人物质的缺乏"，因此扶贫就是"给钱给物"；第二，贫穷是"穷人缺乏市场观念，造成收入与消费不足够"，贫困者由于思想落后，缺乏商品竞争意识，因此扶贫需要"产业化"；第三，是文化偏见制造贫困，由于市场化、城镇化带来的城乡二元分割，消费主义将"美好""富裕"等意涵寄托在物质和商品的购买力上，被主流的都市—农村、汉族—少数民族等关于"发达"与"落后"的二元文化区隔制造了许多对于贫困地区和发达地区及其人民之间的文化偏见。如城市和汉族代表"文明"和"发达",而农村和少数民族则代表"原始"和"落后",于是农村与少数民族则在不知不觉中被贴上"贫困"和"穷人"的负面文化标签。而这些文化标签又会再生产出"城市—富裕""农村—贫困"的集体意识,导致农村越来越丧失其自主性与认同感。

春野的社工曾举了一个例子深刻地说明这种"贫困"和"文化偏见"带来的挑战。

"一开始在上溪推动的契合文化保护与环境友好的社会经济实验,我们的根本宗旨是希望通过这样的城乡合作尝试,使这里逐步达致社区自治、生计发展、文化认同、社会互助、环境友好之'五位一体'的美好社区和幸福生活愿景。但尽管我们推动村民以合作社的方式采取'不用化肥农药的老品种水稻生态种植',社工在城市建立公平贸易的直销平台,确实使村民获得较大的经济利益(收入增加)。但村民收入的增加远远赶不上他们的实际开支和消费欲望的增长,有的社员为了获得更多的经济利益竟然私底下使用农药化肥增加产量,许多村民'为钱合作',一些村民为了挣到更多的'快钱'也放下土地,外出打工。有的村民认为:这个扶贫项目'钱是挣到了,但远远不够……',还有村民认为,只要能挣钱,什么合作呀,稻作文化保护呀,不用化肥农药呀,都无所谓!"

从上述春野的扶贫案例我们可以看到,社工在进行扶贫时需要对贫困的社会根源进行深刻地反思,在摆脱"救济式扶贫"和"产业化扶贫"模式的基础上,尊重每一个村落的社区特质与在地文化,扬长避短,与村民们一起协力摆脱贫困。在充分尊重农村与农民的基础上,社工需要重新建构公平贸易、城乡互助的理念,帮助贫困者尝试反思单一的物质主义和消费主义的生活方式。

(二) 对社会工作介入效果可持续性的探讨

周雪光认为,组织可持续发展的核心问题是短期利益与长期利益的平衡问题,企业组织在追求效率和长期适应能力之间存在着深刻矛盾。[1] 对于正致力于打赢脱贫攻坚战的政府而言,寻找到经济实用又能长期有效的扶贫措施是完成共同富裕目标的重要手段,因此大力推动和支持社会工作服务组织作为扶贫的社会力量参与到乡村振兴中来。春野社会工作发展中心开展的从化项目的成效有目共睹,政府的组织和村民们已经看到了社会工作所发挥的作用。但是从目前状况看,社工站的工作仍然是通过项目在运行,所需的资金主要来自于政

---

[1] 周雪光:《组织社会学十讲》,北京:社会科学文献出版社,2013 年版,第 313 页。

府购买社会工作服务项目的财政支出。这种政府嵌入式的社会工作发展模式很容易遭遇被"断奶"的问题,一旦没有了外援,项目的生存就会落入非常困难的境地。如,春野的社工在接受笔者访谈时,就反复提及从化项目即将到期的问题,明乐村的村民们也知道社工即将离开明乐村,因此非常努力地学习社工的工作方法和工作理念。

政府购买社会工作服务项目以周期性为导向的问题,也造成了扶贫人才的流失与扶贫经验的断裂。以从化项目为例,春野机构前后派驻到上溪村与明乐村的专业项目社工有4~5人,这些专业社工在项目的服务周期中都一直驻村服务,不但践行着自身对社会公益事业、对社会工作理念的信仰,也在实际的服务过程中积累了大量的服务经验。随着从化项目的项目周期结束,社工撤离上溪村和明乐村,这些有着自身信仰、服务意识、服务经验的社工们也可能面临着离开春野、离开农村社会工作领域的问题。伴随着这些有着丰富经验的一线社工的流失是扶贫工作经验的断裂,过去所累积起来的服务经验无法再传递给后来者。这同样造成了扶贫项目难以可持续。

我们在上文谈及的是由项目制购买形式带来的社会工服务效果难以持续的问题。除了该因素之外,在讨论从化项目的可持续时,我们还需要反思春野社会工作发展中心在打造从化项目时的效益问题。由于春野机构在践行上溪村与明乐村项目的同时,引入了大量的外来资源以帮助上溪村与明乐村的发展,如政府的项目资金支持,SZ大学的建筑专家支持,香港理工大学的志愿者支持等,组织了政府、企业、社会等多种力量参与到从化项目的建设中来。这里面有着春野社会工作发展中心的"高投入",但是这些强有力的资源并非人人享有,特别是对于一直囿于自己村落的本地居民而言,他们缺乏强大的社会网络关系,更无法寻找到能够无条件或低成本支持自己的外源性力量,一旦春野机构撤离,原本的"高投入"减少后,上溪的合作社能否持续下去呢?这些都有待春野社工们离开了上溪村和明乐村之后继续观察。目前尽管春野社工即将离开,但是在未来,生态种植合作小组等依然会与春野社会工作发展中心成立的公平贸易平台继续合作,努力将春野社工与村民们共同努力的合作村与生活方式保留下来,尝试实现多元化的生活模式。

(三) 对社会工作服务目标的反思

春野机构与从化项目反复强调的一个观点是:以村民为主体,让村民自己去决定,与村民一起共建社区。这样的理念强调将村民作为一个重要主体放在第一位,尊重其在地性的历史文化与发展规律,由此获得了村民们由衷的认可。在上溪村和明乐村,村民一直是社区发展的主体,如村民提到:"我们的参与就是方方面面都要参与……包括要出工出力，包括生计小组的，我们要自己去做加工，自己去做采摘加工，到最后的参与销售等等。"从化项目的发展起点所依靠的就是村民的自我组织，由村民自己对生产和生活进行规划与决策。比如，上溪村的乡村旅社就是依靠八位村民自己在运营，包括工作分工、网上发布自己的信息等；腐竹小组也是在村民自觉的基础上主动要求尝试产生的小组，并由小组发起者自己去寻找组员、开展生产的。这些充分表明了村民在脱贫上的积极性和自主性。

在尊重、合作和参与的理念之下，对村民们而言，生产的效益就逐渐变得不是最重要的事情。上溪村的驻村社工阿 G 说道：

"刚开始我们社工进入上溪时，村民们对我们的理念还是有很多的不理解，特别是合作小组遇到不顺利时，常常会有村民质疑，质疑社工好像也没做什么事情。社工要帮农民搞农产品，卖得不是很好，特别是村民家里的产品没卖出去。然而在村民逐渐参与到合作小组之后，在做的过程中他发现了，其实效益并不是最重要的。如有的村民表示，我们的目标并不是说完全为了赚钱，对我们来说赚钱只是生活的一部分，如果我们赚了钱也要拿出公益金。比如我们这些生计小组去年买了 1000 多个杯子，每家每户送 10 个杯子。送的时候就跟村民说现在发了这种杯子，就少用点塑料杯，减少塑料杯的使用，这样比较环保。"

"后来我们发现其实做村民的活动，好像等他们自己意识到一件事情的重要性的时候，也不需要花太多的时间、精力和钱。因为前面其实已经做好了，大部分已经算是比较成功，后面就不需要我们（再费太多的心力）。如果从社区营造来看，你不一定说非要把乡村改观到一个什么标准，就算营造结束，你也很难有这样一个标准；如果人改变了，那么后面的这些事情就会慢慢地改变，（社区营造）还是比较成功的，我们还是认为成功了的。"

从一开始社工倡导大家去做，到现在村民有了主动意识，认为这是"我的家乡"而主动去做，这种村落主人翁的认同感促使村民越来越清晰地理解到自己的需要与社区的未来紧密联系。以村民为主体的发展方式与政府主导的产业化方式有着极大的不同，当村民越来越认可自己的家乡、土地、产品时，自然愿意为自己的家乡出一份力量，从而建设好自己的家乡。如，有一位老板提出想把上溪村的旅社承包下来租 30 年，当时他跟阿姨们提出这个想法时，阿姨们立刻表示不租，之后这个老板只能跑到其他地方去找旅社。随着从化项目的开展，上溪和明乐的村民都越来越明确自己的发展目标与村落的未来，村民们已经逐渐看到了人的不同，市场逻辑与社区发展逻辑之间可能存在的矛盾，不再盲目地去追求经济利益，而是能够比较市场化与社区集体行为之间的不同，村民常常提及的一句话是:"不是说有钱就可以",上溪的村民越来越认识到"我们不能让别人来消费自己的家乡"。在上溪村的导赏小组,我们看到,阿T认为做导赏绝不是导游,自己是去和游客们分享"我"从小长大的故事,而不仅仅是介绍这里的风土人情,这种蕴含了"我"的体验的分享,能够将自己的生命故事分享给外来的游客,让游客在与导赏小组成员的真诚与惊喜之间建立起联结,最终实现用生命影响生命的意义。

(四) 对社会工作理念的反思

从化项目的重要经验之一是强调社工驻村,村里希望春野直接给资金,由村里干。但春野的社工们没有这样做,他们强调社工驻村的意义,希望自己直接到村民家里,和村民一起修房、整路,保证钱能用到实处。春野的一位社工认为驻村的行动是一种包含了社会工作价值理念的行动,他认为:"理解(村民)"并不容易,而没有深度理解,就不会有行动的动力、正确的方向和方法。说了这么多对"理解"的理解,那对农村工作者来说,如何实现"理解"的一步步深化?一个字:驻村!真正进入村庄和村民所处的生态系统中,从他们的位置来感同身受、体会结构中的无奈,设想可能的出路。

首先,实现"同理",就意味着社工要能长期与村民共处于一个环境中,建立起有深度的关系。理解和同理的基础是驻村,社工要与村民"三同":同吃、同住、同劳动,同时社工必须要与村民们一起经历过许多情景,如享受过共同的喜悦、痛过彼此的痛,深深地理解农村生活和村民个人的生活环境,才能与村落及村民之间形成情感连接和"同理心"。对于从化项目的社工们而言,其成功的基础就是自2009年以来一直扎根在上溪村和明乐村之中,对两个村落有了充分的了解并与每一位村民都建立起了深厚的情谊。

反观如今许多的调研、访谈、座谈,其基本形式是官员、学者们匆忙走访村庄,找几个村民了解一些情况,就完成了"下乡"的任务,该过程中形成的关系就类似于契约式的工作关系,这又谈何深度理解呢?而一面之交如何能令村民敞开心扉讲述自己的生命故事呢?因此,只"下乡"不"驻村"是无法真正深入理解村庄与村民,更无法对农村实现"同理"的。

其次,要真正了解村落的来龙去脉,尤其是村落内部的权力结构,也只有通过长期的驻村和观察才能真正得出答案。春野的社工在访谈时提到:"村中有着各种组织关系,表面上是村委会、村小组和姓氏之间的关系,这些关系都很明确,但背后实际上还掺杂了经济问题和土地问题等,非常复杂……(这些问题的)具体原因很多,有些是村民个人之间的关系问题,有些是姓氏之间的关系问题,有些是历史遗留问题等,这些问题对社区的影响很大,如果不是长时间的驻村根本无法知晓和理解。"任何一个村落和社区都是一套复杂的系统，其问题和历史也是具有历史性和情境性的。如果社工不驻村就无法进入村民的日常生活世界，也不能接触村落的历史脉络，所得到的资料就可能是零散的、片面的甚至是被村民有意无意加工过的，最后导致行政的无效和服务的无效。

最后，只有驻村，我们才能充分体认到社会结构和历史事件在村庄留下的印记，并通过这些印记去理解村民个体与社会历史的关联，进而对"大历史""大结构"中的小村庄或"小人物"有更深的理解（比如城乡二元结构背景下自杀的独居老人或候鸟般外出又回乡的青年）。比如春野，遵循"发展"的视角，意味着我们应该对以下方面有充分的评估：在这个小村庄里，发展主义的在地实践形态；发展主义实践在本地造成了何种文化、政经和生态后果；并在此评估的基础上探讨重建村民主体性、实践农村另类发展的可能性与具体方法。

对于春野的社工而言，与服务对象充分的接触是开展社会工作的基础，只有通过驻村完整地了解了社区中的历史文化脉络、权力关系结构等，才可能真正理解村民们的生活处境，才能想到帮助他们面对各种挑战的方法。在从化项目里，春野社工们秉承的理念是公平交易、对话合作，公众教育、网络互助，推动城乡合作，和谐城乡关系，共创生态文明与可持续生计发展。通过培育村民小组、建合作社、打造城乡公平贸易平台，春野从化项目一方面连接了城市和农村资源，让双方都能有尊严地公平交易，而不是城市"剥削"农村或农村"坑害"城市，形成城乡之间的良性互动，另一方面则让村民通过生计的改善、公共事务的参与等，逐渐将自身作为社区的主体，发展出能够决定自己未来的主体性。

尽管这种公平贸易的理念获得了村民和消费者的一定认可，然而春野的社工们也发现，真正在进行市场交易时，生态种植小组的产品并不具备市场竞争力而逐渐失败了。社工们认为，在市场交易的前提下，目前社会的基本逻辑依然是成本—收益的效率逻辑，而很少有消费者愿意为环保逻辑和公平逻辑买单。我们可以看到在资本主义、消费主义所侵蚀的日常生活中，很难仅仅在某一个社会环节或者区域范围中倡导公平。对于很多村民而言，宁可用化肥，也要保证产量，卖个好价钱。在这样的逻辑下，未来是否可以持续发展是我们不得不面对和思考的难题。

（五）对现代化生产方式的反思

在市场逻辑的背后，是一整套资本主义生产方式的运作逻辑，这套运作逻辑强调效率，如分工精细化、专业化、标准化等。由于强调效率，量产、福特主义和标准化成为当今生产的主要理念。在市场竞争中，个性化与手工化的产品由于其耗时长、生产率低，必然要面对被淘汰的结果。另一个问题是围绕着标准化生产的产品，国家往往会有一套监督标准，如 QS 安全生产标准等。这样一套标准使得任何商品都变得需要标准化、符合"规定"，从而令"非标准化生产""非安全生产"的产品失去了其合法性，更加难以被市场接受。这些因素都导致了从化项目的产品最终只能是卖给某一部分认可公平贸易理念和产品的消费者，而无法真正加入到市场竞争中。关于这份无奈，青梅加工合作小组的村民有很深的感触："我们这个（青梅产品）暂时还是'三无'产品。我们所说的'三无'产品也就是说在工商这些地方都没有注册。如果需要注册需要什么条件呢？组织注册。同时，产品也要接受 QS 生产的质量检验。"

在今天，资本主义的生产方式并不仅仅体现在其生产的标准化、分工的精细化上。现代世界的质量标准、专业知识体系等，都是在为这些标准化生产的产品而服务。同时，这些理念已经深入到人们日常生活中的方方面面，让我们相信所有的产品必须通过商标、注册等方式才能卖到市场，这些隐形的门槛将传统的农业生产和产品彻底赶出了市场。直到现在，从化项目的青梅加工产品销售依然困难。在大力提倡个性化发展的今天，我们必须看到，市场逻辑、现代化生产方式依然是在追寻统一化和标准化，这种追求不仅是对产品的追求，也是对每一个人日常生活的刻画，想要因地制宜、因人制宜地个性化发展，就必须充分认识和反思这一套共同建构了我们的消费观念与日常生活观念的资本主义生产方式。

二、从化项目中的社会工作技巧

（一）接受意识回流

社工需要不断地做村民的意识提升工作，因为意识是会倒退的，也许今天的凿凿之言，过几天就倒退至颓废无比的旧意识，或者更甚。此时社工当然不会灰心，而是继续与其探讨，因为社工清楚地认识到意识有时也会"放假"，所以也不会太心急，要给村民一个改变的时间，不用很快地下结论。

在日常的家访工作中，社工通过与村民的互动与交流，其实是观念和想法上的相互影响。所以社工首先要知道怎么促进自己积极地改变，如此才能影响社区村民也进行积极地改变，否则社工则很有可能被村民的思想观念带偏，不利于后续工作的开展。

在做社区营造时，要注重意识或是想象力的作用，正是因为村民对城市化生活的想象，才会开始建造城市里的小楼房，而社工需要引导村民去想象传统的老房子的作用，比如传统老房子比较耐脏，更防潮，夏天的时候屋子通透凉爽；比如对种植的想象，村民们根深蒂固地认为不用农药化肥种不出东西来，生态种植虽然健康但是产量过低导致收入不足，这是村民对种植的惯常理解。此时，我们可能需要打破这种意识，社工需要和村民共同去辨识我们背后的来自国家、社会、社区、家庭等的意识框框。这个所谓的框（虚假意识）可能是约定俗成的规则，也可能是外来的思想等等，社工需要和村民不断交流探讨，以辨识这背后的意识究竟是什么。当然辨别这种意识并不是件易事，需要在日常互动以及共同行动中与社区居民共同去反思，从一元可能到多元可能，更多的可能才能造就更多的发展。这是一种文化行动，旨在辨识行动背后的意识，促进村民意识的改变，解放思想，树立村民的主体性，而生态种植的开展以及公共空间的打造也是文化行动的一种形式、一种方法，其目标也是借助村民参与行动的过程，让村民辨识行动背后的社会性涵义，如辨识生态种植和公共空间与社区发展的关系，辨识村民参与与社区发展的关系，辨识村民生活脉络中的困境和出路。

结合资产为本的视角，挖掘并推动社区资产增值。对于村庄的资产，社工更加强调的是无形资产，比如村民对某件事的态度、兴趣等。他们很注重通过与村民的对话，将其（兴趣等）激发出来以推动行动的产生。以社区资产为出发点，促成共同的行动，在行动过程中，一方面辨识日常生活或社区发展中的意识框框，比如思考为什么现在人们的选择越来越少，越来越跟着主流走？为什么有人认为年轻的村民不去城里打工赚钱、留在村里耕田就是没出息的？一方面强化村民主体意识，着重将其培养成社区骨干；另外通过共同的行动建立组织，建立文化圈，带动经济的发展和增强村民的凝聚力；从个人反思到形成反思—行动的文化圈氛围，再到共同行动，突破组织，走向社区层面，促成社区的综合发展。

张和清老师在一次双百社工的培训中总结了社区建设的三个策略：第一是资产建设，尤其是文化资产的建设，文化才能做到村民的心里面去；第二是通过义化行动，识别虚假意识，变成由心而生的意识；第三是组织培育和能力建设，带动经济的发展和村民的凝聚力。通过案例故事来讲解服务成效，抛开了服务数字化的质控；从服务对象的视角重点讲解其改变的事例，生动通俗，而非像以往那样从社工的角度由社工来讲解；注重理论和实践的互相转化与指导，由此而编写的一些口述史的整理，培训资料等是项目产出的重要成果。

（二）关注妇女的力量

明乐村没有所谓的返乡青年，基本上都是妇女撑起一片天，而最开始的这些生计组织，或者社区服务活动等，都是妇女最先加入的。她们虽是久居闭塞山村的农民，刚开始可能会有些不适应，但是经过社工的多番解释、理念的传输，她们能够认同并愿意跟着尝试。XY姐是最早尝试生态种植的，她本身也很认同生态种植的理念，经过一些学习和培训，对生态种植很有心得，并且以"老师"的身份去连南给当地村民分享生态种植的经验。自己能帮到别人，这让XY姐感到非常开心和满足，也是通过生态种植，XY姐结识了很多坚持友善耕作的农人，并且找到了销售合作方，极大地增强了自信心和责任心。妇女之家宣传的性别平等意识，也强化了XY姐的男女平等观念，她也将这些理念传递给村中其他妇女，和她们讨论男女平等是什么，在日常生活中是如何体现的等等。在许多村民羞于将男女平等说出口的时候，她们已经能和村里的妇女以及男性自如地讨论这个话题了，正是通过这些话题的讨论，提高了村里男性的性别平等意识，他们开始更加尊重妇女，尊重妇女的时间安排，愿意平等交流，不得不说这是一大进步。

而妇女们相比之前更愿意参加社区活动，更具有行动力。比如，以前是不敢跳广场舞的，现在能自然地在公共空间学舞、跳舞，并拉上其他有闲暇的妇女一起来，也不再觉得害羞了。作为讲师，她们的进步更加明显——在分享自身经验时，从以前可能话都说不顺畅的，到现在能自如地与外来参访者互动，并能根据参访者的需求来制定分享的内容；而为了大家都能听得懂，为了能更清晰地表达自己，她们会练习普通话，学习的内驱力很大。而当她们遇到困难时，比如腐竹小组一度面临解散，这对于小组的发展或是小组的成员产生了很大的负面影响，十分考验小组的承受力和组员的心态，但小组最后存活了下来，并且目前发展得挺好，不得不佩服她们的韧性及智慧。

在项目推进过程中，不仅妇女的行动发生了改变，妇女们的意识也提升了，心态也改变了，一些原有的旧思想、旧观念受到冲击，她们慢慢能理解为什么要做这些，慢慢能理解自己因此而发生的改变，开始变得开放、大胆、勇敢，对于新鲜事物能很快接受并且乐于去了解，对待外来者会很热情地介绍自己的村庄以及村庄发生的故事，发扬村庄主人翁精神。妇女们也善于抓住机会来发展小组、发展村子，一次乐施会来明乐村参访，妇女们了解到乐施会特别关注性别平等和儿童的话题，也知道乐施会是可以联系一些资金项目的，所以大家就讨论决定要向他们介绍村里的生计小组还有妇女的一些活动，引起乐施会的关注以得到他们的支持。而在一次接受记者采访时，她们认为记者宣传的功力很好，这个机会对于明乐村很重要，所以和社工一起讨论，记者过来想了解什么，想提前做好功课等等。

总体来说，妇女们对自己的定位算是比较清晰的，对于做得好的不吝赞美，做得不好的也会深刻反思，可以感受到妇女们团结一心的力量。她们的真诚深深打动了笔者，她们虽渴望村子的改变，但不会操之过急，而一群妇女聚集在一起做事情，也很容易建立支持关系，因为大家处境相似，更容易产生同理心，也愿意站在他人的角度思考问题；对于社区的活动她们愿意筹备举办以及参与；对于社工提出的建议，她们会很认真考虑，一旦决定要做的话，就下定决心团结起来一起干，她们是真正为村子的未来着想的。记得有次会议上，协会副会长 FY 姐认真地分析道："我们村没有返乡青年，可能少了一些年轻力量，但是我们妇女也是有能力的，返乡青年可能会走，但是我们妇女肯定是留在村里的，也许现在的能力还不足，但是可以慢慢锻炼学习，一次不行就两次，两次不行就学多几次。"可见，妇女们改变自己、改变村庄的坚定信念和信心。

（三）用脚画地图

用脚画地图，指的是每个初到明乐村的驻村工作人员都要花时间走遍村庄的每个角落，形成自己的村庄地图。用脚步丈量社区不局限于获取村庄的地理图像，更主要的目的是理解村民生活的世界和生产环境，了解村民是如何解释周遭存在的事物的。以明乐村的小河为例，交叉的河流将村庄规划成六个方块，每个方块对应一个合作社，未建新楼前，亲房居住在同一合作社的同一围屋里。因此，在村民们看来，婚丧嫁娶以及农忙需要人手的时候，河流同侧的村民比对岸的同姓村民更应该伸出援手。这些鲜活有趣的村庄知识，很容易在脚步经过的时候被发现。

用脚步画地图也有许多小技巧：同样的山路口，在不同的时间点，会遇到不同的村民在聚集，由此了解到的村庄知识也是不同的。同一位村民，在不同的场景下与其交流，这样能更加理解他在这样的环境中是如何生活的，他如何看待此地此景，他对此地的情感是怎么样的。社工还可以寻求村民的陪同去了解村庄，村民在领路的过程中，协助社工建立关系，德高望重的村民对社工的介绍，可以消除其他村民的疑虑；青少年村民的陪同，可以帮助社工和村民较快建立起关系；而在长者的带领下，社工可以尽快熟悉村庄变迁、历史文化。

用脚画地图亦可运用在社区资源评估中。一方面，绘制社区资源图的同时也是对人营造的过程，是引导村民认识村庄、参与村庄事务的成长机会；另一方面，在推动村民共同探索村庄的"人、文、地、产、景"优势资源的过程中，用资产建设和反思视角重走社区路，一草一木、一砖一瓦的记忆都可能激发村民对村庄的认同；在绘制未来社区图的过程中，还可引导村民构建共同的愿景。

（四）与村民同行

驻村，不仅是驻村工作，也是驻村生活。与城市社区的工作者有所不同，驻村社工扮演的同行者，不限于精神支持，还包括"三同"：同吃、同住、同劳动。村民不仅是服务对象，也是邻里，在生活上与村民保持距离是不现实的，对生活交往的抗拒会失去村民的信任而影响服务的开展。对于如何适应村里的环境，村民具备丰富的生活智慧，在保持双方平等的前提下，大方地向村民寻求帮助并不会危及社工的专业伦理。例如：向村民讨教种植技巧，借用村民的柴火，接受邻里的鼓励。同时，作为生活的同行者，也可促进工作进展。工作者可以适时把握机会，在"三同"中接纳村民，了解村民的期待，在对话中理解村民对其生活世界的解释并给予精神支持。而邻里关系则为示范行为提供了便利，社工也可趁机将社区教育融入"三同"中完成。

当然，长期与服务对象共处一个场域，不以朝九晚五为时间界限也会给社工带来困扰：社工必须在工作和个人生活之间取得平衡。何为上班时间？何为私人时间？"当我在村里，我就不好意思做自己的事，总觉得在偷懒，在村里放空也会产生自我怀疑。"实习生 W 表达了这样的困惑。"刚开始驻村的时候，我每天给自己安排时间表，但是很快就行不通了，村民来访的时候，你没办法说：我下班了，换个时间来。"对此，社工 L 有些苦恼。"在外面工作惯了，到点了身体就开始松懈，但是这和村民的节奏不同。"社工 Z 一开始也很不习惯。这是驻村初期常出现的烦恼，需要社工在长期的驻村中慢慢寻找平衡感。可以把握的小技巧是：第一，融入村民的生活节奏。例如：村民常在晴天的白天劳作，家访可选择在晚上进行；而阴雨天时村民在家，就可白天开展工作。第二，制定任务计划而非时间计划，按任务导向处理工作，其余时间留给个人生活。唯有融入乡村，融入村民，才能做个合格的社工。

（五）多元主体共同参与

多元主体参与解决社区公共问题，一直是社区发展的关键议题。

不同人群作为多方力量可以被吸纳为共同行动的主体。以明乐村的村民参与公共空间改建为例，社工的第一步策略是吸引村中最大多数的人群。从全村占比最大的人群——妇女入手，跳舞是聚集她们的很好方式，妇女们通过广场舞而对公共空间产生了责任感，自发地进行清洁管理。此外，妇女们与社工共同申请了"招商局幸福家园项目"。对于妇女们的改变，男人们并不费心关注，社工决心以妇女之家公共空间改建为契机化解男人们的"参与冷漠症"。即使有专业的施工队上门愿意承包此工程，社工还是鼓励妇女们邀请本村男性组成施工队来参与改建。经过此次互动,妇女们继续邀请男性参与生计小组的劳作,慢慢地,男人们也主动加入社区厨房,接待参访人员,在儿童夏令营和社区助老服务中也时常活跃着他们的身影。

有学者研究发现,地方社会精英与政治精英的关系状态是影响乡村自组织发展的关键因素。[①] 村委会作为乡村政治精英,对内是村庄的守门人,对外是接洽社区外的政府资源。在从化项目的自组织培育实践中,社工机构作为第三方组织一直担任桥梁作用——年初与村委分享工作计划,年中的活动邀请村委参加,年末递送工作简报。基于此,村委会对自组织的合理性和需求有所了解,避免了政治精英对自组织起步阶段的干涉。在自组织的成长阶段,组织成员动员村书记、村委家属加入。此后,村民骨干更是主动参与村委换届并担任妇女主任、监督委员等职位,自组织和村委的互通互融到达新阶段。2017年大年初一,明乐村自组织妇女成员率先向村委寻求社区活动的资金支持并成功举办了三村联合新春联欢会、六村广场舞大赛等活动。至此,村委联合自组织举办社区活动已形成共同意识并实践至今。另外,作为第三方的社工机构还尽可能地为二者提供共同外出参访学习的机会,以期双方在社区公共议题上达成更深层次的互动,进一步实践乡村善治。

(六) 保持文化敏感性

文化敏感性强调的是社工要关注村民行为背后的文化成因和行动逻辑。从化项目的驻村模式已实践十年之久,在日常工作中,开会时许多村民依然会姗姗来迟,会上沉默不语,参与的年轻人总在斟酌要不要离开,诸如此类的现象总不契合社工的期待。那么,村民的这些行为是问题吗?问题由谁来界定?如果用文化敏感性的理念来警醒自己,社工又该如何接受或改变此类行为?

笔者以为,在希望村民改变之前,工作的起点是先理解这个村庄的主流意识对服务对象的渗透,与村民产生共同理解,才便于寻找改变的希望。例如:村中的年轻人为何不愿留在村里?因为主流意识将留在故乡的青年定义为缺乏奋斗精神,将赚不到钱的人定义为失败者。由此,年轻人不得不向外谋求发展。所以,社工在发动村中"闲散"青年行动的时候,应先理解他们的失落和处境,看到他们留在村中也有要成就事业的自我实现需要。再如:相约晚上8点半开会,等阿姨们到齐基本已晚上9点。为何阿姨们总是姗姗来迟?社工需要从村民的生活方式来解释该困扰,村民们日出而作、日落而息,依据天气、节

[①] 罗家德、李智超:《乡村社区自组织治理的信任机制初探——以一个村民经济合作组织为例》,《管理世界》2012年第10期。

气等因素来行动。他们的生活和生产并不需要借用时钟这样精确的时间刻度，用一日三餐即可界定时间段。更何况阿姨们还要在晚饭后操持家务、安顿一家老小，如此探究，阿姨们姗姗来迟便是可接受的。

　　文化敏感性提醒我们理解村民的生活世界后，还需要采取行动。面对踌躇不决的青年人——他们留在乡村实践的过程中，常受到现实的挑战，或是家人的催促，或是春节时同辈衣锦还乡的压力——社工需要与之对话，协助青年们将改造社区的兴趣转变成责任，用同伴间的激励帮助他们产生自我认同，形成共同的文化圈，这样他们就不会轻言放弃。

第四章

古西村的社区营造

第一节 营造故事

一、古西印象

广东省江门市是中国著名的侨乡,据统计祖籍江门的华侨、华人和港澳台同胞近400万人,遍布全球107个国家和地区。① 在这个华侨众多、华侨文化兴盛的地方,很多有着悠久历史且结合了中西方文化特色的"华侨村"正面临着空心化的危机。自党和国家提出乡村振兴战略以来,多地开始尝试结合自身的文化特点进行乡村振兴工作。对于这些尝试,一方面,国家希望能在借鉴不同的乡村发展模式的基础上找到一套可以提炼经验和复制的方法并加以推广,以一种普遍性的方法或手段刺激乡村振兴。另一方面,通过多方的走访调查,我们发现不同的乡村其生活方式不同、文化底蕴不同、历史传统不同,因而每一个乡村的发展逻辑与实现乡村振兴的路径也不同,具体问题需要具体到不同的村落去解决,而无法用一套有效经验去解决所有村落的问题。古西村案例正是在乡村振兴这一背景下,结合自身的文化、区域特点而实现的乡村振兴,它通过社区营造的方式,以华侨文化与村落历史文化为出发点,重塑了村落共同体。古西村的案例从侧面反映出,乡村振兴要重视使用本地的资源来发展自身;同时,只有通过不断地实践,才能回应发展的普遍性与特殊性问题。

江门开平市的古西村社区营造是本章的分析内容。古西村是河口镇古前村的东边部分,当地路牌作"古前村",数字地图(如谷歌、百度)上显示则为

---

① 资料来源于百度,https://baike.baidu.com/item/%E6%B1%9F%E9%97%A8/1291689#5。

"古前东",如到达当地附近问路,也最好询问"古前村",因为当地人多识"古前村"而不识"古西村",这个有着诸多名称的地方是个不起眼的小村,这些年来却因为"古西项目"而闻名于世,日渐成为人们慕名而去的教育基地。经过本土侨乡文化研究专家、老师、博士及文化遗产保护热心人士多年的深耕,昔日凋零破败的村子重新焕发了生机。走进古西村,碉楼、谢公祠、侯公祠、夫人庙、俊庐、禾厅、草堂、洗浴间等8座建筑及村头树下唱卖鸡的村民,都会让人感到该村丰厚的历史和文化气息以及浓厚淳朴的生活气息。在这里,以文化遗产保护为主题的教育基地——古西教育基地应运而生,在遗产保护的基础上,加入社区营造的相关要素,取得了一系列成就,得到了居民、专家、国内外人士等的一致肯定。

二、营造背景与故事过程

(一)乡村振兴与遗产保护

党的十九大报告中提到,乡村振兴战略的主体是农民,实现乡村全面振兴,关键在于提高农民的文化素质。要提升农民文化素质,则要"加强和改进思想政治工作,深化群众性精神文明创建活动"。精神文明的创建成果表现为乡村中多种多样的建筑、文化、艺术等。文化遗产是过去的生产生活实践中乡村得以保留下来的历史传统,它凝结着一个地域的精神血脉,集中反映了特定历史时期的生产力、生产关系以及人类社会的认知能力。[①] 很多民间文化遗产的传承往往凝结了几代人的心血,是当地特色文化最直接的体现,通过了解一个地区的文化遗产,人们便能够从中知道祖辈的生活方式和精神状态。这些传统的文化遗产有其独特的形式与内涵,保留了在地性的特点或传统的仪式,既是一种价值导向,具有对村民的教育、教化功能,也是很好的教育素材,让村民能了解自身的来源与历史。文化遗产中蕴含的精华,是我们进行乡村振兴战略可资借鉴的宝贵资源。

实施乡村振兴战略不仅需要提高农村居民的物质生活水平,更要丰富农村居民的精神文化生活。文化遗产植根于群众的生产生活,饱含着历史的沧桑,体现着群众的思想智慧,展示着一个地方的价值取向和审美追求,构成了一方百姓的精神寄托,蕴含着极为丰富的精神价值,是农村居民精神文化生活中必不可少的内容。同时,文化遗产也是中国逐渐发展壮大的历史见证和中华文化的重要载体,蕴含着中华民族特有的价值理念和思维方式。乡村振兴战略是一

---

① 王红英:《非物质文化遗产在乡村振兴中的多元价值》,《人民论坛》2018年第7期。

项实现农村村民安居乐业的伟大工程，它与传承保护非物质文化遗产相辅相成，非物质文化遗产的多元价值为农业农村现代化发展注入了强大的精神动力，是我们应当代代传承的精神宝藏。乡村振兴不仅仅是经济上的产业振兴，更是精神、意识、文明上的复兴，因此大力推进乡村文明和精神建设，使农民在思想观念、道德规范、知识水平等方面继承和发扬民族文化的优良传统，适应经济社会的发展步伐，形成积极、健康、向上的社会风气和精神风貌。

无论时代怎样变化，乡村的发展都不能抛弃自身的特色，而需要在保留原有在地性特点和保护生态环境的前提下与现代化元素进行融合，其最终目标是建立一个自然环境和人文环境相融合、适合人类居住的美丽乡村，既能使居民感受到传统文明的力量，又兼顾社会的现代化发展，让乡村居民在青山绿水之间怡然自得，让传统文化的精华得到继承，构成"人、文、地、产、景"的全面振兴，让乡村释放出独具特色的魅力。

（二）个案介绍与项目目标

古西村是谢姓族人迁入开平河口镇的始居地，自元朝开基此地以来，至今已历25代，是开平谢氏家族近700年繁衍不息的历史见证。鸦片战争后，古西村民开始外出谋生。19世纪末20世纪初，早年出村闯荡的华侨衣锦还乡，一幢幢融合中西建筑风格的洋楼住宅、碉楼、祠堂相继建成，也是典型的华侨特色村落。然而，自20世纪80年代村民开始外迁到国内其他城市或开平市区，现存建筑51座，居民50多人，华侨、华人人数是当地居民的三倍以上，多居美国、加拿大，部分居香港地区和东南亚。村民日益减少，村落失去往日生机，部分房子倒塌，杂草丛生。

2010年，旅港的古西村后代X博士计划出资修复村中两座祠堂——侯成谢公祠和秉文谢公祠（图4.1），出于对传统文化的热爱，X博士希望能将祠堂做到"修旧如旧"，因此邀请了WY大学建筑系的T老师开展修复工程。T老师作为本土侨乡文化研究学者，经历过世界文化遗产开平碉楼与村落的申遗，也到过国外学习，在参与多项国外实践保护项目的过程中，她意识到遗产教育的重要性和国内遗产教育的落后，萌生把外面学回来的理念带回家乡，为大众传播遗产保育的知识的想法。凭借祠堂修复这一契机，从2011年夏天，在T老师的主导下，"古西项目"正式开始实施。

在古西项目团队的早期不断探讨的过程中，古西项目逐渐确定了发展方向：以世界文化遗产保育理念为发展依据，以"眼里有村民，心中有古西"为基本原则，以遗产教育和深度文化体验为契机，树立遗产保护的规范。在建筑修复、文化保存、社区营造等方面，同时进行尝试。具体而言，是帮助村民发掘手艺潜能、建立文化自豪感，使他们自觉参与保育工作，能够自信地与来自各地的访客分享生活经验，让本土文化传统得以保存和复兴。随着项目建设逐渐深入，村民可以逐步获得就业机会并愿意留在村里，安居乐业，从而达到可持续发展的目标。同时，让访客行走在村里，可以体验到明、清、民国到当代各个历史时期的建筑元素和活动空间，体验当地的文化传统，感受村民的热情。

图 4.1　古西村中两座被修复的祠堂

三、个案分析

（一）项目优势分析

1. 特殊的侨乡文化

古西村所在的广东省江门市是全国闻名的侨乡，古西村居民也多是华侨。旅居海外的华侨将西方的设计理念、技术、民俗、饮食等带回家乡，与本土的文化相融合，经过历代相袭和传承，最终形成了具有当地特色的侨乡文化。

侨乡文化具有一定的地域性，如广府侨乡文化、客家侨乡文化等，其内涵各有特色。作为众多侨乡文化中的一种，古西村所属的江门侨乡文化有其自身的独特性。首先，华侨数量众多、侨乡文化资源丰富。长期的中西文化交流与融合，使得江门在建筑、饮食、服饰、民俗等方面独具特色。例如，江门不仅有陈献章、梁启超等众多历史名人及其故居资源，还有享誉世界的碉楼建筑群；不仅有新宁铁路、三十三墟街、侨资造船厂等交通与商业遗迹，还有侨批侨汇、外海家族祠堂等资源。其次，当地华侨大多集中于北美，受当地较高的经济发展水平、文明程度与审美的影响，其侨乡文化更显具有开放性和多样性。例如，建成了一大批中西合璧的碉楼建筑群，不仅可以防止水患、抵御盗匪，还具有极高的艺术观赏价值，在中西方建筑界享有盛誉。第三，江门侨乡文化属于"输入型文化"。旅居海外的华侨将北美先进的技术与文化观念等带回家乡，从建筑房屋到投资兴办实业，从服饰到器物，处处都有西洋文化的影子。最后，江门侨乡文化具有独特的精神内涵。五邑华侨经过历代的艰苦奋斗，逐渐形成了"念祖爱乡、兼容开放、重信明义、敢为人先"等侨乡文化精神内涵。华侨们将大量财富汇回家乡，对江门经济的增长起到了重要的助推作用。

2. 相关的政策支持

侨乡文化的特殊性引起了江门市政府对城市品牌建构与国际形象塑造的重视。作为全国著名侨乡，江门市政府于 2015 年制订了《江门市侨务强市建设工作纲要（2015—2020 年）》，提出要擦亮"中国侨都"城市品牌；2016 年江门市又入选中国国际特色（侨乡文化）旅游目的地创建城市和海上丝绸之路：中国史迹首批申遗遗产点名单，迎来了品牌国际化发展的重要机遇。江门市政府侨乡文化品牌的构建对古西村进行符合自己发展特点的社区营造提供了极大的支持。首先，挖掘侨乡文化的精神内涵和在地化意义将有助于形成强大的村落凝聚力与文化认同感。侨乡文化具有极其丰富的精神内涵，例如敢为人先、艰苦奋斗等，对本地居民和海外侨胞产生过非常重要的影响，容易激发他们的文化认同与情感共鸣，对古西村的人文环境营造产生助推作用。其次，江门有碉楼、名人故居旧址、华侨捐资建造的造船厂、骑楼以及各类大中小学校等，为江门城市品牌的构建提供了丰富的资源依托。再次，侨乡文化品牌在国际市场上容易获得海外华侨的关注与支持。侨乡文化作为一条纽带，有助于拉近海外华侨与江门之间的联系，吸引他们捐资助教。尤其是"一带一路"沿线国家和地区江门籍华侨众多，通过打造侨乡文化品牌来助推城市品牌建设，将有助于获得沿线国家和地区华侨的关注和支持，从而对江门经济的发展与城市品牌的国际化推广产生重要影响。

3. 具有规模效应的相关资源

江门市下辖蓬江、江海、新会三区和台山、开平、恩平、鹤山四个县级市，俗称"五邑"。江门特色的"开平碉楼与村落"被列入世界文化遗产，这是广东省唯一的世界文化遗产。现在江门市仍有数千座碉楼，这些碉楼大部分建于20 世纪二三十年代，主要由海外华侨投资兴建。华侨们把在世界各地见到的建筑风格和外观式样进行组合，借由碉楼这一物质建筑形象表现出来。随着碉楼建设的兴起，世界各国的建筑艺术大规模地被引进到江门五邑，这里成了世界建筑的博览园，这样集群式的资源能够帮助古西村吸引到大量的对江门侨乡文化与碉楼建筑等感兴趣的游客。

4. 较好的公共基础设施与富裕的村落经济

古西村虽然也面临着空心化等问题，由于当地多有华侨，因此在经济上并不算是贫困的村庄，相反一直以来经济水平都比较不错。同时在政府和众多华侨的支持下，古西村及其所在的河口镇都有着不错的公共基础设施，如柏油马路、医院、小商店等，这些公共基础设施使得在古西村生活并不困难。

5. 社会资本颇丰的行动者

由于古西村与江门市有着大量的侨民，这些侨居海外的移民们往往拥有较为雄厚的社会资本，可以帮助与反哺自己的家乡。如，古西项目的起因就是旅港的古西村后人提议和捐助开展的。古西村的村民与业已在外定居的亲友同乡之间仍存在着密切的亲情网络，处于这些亲情、友情网络中的侨民成为了能够支持古西村进行复兴的重要力量。

（二）项目挑战分析

1. 人口流失严重

自20世纪80年代初，古西村的村民们陆陆续续离开了家乡，部分村人出国与家人团聚，部分外迁到国内其他城市或开平市区。由于乡村整体软硬件条件和生活条件限制，村里的年轻人很少愿意留在农村。过去古西村也有部分返乡的青年和华侨们，最终也大多因为医疗条件、子女教育、户籍难迁等现实问题选择重回城市。随着城市化进程，古西村里几乎不剩下什么年轻人了，现在留在村中的只有年岁较大的长者，古西村中只有逢年过节才能看到一些年轻人的身影。留居村里的人日益减少，古西村也逐渐失去了生机，没有人维护的房子和院子逐渐倒塌，杂草丛生，村子里破败不堪。

2. 历史文化资源流失严重

古西村虽然有着建筑、文化传统以及自然环境等多方面的特色，但目前能留守在村里、维系传统生活方式的村民越来越少。特别是随着年轻人的流失，一些村中传统的风俗习惯、文物估计等也趋于消散，只有部分老人还能维系着过去的生活习惯，一旦这些老人去世，传统的力量也终将消失，无人继承。

3. 资金投入与专业人才短缺

古西项目的起点是围绕着遗产和文化保护开展的，其中最重要的工作之一就是进行村落中建筑物的修复和文物的保护。然而修复建筑物和保护文物都需要极强的专业知识和雄厚的资金支持。虽然古西项目在初期就得到了两位热心人士的资助，但是修缮古迹的金额花费巨大，如修缮一座石亭就需要十几万元，尽管古西项目想了多种方法开源节流，仍然是入不敷出。同时，修复建筑物也并非人人都可以干，而是需要有着一定专业知识和技能的人士才可以真正做到"修旧如旧"并理解古西项目的宗旨和理念，这方面人才的短缺也成了古西项目的一个挑战。

四、古西项目的营造过程

在确立了古西项目的目标与发展方向后，2011年暑假开始，古西项目的项目成员们开始进驻古西村做建筑调研，开展一系列重建古西村的尝试。截至目前（2019年），古西项目执行了八年。在这八年里，古西项目从遗产保护和古迹修复开始，慢慢打造古西村的其他元素，使古西村不仅成了一个古迹和文物保护的案例，更成了一个能够让包括村民、外来游客、学者、志愿者们共享的生活生产社区。

营造点一：古迹修复、文物保护和历史传承

古西村项目的起源是旅港的古西村后代X博士希望能回报家乡，"修旧如旧"地修复村中的祠堂，因此古西项目团队将最初的着眼点放在了古迹修复和文物保护上，团队中的成员也基本都是来自于附近大学建筑系的老师和学生。由于受过良好的文化遗产保护训练，古西团队从一开始进行古迹修复就倡导以国际古迹遗址理事会（ICOMOS）颁布的各项关于遗产保护的宣章与宣言为保护准则：在修复古迹和整理文物的过程中，既重视建筑遗产的保护，又重视非物质文化遗产的保存和文化的传承，尤其重视历史环境的保护和地方精神的保存。

在项目的初期，古西项目团队花了很多时间在村里"玩"——即与村民建立良好的信任关系和互动关系，譬如跟村民拉家常，听他们讲故事、唱民歌等。在重做祠堂的神楼时，由于不同的村民对祠堂有着不同的记忆，因此古西团队的工作人员们花了半年时间去询问村中各人，慢慢整理他们的记忆，最后得出大家比较认同的草图。在这种不以效率和经济为目标的导向下，古西项目团队逐渐和村民、志愿者们成了相互信任、共同奋斗的伙伴。在充分地了解到文化遗迹的保护规则的基础上，古西项目团队与村民、志愿者们一起修复了村落中的侯成谢公祠和秉文谢公祠两座祠堂。后续在大家的共同支持下，古西项目团队还修复了村中的碉楼、民居、庙宇各一座，新建了公厕、公共小花园、菜园等活动空间。这些建筑物的修复使得古西村的生活环境进一步改善，生活质量得到了提高,并且保留了历史传统,也更符合现代人的居住习惯(图4.2)。

图 4.2　古西村开展的修复工作

古西项目团队以修复古迹和保护文物为发力点,在村民、海外华侨、专家学者、外来志愿者等多方的支持和配合下,完成了一系列的古建筑修复和文物保护工作,工作内容包括:

调查了村中51座建筑,详细调研和分析周边建筑,完成了主要建筑测绘工作;

查阅族谱和历史文献,做村民口述史,现在进入第二轮深度调查阶段;

记录了村中的动植物生长状态和特性及其跟当地生活方式的关系;

修复了三座不同年代、不同风格的普通民居以及一座碉楼、两座祠堂,重建了一座庙宇,新建了一座洗浴间及杂物间,修复了村道及晒谷场;

种植了一个草药园,开垦了一个菜园,修复了一个果树园;

开通了往后山的山路和清理了村民通往社稷之神和玄武神位的山路;

出版了中英文宣传册,印发了古西项目理念的宣传单张和古西建筑明信片;

两年跟踪拍摄,完成了普通话、广州话、英文三语一体的纪录片(2011—2014年);

完成了多个内容的展览,包括河口谢族人民迁徙历史、古西华侨历史、侨乡社会发展史、历代村落及建筑变迁沿革、古西教育基地发展策略等,展览文字为中英文。

除了以上项目内容，古西项目还援建了河口镇的社区文化中心。该中心将在曾经的五金厂基础上进行翻修和加固，古西项目团队希望在最少改变建筑外观的前提下，展现原本的历史风貌——这也符合了古西项目复兴侨乡文化的初衷。河口镇中有二层楼高的红砖房，曾是一个五金厂，建于20世纪70年代。建筑和绿化用地总面积约为700平方米，由当时的河口公社所建，一层用于制造路灯灯罩的集体作坊，二层用作河口公社办公场所。后来公社办公室迁移，工厂经营不佳，直至20世纪90年代末关闭。昔日繁华的河口圩，如今成为人们口中的河口旧圩。一个"旧"字，道出几分新旧更替的沧桑感。然而，对于生活在这一带的百姓而言，五金厂不只是一个简单的工厂名称。它见证了20世纪70年代那段艰苦岁月中，人们急需摆脱穷苦命运而挥洒热血、创造经济奇迹的决心。结合河口旧圩当下的情况，随着圩集的衰落，居民外迁，人口渐少，周边村落居民的公共活动日渐减少，缺乏交流，社区儿童及老人没有一个设施相对完善的交流活动空间。为此，古西项目团队现拟将其改造为服务当地社群和河口访客的社区中心，方便游客的咨询与服务。

比较典型的例子，如古西村夫人庙重建项目。夫人庙位于古西村秉文谢公祠背后的山脚前，始建于明代，曾是古西村附近一带的重要庙宇。庙内供奉王母娘娘和松九夫人（地方神），数百年间香火鼎盛，更是古西村华侨出国前必要朝拜祈福的重要场所。1958年"大跃进"时期，庙宇被拆毁，砖石被取走。虽然如此，但村民们一直希望有朝一日能重建这个具有重要精神意义的庙宇。就在今年（2019年），在众人的筹划之下，重建事宜终于得到落实。按照计划，庙宇将于今年年底落成并举行入伙仪式，庙前的场地也将规划建成一个开放的休憩用地。

重建夫人庙，重建的不仅是庙宇，还有朴素的信仰。年长的村民们都希望能重现往昔村落的繁荣——建筑辉煌的祖祠，香火鼎盛的古庙，人丁兴旺的村落。而这些愿景，似乎都在开始逐步实现了。这正是T老师以及所有人心中的文化保育之梦。村民们亲身参与社区营造，建设自己的家园；男女长幼都在不知不觉间传承了村落的文化，让建筑不再只是破落空洞的房子。在这里，建筑成为了一种联结村民情感的凝聚力。古西所宣扬的遗产保育理念，不是抱着传统不言发展，而是努力控制好遗产在社会发展过程中改变的步伐，让文化得以传承，建筑得以活化。

在开展修复的过程中，古西团队一直强调：村中的建筑，是祖祖辈辈流传下来各种生活经验、建筑经验、文化特征、风水习俗等的总和，是祖先们留给后代们的宝贵财富。因此古西团队在修复过程中，特别认同传统建筑物的价值，力图保存地方记忆与传统精神。古西项目的修复和改造工作，一方面遵守国际文化遗产修复理念，另一方面尊重当地文化传统和村民的诉求。如有冲突，则与村民商讨，衡量其利害关系和实际情况，再做决定。古西项目团队尽可能在工作中融入村民的建议，让他们有权解释自己——因为这是他们的遗产、他们的家园，以此让物质载体真正涵盖这个村庄的深层情感和最真实的记忆。

营造点二：多方成员联动

成员一：参与古西项目的村民们

古西项目团队在修复遗迹和文化的过程当中，还秉承着打造古西社区共同体的理念，努力把古西村营造为一个村民、外来游客、学者、志愿者们都能共享的生活生产社区。

除了古西项目团队，古西村的村民是古西项目的直接参与者与受益人。古西村的村民们全程参与了古西村建筑的修复和教育活动。村民们最早是由古西项目团队邀请，加入到建筑物的修复工作中来。在建筑物的修复过程中，村民们既是工匠，又是厨房的厨师，他们还参与社区教育活动，教授外来的游客们一些当地的传统技艺，如折纸花、做糕点、煮菜、种地、舞狮子、弹唱民歌以及建筑工艺等。由这些活动而得到的外界支持与内在鼓励，很大程度上提高了村民的自信心和自豪感。

建筑物修复的前期阶段，古西项目团队一直都在做了解和沟通的基础工作，因而进度缓慢。古西项目要求保证质量、"修旧如旧"，先向村民和负责的工匠讲述修复的要求和方法，并跟他们解释文物和遗产保护的理念，再与大家一起沟通，让他们慢慢适应，从文物保护的角度去思考和操作。一开始，村民们不理解古西项目"修旧如旧"的文化意涵和精神意涵，有的村民对古西项目的修复工作进度表示质疑，说"这样子做亏死了"。行动上则是在古西项目工作人员们不在的时候，泥水工用水泥去修复夯土墙，用水泥去代替石灰作为砌墙的黏合材料。他们认为："以前没有水泥就不用了，现在我们有水泥了，肯定要用水泥啦！"针对这些质疑和挑战，古西项目团队的工作人员给工匠们反复强调保育和传承的理念，解释为什么需要这样做，还通过负责工地管理的年轻村民和村主任进行监督，先教育一些容易理解古西项目核心理念的人，然后通过他们来跟其他村民沟通。

古西团队在有些方面也会出于对村民的尊重，宽容他们犯些错误。但有时面对重要的修复工序，工作人员也会强硬地让他们拆了重做。这样三番五次之后，泥水匠们逐渐掌握了古西项目的要求，开始从保育与传承的角度看问题。古西团队与木工和木雕师傅的合作，同样有类似的经历。但在整个团队的努力下，经过五年磨合，现在村民们大多都能理解文化保育与传承的重要性与内在意涵，各方达成了比较默契的合作状态。如，古西项目团队从来不用告诉村民们他们吃什么菜，只告诉他们多少人开饭，村民们就会很合理地去安排每餐的菜式。

成员二：外来志愿者们

古西项目实施以来，除了村民和正式员工之外，还有一群忠实的志愿者一直在古西项目中默默奉献。这些志愿者来自开平市区或旁边县市，乃至更远的香港地区甚至国外，有开平本地人，也有外地人或华裔、外籍人士，大家都是本着对文化遗产的兴趣而来，积极参与到古西项目的各项事务中来。古西项目团队将志愿者的管理列为自己工作当中重要的一环，希望通过营造价值感和归属感令这些来到古西村的志愿者们有所学、有所得、有所爱、有所感。

古西项目的开展吸引了来自各地的志愿者，比如 S 哥就是一个在古西村进行"打工换宿"并愿意在古西村长期服务的志愿者。当我们问 S 哥为什么会选择古西这个地点进行打工换宿时，S 哥认为："古西村结合了自然景致与人文气息，既有传统的田园风光，又有岭南特色的宗祠文化，还能体验和学习社区营造的相关知识……相比之下，客栈、青旅是'铁打的团队，流水的旅客'，遇见的人往往匆匆而过，商业化的运营也导致体验者与当地文化的融合感不高。而在古西，与村民和大学生志愿者的朝夕相处能够带来更深意义上的融入与联系。古西理念包括三大部分：遗产保护、文化传承、社区营造。我现在的工作就与社区营造比较相关，遗产保护、文化传承则是我期望在古西体验并学习到的理念。"

还有大学生志愿者表示古西村的经历丰富了自己的生活，也是对专业知识的一次检验，学生 G 认为："在古西项目中有很多来自不同学校的同学参加，可以接触到其他学校不同专业的人。同时这是一个建造活动，平时都是在纸上设计和思考的，没有实地建造过，所以这是一个机会。还有就是有很多老师来带，老师的资源又很好，所以可以从老师身上学到很多东西，相比起怎么做，知道为什么这样做更加重要。"

来到古西村的志愿者们不仅仅是古西项目的支持者和帮助者，同时也是该项目的受益者，古西项目不仅提供给了他们一个践行自己想法和理念的舞台，也通过他们的努力，使得古西村重新焕发出了生机。

营造点三：以遗产教育为目标与打造多元合作平台

古西项目团队在保育村中文物古迹的同时，也把古西项目定性为一种遗产教育——通过实际案例的操作，向社会传播文化遗产保育的理念，培养遗产保护方面的人才，同时使之成为一个遗产保护的范例。通过深度参访、生态与文化体验、学术讲座、专业授课、文化游戏、纪实影视片、历史事件重演等不同方式，向来参访的人们传播遗产保护知识和文化传统，期待这些遗产保育与发展的种子，可以伴随参与者的足迹生根发芽，被更广泛地传播到各地。同时，海外华侨后裔也可通过参与古西教育基地的活动，获得对中国文化更深的认识，与这片土地建立更深的感情，以延续其与祖国的联系。为了实现该目标，开展文物与遗产保护教育，古西项目团队联合了国内外大学和文化机构，为大中小学生、政府官员、遗产保育者、学术机构等社会不同群体，策划了几十场工作坊活动和学术研讨会。同时与国内外多所学校建立合作关系，将古西村打造为大学的校外教育与科研基地，与美国斯坦福大学、香港大学等国际国内知名院校开展合作交流活动，以冬令营、夏令营学习等，对侨乡文化、古建筑修复、遗产保护内容进行交流和研究。

古西项目团队在开展文物修复与遗产教育时，也尽力与古西村及周边村民、城市居民、华侨、高校、学者、学生、媒体、运营商、当地政府、市场、公益团体等不同利益主体合作，尝试构建一个多元合作平台，希望尽最大能力，让参与其中的各个利益主体发挥主观能动性，能在项目的发展中找到自己的位置。如，2016年古西琴社成立并召开了古西古琴鉴赏交流会，首次举办就获得了爱琴人士们的认可，琴人与斫琴师齐聚，于田野间榕树头雅集，于祠堂演出，于民居切磋。2017第二届古西古琴鉴赏交流会，以琴、箫为主，表演形式多样，不仅有20人阵容的"南箫王"郭家班，还有20多年历史的广州古茶琴舍团队诗意十足的场景古琴演奏，可谓琴韵箫声尽显。

营造点四：传承特色侨乡文化

古西教育基地还有一个特殊的办学目的，就是希望帮助海外华裔了解祖国的历史文化和地方传统。比如，在美国学生来访古西村时，古西项目团队就特别安排了让学生参观当年华侨骸骨回归的路线，缅怀先侨原籍安葬的夙愿，向海外学生讲述"叶落归根"这一重要的和特别的中华文化传统——无论离家多远，对于在外谋生的华侨而言，即使生而不能还家，死后骨灰也要回到家乡下葬，对于他们而言，也就意味着灵魂回到了家乡。参与了该次活动的华侨学生们非常肯定这种在侨乡学习华侨史的方式，有一种亲临亲历的感觉。外来的其他游客们在实习学习时，也能看到这些辉煌的建筑而想起华侨们衣锦还乡的场面，海外华侨们曾在历史上为中国为世界作出了卓越贡献，在华侨们的家乡，游客们更加能够接近他们的历史和故事，认同他们的价值和理念。

营造点五：以社会企业为运营模式

古西项目是以公益为目的的项目，但经营目标是让项目具备造血功能，具有自负盈亏的能力，不成为当地政府或投资者的负担。引入"社会企业"的管理理念，即营运获得的利润用于该文化遗产保护项目的再发展。因此，项目初始,即由富有经营经验的 DH 先生及具有国际经验的香港公司负责古西项目的经营管理工作和总体项目的营运、策划工作。这些管理营运工作包括:

(1) 免费向公众开放,提供公众取阅的相关资料和导览图等。这些资料包括以分享古西遗产保护理念和介绍古西的建筑和村落历史文化为主的单张与书籍;

(2) 继续完善以遗产知识传播和文化体验为目的的教育活动;

(3) 与村民一起营造古西作为传统村落的人居环境及生态;从"人、文、地、景、产"等方面去进行社区营造,发掘大自然和传统文化的潜能,树立永续人类居住环境理念的教育系统和培养理念;

(4) 修复村中旧民居,作为学生的住宿场所,让他们住在村里,参与更真实、更有生活味的文化体验活动;

(5) 发掘当地潜能,建立合作生产模式,创造具有古西特色的产品,以扶持当地的经济发展。保存自然的村落生态系统,发展遗产保护和永续理念的教育;村民在村中如常生活,传承富有特色的本土文化和生活方式。访客来到古西村,好像不是来参观、学习或游玩,而是来探望亲戚,感受富有特色的地域文化和淳朴的传统;村民接待的好像不是访客,而是远道而来的亲朋好友。

古西项目的发展历程

2006 年,针对侨乡文化与农村空心化问题,T 老师提出乡村文化遗产保育发展和社区营造的理念,但当时鲜有人支持。

2008 年,T 老师把希望寄托在号称有心保护乡村文化遗产的商人身上,数月后以志趣不合告终。

2010 年,古西村自发捐款修建祠堂,海外后裔 X 先生非常关心祠堂修复工作,不但答应出资,还要求必须专业修复。

2010 年暑假,X 先生与几位村中长者,找到了 T 老师的工作室,邀请 T 老师做祠堂修复的技术指导。由此,T 老师与古西结缘,开始了前期的村落历史文化和建筑调查工作。

2011 年夏,在 X 先生和村主任 N 叔的支持与帮助下,祠堂的修复工作启动。

2013 年初,在香港朋友 D 先生、古西村后裔 X 先生、当地河口镇政府、村主任 N 叔及古西村民的支持下,"古西项目"正式启动。古西项目启动之初,古西团队没有图纸,没有详细的规划文本,甚至没有具体的措施计划。只有对乡村文化遗产保育与发展的信念与热情,还有一班支持该计划的朋友。X 先生出资修复两座祠堂,D 先生出资修复其他建筑和基础设施,在村民和志愿者的支持下开展工作。

2014年7月，T老师的学生——建筑系毕业的L同学和新会文保人士W同学两位作为全职工作人员，加入古西团队，他们二人和DH先生都不是开平人，而是忠实的文化遗产爱好者。他们之所以会来到这里，正如古西项目的目标——为了文化遗产保护，为了遗产知识的传播，而不仅为了保育古西一村。

2015年，"古西项目"获得联合国教科文组织亚太区文化遗产保护奖优秀奖，得到国际社会的肯定。

五、初见成效

随着古西项目的进展，古西村的村容村貌发生了非常大的改变，原本破落衰败的建筑物被修复、村中小道等变得干净、整洁、亮丽，村民们也更加认同了自己留守在古西村，保持传统生活方式的价值和意义。而越来越多外迁的村人看到古西村的变化后，开始回来参观、参加聚会等，有的在外的村民还回来办喜宴、寿宴。

这种影响还波及旁边的兄弟村落——在古西村村场和祠堂修复并恢复传统功能之后，古西村与隔壁兄弟村自发联合举办活动，在修复的古西村祠堂和村口的榕树头聚会，出现了多年未有的和谐喜庆的场面。当天大家还举杯欢庆至深夜，商讨筹款安装公共路灯事宜，还约定每年正月初五为"古前村"的村庆日——散居各地的村人回村聚会的日子。有些村民还通过微信，把这次盛事直播至迁居美国、加拿大乃至东南亚诸国、中国港澳地区的古西人当中。2018年，为了组织村庆日活动，两村村民自发成立筹款组、民歌组、舞狮组、篮球组、餐饮组等，主事者挨家挨户去筹款，共筹得三万多元经费。从八九十岁的老者到年幼的小孩，三百多人围成45桌聚餐，欢聚一堂。

古西项目也受到了政府部门及相关企事业单位的高度认可。江门市的政府领导们非常认同古西项目团队的理念，政府对古西团队的工作积极配合并及时给予建议和帮助。江门市长、市政协等领导都曾亲临古西村进行考察，并组织市府办、宣传部等单位人员来古西村探访，更答应将来的政策和资金支持。开平文化广播新闻出版局及其属下的开平美术馆和开平文化馆，都是古西项目坚定的支持者，免费为古西项目提供从人力到器材的各种帮助。

除了村民和政府部门的认可，古西项目还以其独到的专业性、教育性、文化性得到了遗产保护专业人士和社会大众的认可。2016年1月，古西项目被授予"联合国教科文组织亚太区文化遗产保护奖优秀奖"。在颁奖典礼上，联合国官员亲临村中祖祠致辞并赞颂古西项目能另辟蹊径，立足于本土和社区，鼓励村民进行公共参与，延续村落历史文化。难能可贵的是，村民、赞助人和保护者都能就遗产的保护和将来的发展方向达成共识，共同肩负着村落振兴的使命。

古西项目获得的国际荣誉

2015年9月1日，古西项目获得了联合国教科文组织亚太区文化遗产保护奖。

2016年1月27日，联合国教科文组织和开平市政府在广东省开平市古西村联合举办亚太区"文化遗产保护奖"颁奖仪式，五个政府机构、两个大学机构、三家民间组织、51位村民、11位工匠、两位华侨代表、一位外国友人，共获得了75份奖状。

2016年1月27—28日，除了举行隆重的颁奖仪式外，古西村还组织了富有当地特色的文化演出以及四场学术讲座。邀请台湾、香港和内地在文化遗产保护方面具有实践经验的专家，来进行乡村保护案例经验分析，开展与联合国官员一起交流切磋的研讨会，让在场的外地遗产爱好者和本地开平人都有跟外界交流学习的机会。

第二节 评价与小结

古西村的发展与营造是一个由文物与遗产保护理念出发的营造过程。这个过程首先围绕着社区的"文"和"景"，开展复兴社区文化、传承社区历史等活动，逐渐唤起居民对遗产保护的认可和对社区历史文化的认同。其次，古西项目成员着眼于"人"的改变，古西项目的参与主体不仅是项目方和村民，还包括外来志愿者、学生、游客等，这些主体共同参与了古西村的规划和发展，是古西项目中最重要的"人"这一要素。最后，古西村被打造成为了遗产保护的教育平台，也是一个人人可参与、大家可共享的地域社区。在古西村的案例里，古西项目通过人、文、地、产、景五个方面的共同营造，社区情感得以恢复，古西共同体得以再造。

一、人、文、地、景、产五种要素的营造

（一）人的营造

人，或说村民，是古西项目关注的主体。"人"的营造是指满足居民生活需求，保持公共产品的供给，打造和谐邻里关系，建构社会支持网络，鼓励居民参与公共事务，实现社区自治。居民是社区营造的核心主体，必须了解居民

的社区需求，将居民组织起来开展社区营造活动来实现自我管理、自我服务。在营造的过程中，居民通过参与社区事务而形塑成真正的"社区人"，即具备社区意识、清晰社区权责，能积极主动地投身于社区共同体建构。因而，人的营造是社区营造的核心议题，无论从五个议题的哪一个出发，都必须回归人的营造才能实现共同体的再造。古西项目最初的着眼点虽然是遗产和文物保护，但实质上是古西团队的工作人员希望通过建筑的保护，提升当地村民们的认同感和自豪感，并且邀请村民们一同参与修复等活动来营造社区凝聚力，唤醒村民们对遗产、对传统文化的敏感性。古西项目团队认为只有让遗产变成人们普通生活的一部分才能长久传承。因此人的营造是古西项目中最重要也是最核心的一个部分。

（二）文与景的营造

由于古西项目是以遗产和文化保护为起点，因此在这个案例中，社区营造要素的"文"与"景"是相辅相成、共为一体的。一方面，古西村社区的文化蕴涵在社区的景观构成中，特别是建筑物的造型结构、地理风水等方面，形成了独特的侨乡风格建筑。另一方面，建筑物又是一种凝固的文化，其建筑特点反映了其所在地的文化特点等。对古西村中古迹和建筑物的修复，既是一种景观美化，又是一种文化保护，既传承了历史，又革新了村落风貌。这样的生活场景和文化符号的营造，使得村民能够形成精神上的群己边界符号，发扬了本村特有的文化传统，唤醒了村民的共同体意识，激发了"我们"之感。让古西村成为了村民一个可以"回得去""住得下"的社区空间和精神家园。另一方面，古西团队通过组织不同的游客、学生、义工等团体，以遗产教育、义工服务、生活体验等方式向不同年龄、性别、社会阶层村民展示古西村独特的文化与历史，使得他们愿意来这里，更爱上这里。社区文化成了联结社区精神共同体的纽带。

（三）产、地的营造

古西项目将古西村打造成为一个遗产保育的教育基地和多元的合作平台，我们认为这个教育基地和合作平台正是古西村最重要的"产"。缺乏遗产知识和对传统文化的尊重是导致本土传统文化失传的重要原因之一。古西项目所传播的遗产教育可以让其他人知道，社区文化的打造和遗产的传承需要尊重村民的选择和意愿、尊重村民的发言权，接受村民的有益建议，与村民建立良好关系，慢慢培育起来。这个过程需要联动赞助者、镇村干部、村民、遗产保护者等共同出力，才能使遗产得以活化，使文化得以传承，这些经验正是古西项目的"产",可以供其他人学习与参考。

古西村成为教育基地和多元合作平台的另一个后果是古西村逐渐成为人人都可以共享的社区。在古西村这个社区里,不只是生活着村民,还有愿意接受古西村文化和古西项目理念的外来游客、志愿者、学生们,他们通过在古西村开展志愿服务、接受古西村文化的洗礼等,共同享受着古西村带给他们的"馈赠"。同时,这些人也参与到古西村建筑的修复和重建中来,献策出力,将自己真正作为古西的一分子。由此,古西村中的主体不再是仅有村民,还有这些共同为古西村发展贡献力量的外来者们,大家共享着古西村发展成果。

古西项目团队以遗产保护和文化保育为发力点,让社区的人们认识自己的遗产的价值,认识自己所生长的土地的价值,把自己的生活与遗产联系起来,让遗产成为我们生活的一部分。在遗产保护和文化保育的基础上,通过人、文、地、产、景五方面的营造,全面地激发了社区的行动力。古西村的村民们参与到古西项目的驱动力不仅仅来自于其本身的利益,也包含着对其所在村落的深厚情感。当我们把与"人"同在整合议题中的文、地、景、产拆开来看,就可以发现社区"文""景"的营造是从精神生活层面不断唤醒居民的社区意识,打造情感共同体。而社区"地""产"的开发与经营其实是赋予居民共同的利益目标,打造经济共同体。社区营造中的人、文、地、景、产,在社区内的发展是相互依存与促进的。在社区的总体性营造中,人们在不断的营造行动中主动地凝聚,建立起邻里亲密关系并逐渐形成社区信任,从而能积极投身社区。

二、扩大的村庄共同体

空心化背景下的村落共同体的营造面临的最大困境在于人员离散、意识分化和情感消解,想要超越以上的困境必须重新打造村落社区共同体。古西村的案例中,我们是以修复古迹、保育文化和开展遗产教育为出发点,引入了外来项目团队和外来志愿者这两种新的主体。这两种新的主体与原来的村落主体在公共事务中增强了协作,凝结了共同的目标和情感,最终形成了扩大化的社区共同体。

遗产保护和传统文化保育是古西项目的出发点。祠堂作为中国传统社会的产物,是宗法、习俗、娱乐、礼仪、教育等家族文化的载体,扮演了一个家族"私人"公共性的文化空间的角色,[①] 具有宗教性、宗族性、公共性一体的特点,其修缮工作更是一个事关氏族与村落的公共议题。在修复祠堂的过程中,

---

① 靳浩辉:《农村社会治理视阈下祠堂文化与公共文化的互嵌与重构——以浙江省农村文化礼堂为例》,《理论月刊》2018年第7期。

古西项目邀请了古西村村民、附近村的手工匠人进行主要的修复工作；另一方面，古西项目团队邀请了大学师生组成古西项目运营团队，并聘请了两名全职工作人员长期驻村，也加入到祠堂修复的工作中来，共同作业。这些建筑物的修筑与修复是古西项目运营团队通过网上招募、学校合作、暑期实习等方式，召集大学生志愿者集体参与的行动。古西项目招募的志愿者并不是普通的游客或者"临时工"，这些志愿者在进入古西村后，一方面会在古西村生活一段时间，接触古西村的在地文化与村民，接触古西村的文化内核。在对古西村文化认可及认同的基础上，参与进古西村建筑的设计、修筑与修复工作，并参与制定未来的发展计划。在文化认同的基础上参与社区发展的实践建设，这种方式使得志愿者成为古西村的主体之一。这种主人翁感在志愿者们的访谈中可以非常明显地体现出来，如 W 同学是古西项目中协调整个建造活动、协助后花园组成员设计施工，以及带领口述史小组成员调研古西村的文史资料的负责人。他说："每一个人都有值得别人学习的地方，所以每一个人也都是我的'师兄'。今后不论身处何地，想起古西，想起祠堂，这其中的故事都成为了我们最珍贵的生命体验。很多志愿者在预期不能按时完工的情况下提前完成了小庭院的建造，不是他们降低了工作的质量，而是在后期建造过程中小组成员主动加班。当其他人已经吃过晚饭在收拾碗筷时，有的志愿者还蹲在地上铺砖，他们说：'不用完剩下的水泥，吃完饭过来后水泥就干了，就浪费了……'他们真的把小庭院当做自己的家来用心营造。"

与其他几个主体不同的是，古西村志愿者主体并不是某一个或一些具体的固定的个体，志愿者主体内部人员有着较高的流动性，然而主体本身却在古西村一直延续的。首先，该主体的同质性非常高，基本都是以在校大学生为主；其次，该主体有着较为统一的活动目标与活动能力；最后，该主体参与进社区的日常生活和发展中来。因此，志愿者主体作为古西村中一个特殊的主体，既是古西村发展设计及实践主人，又是享受古西村文化及发展的客人，呈现出主客一体化的特点。

在古西项目团队开始正式运作时，古西村的社区主体扩大成了四类：一是农村基层党政组织，二是留守村民，三是以 T 老师为首的古西项目运营团队，四是外来志愿者团队。这四类主体围绕着一个共同的公共议题——社区建筑物修复进行分工与合作，促进了社区公共性的产生。而公共性正是社区整合和共同体形成的基础。

在古西项目开始后，古西村的主体由原本的两类主体变为了四类，新旧四类主体间以古西村文化保育和建筑修复为契机，形成了比较频繁的互动关系。对于两类旧的主体而言，新主体的到来成为改变自身发展的契机。

1. 乡村党政主体与古西项目团队及外来志愿者的关系

古西村的行政治理主体是其村党支部和村委会，在古西项目之初就比较支持该项目，其村主任 N 叔还加入了古西项目的运营团队，古西项目的主要负责人也表示古西项目一直以来就受到相关政府领导的大力支持。如一位志愿者回忆道："我们开展活动期间，古西村村长 N 叔给大家提供了无限的帮助和支持。如果说，此次活动中的每个志愿者都像一台机械里面的每一个齿轮般重要，那么 N 叔肯定是其中最大的那个齿轮。他对志愿者处处照顾入微，不仅给志愿者们当司机，接送我们出入古西村，还牺牲个人休息时间，每晚都要看到我们回屋休息了他才回家。在这里，他既是我们尊敬的村主任，更是我们敬爱的家长。"

我们认为行政治理主体对古西项目的支持有以下三个方面的原因：

一是开平市河口镇本就是知名的侨乡，以碉楼和华侨文化闻名于世，并获得过世界文化遗产的赞誉，河口镇以侨兴文化和旅游为主要经济产业，因此对于文化保护工作较为支持。对于外来人口和游客进入古西村也比较支持。一个重要的表现是，古西项目开展后，江门市长、市政协等领导都亲临古西村进行过考察，开平市政府答应给予政策和资金支持，当平时的工作中有大型活动需要布置场地和演出时，开平文化广播新闻出版局及其属下的开平美术馆和开平文化馆会免费提供从人力到器材的各种帮助。

二是古西项目本身所具备的"本地"属性与村落发展目标契合。古西项目的早期出资者 X 博士本身就是古西村谢氏族人的后裔，其修缮家乡祠堂不仅仅出于个人心愿，也是古西村本村所有村民的心愿，祠堂是作为有着宗教属性和宗族属性的社区公共空间，也是社区共同体认同的文化符号，其修缮事宜与每一个村民都息息相关。此外，古西项目运营团队的主要负责人 T 老师、两位主要驻村工作者以及早期的祠堂修复志愿者，都来自古西村附近的村和县，他们对于古西村的文化脉络有着深刻的了解并有着极强的认同感，并且能够较好地融入古西村本地。

三是古西村和古西项目团队本身拥有着雄厚的社会资本。不论是 X 博士还是 T 老师，其本身都是有着海外留学及工作经历的高级知识分子，拥有较好的社会资源。除此之外，古西项目团队依托于 WY 大学将古西村建设成为 WY 大学学生实践基地，为古西村的发展带来了海内外的大学师生交流资源，对古西项目的后续发展起了至关重要的作用。

2. 村民主体与古西项目团队及外来志愿者的关系

村民是古西项目的直接参与者和受益者，也是古西村历史文化的传播人。村民在古西村的建筑修复和社区发展中扮演着主要的角色，他们认同古西项目团队的目标、理念和方式，并且在古西项目开展之后，进一步认可了自己村落的文化。在访谈过程中遇到一位70多岁的老人，他向我们表示想把自己家族的老旧物品收集起来做一个私人历史博物馆，以此作为古西项目中文化保育的一个内容。除此以外，在古西团队与志愿者进行修缮活动时，村民们会主动帮他们准备饭菜等。村民们的行动表现出了他们对古西项目的认可，并且与古西项目团队是合作者的关系。志愿者们回忆道："我们志愿活动中还有一班本地师傅为大家传授砌砖、批水泥、拉线等实用的建筑技术。师傅们顶着酷热与同学们一起奋战，每当收到我们送上的果汁和茶水时，他们都非常高兴。当中有一位师傅是村主任的侄儿。作为本地村民，他全力配合古西项目团队和村主任，为我们的工作提供各种支持。他还像一位大哥哥一样跟我们一起工作、一起玩耍，开车带我们去附近摘龙眼，到赤坎镇买糖水。快要分别了，他对我们很是不舍。"

"我们参加志愿活动时，三位煮饭的阿姨都是当地村民，她们每天从清晨便开始了一天忙碌的工作：为大家买菜、做饭、洗碗。阿姨们每天都变戏法般尽量做出每一桌不同的菜式，使得每次用餐都让我憧憬不已，这里美味的饭菜让我回味无穷，恐怕回广州后短时间内无法适应……"

3. 外来志愿者主体与古西村的关系

古西项目的开展吸引了来自各地的志愿者，这些志愿者在古西村成为一个新的社区主体，影响古西村的发展。志愿者们来到古西村往往有着各自的目的，但是通过古西项目的践行建立了对古西村共同体的认同。这些志愿者在来到古西村之初都抱有各自的目的和期待，在古西村进行志愿服务时才参与到了社区本身的建设和发展中来。相较于其他几类主体而言，志愿者主体需要有一个对古西村文化认同的过程，这种认同行为发生在与其他主体互动以及践行古西项目的过程中，即社区认同与社区参与共同发生，二者是相互转化、相互发生的。

根据以上的分析可以看到，古西项目实施后，古西项目运营团队和志愿者团队也成为了古西村的常驻居民。在共同的地域范围——古西村区域内，这四类主体以古西项目为契合点，遵循各自的行动方式和行动逻辑，共同从古西村受益，并形成了相互依赖、合作共生和情感互信的社区关系，打造出新的共同体，将单一主体的生产生活社区变成了多主体的共享社区（表4.1）。

表4.1　古西村社区主体及各主体行动逻辑表

主体	主要行动逻辑	行动目的	行动方式
农村基层党政组织	政治逻辑	行政绩效	行政支持
留守村民	发展逻辑和传承逻辑	村庄发展和文化传承	实践参与

续上表

主体	主要行动逻辑	行动目的	行动方式
古西项目运营团队	市场逻辑、专业逻辑	完成合约、实践专业知识和理念	统筹,以及资金和技术支持
外来志愿者团队	个体发展逻辑	个体知识及体验增长	实践参与

在古西项目中,不同主体出于其行动目的发展出了不同的行动逻辑,这些逻辑在实践层面都汇成了一点——复兴古西村文化、营造美好社区,同时主体与主体之间也形成了相互信任、相互帮助的伙伴关系,共同为古西项目的顺利运营贡献自己的力量。

第三节 古西项目的反思和社会工作启发

一、对古西项目的反思

(一) 对遗产保护的反思

古西项目以遗产保护为出发点,将遗产保护蕴于社区营造和遗产教育之中,这是对遗产保护的新尝试。文化遗产的保育并不仅仅是把旧物保存起来,作为一种"观赏品"束之高阁供游客赏玩,而是顺应时代,通过改善保护与管理的方式,保存过去美好和有价值的记忆。古西项目最大的亮点在于将遗产保护与日常生活和文化历史教育融为一体,不但保留了遗产建筑物本身,也保存了其记忆、精神和气质,将"死物"变成了"活物"。

同时,通过引入各种形式的活动,使得古西村不再只是村民们的社区,而是变成了村内村外、专家学者、游客与志愿者、国内与国外,愿意和喜爱古西村文化的不同人群共享的社区。过去,古西村的景色、产品、文化等只能由当地的居民继承和享受;现在,古西村通过古西项目,向更多的人敞开了怀抱,让参访者有机会享受这里的文化、美景等。当地居民强化了自身文化价值的认知,建立了对家乡的认同感和归属感。参访者则在接受古西村洗礼的基础上,建立了与古西村居民之间的联系和尊重。作为侨乡来说,华裔更可以通过参与古西项目而对家乡文化有更深的认识,建立根的感情,以延续海外华人与家国的联系。

随着古西项目活动的开展,村民们的遗产保护意识逐渐被培养起来,建立了文化自豪感，自觉参与保育工作，并与来自各地的参访者分享他们的生活经验、生产生活方式等；村民也可以因为项目的发展而获得就业机会并愿意留在村里，从而达到可持续发展的最终目标。文化遗产保存的主要目的是民众能认同自我的价值与生活方式，认可当地的文化与传统，而历史建筑物并非因为其具历史意义及价值的外表而存在，而是因居住在里面的人，其生活方式的实践而存在着。

目前中国最缺乏的恰恰是对历史环境和场所精神的保护。在中国，遗产保护从来不缺乏形式和表皮的保护，缺乏的却是需要花费时间最长、投入最多也最难见到效果的非物质文化遗产，那些隐藏在空间之下世代积累的文化习俗、精神信念，那些在随着城市化、全球化进程日渐湮没的精神归属家园。保护不是一味保持过去，拒绝改变，而是妥善地管理好遗产改变过程中的步伐。真正有价值的保护，应该是各方人士努力探索不同类型的发展模式，不仅注重建筑形式的保护，更要在软件上功夫，遗产价值的诠释与理念传播更为日久持续。文化遗产的保育不是拒绝发展，更非凝固历史，阻止改变，而是在时代变迁中，积极地去调节遗产改变的步伐。文化遗产保育的目的与精神并不是单单为了保留那些古朴华丽的建筑，还为了了解那片土地，更重要的是村民对当地的文化遗产所产生的感动与认同，还有他们的生活方式。

（二）对现代化价值的反思

在经济迅速发展的今天，人们往往把新的、便捷的、标价高的东西定义为有价值的，但是我们需要反思这种价值观与其来源。在一些人眼中，传统古村落、传统文化等都是旧的东西，已经不适于现代的生产与生活，需要被"新的"所替代。而我们从许多社区营造的案例中都发现，真正能将社区居民们凝结在一起的，恰恰是一些传统的价值；而能吸引和打动外来游客的，也往往是这个村落独特的历史文化。相较于工业化大生产产出的产品和与之相适应的文化，社区营造正是要宣扬一种个性化、特殊化的尝试。古西项目的负责人认为："所谓'现代'，并不在于它最后表露出的形态，而在于社会里各个阶层、各个领域深度地碰撞、探索、抗争、辩论，最后形成一个共识。那个过程出来的东西，才有可能真正地涵盖这个社会的深层情感和最真实的集体记忆。遗产带给我们的是生命的延续，我们需要明白，蕴含遗产生命的历史建筑拆掉之后，无论花多少钱都买不回来了，也就是说，这段平民的历史有可能随着建筑的消失而永远地消失！在'公民有权解释自己'这个基础上'长'出来的建筑，才是有真实意义的'现代'。"古西团队把一个遗产项目定性为遗产教育基地，也正是向大众传播的遗产观，通过活化遗产，实现真正的遗产保护。

（三）对文化如何进行传承的反思

在面对乡村振兴和社区营造时，我们时常探索的一个问题就是如何进行文化传承。有的方案是让年轻人去博物馆逛一圈，也有的是带年轻人到某个现场给他们讲个故事，看一些视频。这些显然都是不够的，因为这些形式都不可避免地将受众置于"参观者"的位置——他们仅仅是观众罢了。而古西理念下的文化传承方式则注重打造一个承载传统文化的社会载体，让年轻人们通过实地体验传统生活方式来感受传统文化，从背手而立的"参观者"转变为亲力亲为的"参与者"，从而达到更好的文化传承效果。

众所周知，文化传承是涉及子孙后代与民族未来的关键。未来的年轻人只有了解前辈的历史文化、生活方式，才能建立适应自己时代的身份认同，实现社区精神的重聚、社区共同体的重建。然而，从自给自足的原始社会迈向高度信息化的现代社会的过程，也是人的体验与参与逐步减退的过程。高度分化的社会分工让人们不必再埋头于日常生计，得以将更多时间投入概念化、抽象化的工作，但人们似乎越来越将自己束缚于高度精细化分工后的行业——这些概念性的工作不但抽离于生活，还在愈发挤压本就稀少的生活休闲时间，让人们与"参与感""体验感"的距离越来越远。长期生活在钢筋水泥的都市丛林里的人们几乎已经习惯这一切，但新近兴起的"体验经济""深度游"等围绕着人们的体验和参与而兴起的商业模式或科技，其实正是人性被禁锢已久的呼唤——即使不再投身于田野劳作，我们也终究离不开那份蕴藏其间的参与感和体验感。能带给参访者们参与感、体验感的正是古西理念中"遗产活化"的另一层意义。深度参与传统文化、亲自体验传统生活方式能够慰藉人们的心灵，满足现代人对参与感的追求，激活人的自然性。城市化浪潮下似乎注定消逝的村庄则再次焕发了文化传承的价值，帮助人们寻回乡愁，其自身也在这个过程中焕发生机，这激活了村庄的社会性。

（四）对倡导者身份的反思

古西项目的开展，与古西团队的T老师和其合作者DH先生的专业背景相关。T老师曾在美国学习华侨史，熟悉开平的历史文化和文化习俗。同时，她在文化遗产领域跟香港及海外的合作较多，熟悉美国、加拿大、澳大利亚以及中国香港地区等相关领域的研究者和研究机构。此外，T老师曾经参与开平碉楼申报世界文化遗产的工作，具有实际工作经验。DH先生同样非常热爱文化遗产事业，熟悉世界各国文化遗产地的发展模式，擅长经营深度遗产旅游，在香港有着良好的口碑。古西项目的创始人一方面是所谓的"本地人"，对于本地的文化传承和遗产保护有着极大的热忱，另一方面又有着较多的社会资源与较好的专业能力，因此在古西项目的实施上有着很大的助力。通过遗产的传承和保护而进行社区营造，是一种结合了自身专业和能力的特色方法，这是古西村区别于其他地方进行社区营造的特点。

二、古西项目对社会工作的启发

古西项目尽管不是由专业的社会工作者承担和开展，但其也用到了社区营造的方法，并且取得了非常好的效果，因此我们可以从该案例中借鉴相关经验，成为社工进行社区营造的助力。社区营造既要改善生活环境，也要弘扬社区文化，建立管理有序、服务完善、人际关系和谐、文明祥和的社会生活，增强社区认同感和归属感，最终实现社区共同体的再造。在进行社区营造的过程中，社工需要注重培育社区居民的参与意识及介入公共事务的议事能力，进而培育及组建社区组织，重建社区共同体。

（一）综合协调，多元共治

社会工作机构需要能主动寻求多方合作，协调多方资源，放弃大包大揽，将专业的事情交给专业的组织去干。社会工作机构常常被赋予了太多超过其能力和专业范围之外的工作，社工既没有能力处理，也无法寻求帮助。在古西项目里我们看到，一个机构只要能专注在自己擅长的部分，就可以牵一发而动全身，最终实现自己的预期目标。因此，社会工作机构在日常就需要能积累和协调多方资源的合作，机构本身作为一个资源的桥梁，通过寻求多方合作共同达成复杂目标。

除了寻求多方合作之外，社会工作机构还可以尝试自己培育和发展有益于社区的社会组织在社区营造，提升居民组织化水平与服务能力，让更多的居民了解社区营造，逐渐理解社区营造的意义。因应社区的实际需求与人才资源，积极培育发展服务性、公益性、互助性的社会组织，培育具有本社区或本土特色的社会组织，形成合理的布局，为社区居民提供多元、适切、高效的服务网络，满足社区内各年龄段和各层次居民的需求。

（二）以民为本，培育主体

社会工作者需要激发居民对社区公共事务的关注，循序渐进地引导居民认识和理解自己所生活的社区，在居民对社区有着充分的理解和饱满的情感基础上，科学合理地进行营造规划，提高社区营造的水平。居民是社区营造的核心主体，只有激发其内在参与的主动性，居民才能真正形成对社区的认同，并且在处理社区事务的过程中凝聚社区意识，增强归属感。

居民参与社区营造离不开发掘和培育社区领袖。在挖掘社区领袖的方法上，社会工作者可以尝试通过调研、集体议事，或社区文艺活动，挖掘社区内的热心人士。在手法方面，社工可以一方面开展共同志趣的活动以吸引社区领袖参与社区活动，另一方面可以寻找共同关注的社区议题进行讨论，激发其参与公共事务的兴趣，并形成解决社区问题的意见。在这一过程中，社会工作者需要逐步发掘和培育关心社区公共事务的社区领袖，并提高其综合素养，发挥其先锋模范、联动资源和解决问题的作用，从而带动社区其他居民参与社区活动及事务。

社会工作者需要尝试引入和发展各类人才。大部分农村都面临着空心化的问题，这些村落因人才流失而凋敝，也能因人才回归和引入而复活。在古西村的案例中我们看到，虽然古西村缺少年轻人，但是古西项目采用了招募志愿者的方法进行建筑的修缮。在条件允许的情况下，社区可以在现有的公共空间，开辟特定区域或建造特定场所，为愿意进行无偿服务的志愿者进驻社区提供便利，也可开辟有关社区口述历史、本土民俗文化、民间艺术及手艺技能的工作坊，吸引各类型的文化人士或艺术家进驻社区，开发文创产品，引领社区文化、艺术的提炼和发展。

（三）挖掘资源，持续运作

重视生态保护和村落文化保育。社区的生态环境和传统文化是社区的无形资产，是社区营造可以深挖的资源。对于具有较好的生态环境的社区，社会工作者应立足社区实际，可以考虑以生态农业、传统文化、观光旅游为主题，组织各类活动，吸引外来访客，同时尝试以共同参与社区公共事务为桥梁，建立村内外居民的共同体意识。同时社区可以活化旧有公共空间，美化景观，建立特色建筑、地方文化展馆等，以树立地方特色，增强居民对社区的认同感。挖掘社区亮点，配合恒常的宣传推广，展示社区魅力，吸引外来游客，使居民既能感受到社区的历史文化，增强其自豪感，保持其参与社区营造的热情。

同时，社会工作者可以尝试导入创意概念挖掘和提升社区在地的文化资源优势，如，可以借助专家学者及专业策划机构的帮助，开发地方性、传统型、手工性的文化产品，导入创意概念，通过崭新的设计，实现社区文创产品的品牌化，增加附加值。开发具有本地文化特色的旅游服务，使游客通过旅游服务的体验，感受到社区本地的文化内涵。此外，有必要对产品与服务进行专业的营销策划，充分利用口碑传播、大众传播媒体及互联网，以及利用举办社区文化活动，尤其是传统民俗节庆活动，使产品与服务的信息广泛传播，逐步提高知名度和美誉度，进而打造地方文化品牌，最终形成在地化的文化产业运作模式。

推动自主运作社区营造向纵深开展能否取得成功，其中一个重要因素是能否结合社区资源，建立起自运作的社区经济。一方面，社会工作者需要继续聆听多方意见，尤其是社区居民的意愿，以居民为主体，尊重社区的自主性，利用稳定和完善的扶持政策，对日后不同社区、不同阶段的社区营造工作提供支持。另一方面，社会工作者要利用自身优势，从产业政策、市场推广、跨界合作等成功经验的人士进驻社区提供便利，也可开辟有关社区口述历史、本土民俗文化、民间艺术及手艺技能的工作坊，吸引各类型的文化人士或艺术家进驻社区，开发文创产品，引领社区文化、艺术的提炼和发展。

三、结语

对古西项目的褒扬声已有很多，在古西所进行的遗产保育的实践，不单只是在进行一次遗产保护，更是一种理念的改革，一种生活方式的创新：我们可以用多种方式实现社区的活化，遗产教育正是古西项目团队带给我们的宝贵经验，值得所有有志于乡村振兴、社区营造和遗产保护的人士去学习。在和 T 老师做访谈的时候，她提到：古西项目走到今日，仍处于起步阶段，仍需要很大的投入和努力，否则将前功尽弃。除了以往的教育和参访活动之外，古西团队还将致力于帮助村民和社区发展，让村民发挥自身潜能，创造社区造血的可能。作为古西团队，他们需要有允许叛逆、宽容失败的心，要承认未来的不确定性；要理解团队成员个体与古西项目之间，是契约而非雇佣的关系；团队最需要的是不懈努力和坚持作战的韧性，要有适时改进的气度和能力。

古西项目的实践让我们不断重新反思自己与他人、传统与现代、个人与社区的关系。首先，引导社区里的大众开展各种活动，建立起平等有效的对话机制甚为重要，对遗产的保护和对社区的营造归根结底是打造社区生活和精神的共同体，保存其在地文化；其次，所有的遗产保护和社区营造活动都需要以村民为主体，而不是上级政府、投资商或是某个介入组织；再者，我们要避免把精英主义和个人表现主义带入社区，注重公共参与，发挥村民的主体性与创造力；最后，从管理者的角度来说，需要理解自下而上的社区营造方式与文化遗产保护策略息息相关，它所焕发的力量，往往与自上而下的政府主导项目的效果有着极大差别。自下而上的社区营造收效慢，但基础相对稳定，相比单纯金钱的付出，更需要用心。我们进行的遗产保护和地区发展等都应以尊重当地文化传统为原则，地方的文化传统和风俗习惯，恰是富有地域特色的文化所在。那些容易被人忽视的普通人及其生活方式才最真切，让人产生认同感和归属感，更有凝聚力和吸引力。一个有魅力的乡村，应该让居民安居乐业，了解自己的土地和文化，自由且自然地在祖祖辈辈的土地上生活，有尊严、自豪并自信地与访客分享自己的手艺、文化、历史故事，只有这样的地方才能真正让人想留下来，最终成为共同体的一分子。

第五章

南沙浅水村的社区营造故事

第一节　营造故事

一、浅水村基本情况

浅水村坐落于广州市南沙区东南部，背靠青山绿水，毗邻莞佛高速，这里原为珠江口内虎门水道，所以名叫"浅水"，古代渔民、船民多在此停泊。良好的地理位置和自然环境吸引了许多外来人在此定居。据《番禺县镇村志》记载，在元代至顺年间（1330年左右）朱氏三世祖朱中阳迁居南沙，浅水村开始建立村落。1958年浅水村成为JS街的第一个自然行政村，面积约1.3平方公里，村民主要姓氏为朱姓。浅水村目前总体人口为963人，户籍人口197户，人口566人，外来人口约397人。其中60周岁及以上共113人，儿童青少年共120人，残障人士共22人。目前村中房屋基本为现代化的建筑，公共设施也非常完善。村中还有一家工厂，能为村民提供部分就业机会。总体而言，浅水村大部分中青年外出城区工作，只有少部分老人仍坚持田间耕作。此外村中还有许多外来人口租住在这里，外来人口与本地人口数量相当，因此，外来人口如何融入本地的发展是浅水村要面临的最大问题之一。

浅水村是近郊型的城中村，其经济结构与社会发展已经几乎与城市无异。近年来南沙区成为了国家新区，其产业结构快速转型到制造业与航运业上，广汽丰田、恒大电动车、南沙国际物流中心等企业先后落地，吸引了大量外来人口。在这一背景下，浅水村一方面面临着本村青年流失的问题，另一方面则面临着外来人口不断增加但缺乏适应性的问题，成为了城中村问题的典型代表。本章是基于浅水村基本情况做的浅水村社区营造项目设计，与前两章不同的是，本项目目前还无法评估项目成效，因此本章将以展示项目设计的思路和内容为主。

二、浅水村的营造背景

(一) 城中村治理与社区融入问题

"城中村"是指伴随城市郊区化、产业分散化以及乡村城市化的迅猛发展,为城市建设用地所包围或纳入城市建设用地范围的原有农村聚落,是乡村——城市转型不完全的、具有明显城乡二元结构的地域实体。① 在整个珠江三角洲地区,"城中村"是一个非常普遍的现象,城中村的产生是政府为了规避土地补偿和村民安置方面的巨额经济成本和社会成本,选择了获取农村耕(土)地、绕开村落居民点及村民的迂回发展思路,② 由此也带来许多社会问题。首先是治安问题,村中主要居住的是原来的村民,这些村民游离于现代城市管理之外,难以用市民管理标准来管理村民。此外,城中村由于其低廉的地价吸引了大量外来人员,城中村中,人员密集、流动性大,内部建筑环境复杂等,都造成了城中村及其周边区域盗抢等侵财犯罪突出问题,严重影响着社会治安状况。其次是外来人口的社会融入问题,当前由于我国的公共福利与社会保障是与户籍挂钩的,因此流动人口难以获得与流入地当地居民同等的权利和待遇,城市社区管理与服务也较少设立针对流动人口的管理服务体系,流动人口面临着难以融入其生活社区的问题。面对以上两个问题,乐天社会工作服务中心在开展社区营造、传承社区文化的基础上尝试进行打造融合社区,以社区文化为纽带,以社区青少年为服务发力点,推进社区文化传承工作与社区融入服务。

(二) 执行机构介绍

浅水村的社区营造服务是由乐天社会工作服务中心(以下简称"乐天中心")承接开展的。乐天中心成立于2013年,立足南沙,形成了以社工服务站、社综综合类服务为基础,专项服务共同发展的格局。2014年开始,机构承接了南沙区多个家庭综合服务中心并续签至今,对南沙区的历史文化与社会服务情况有着充分的了解和良好的服务底蕴。2017年,JS街道在家庭综合服务中心服务模式的基础上,招投标运营社区综合服务中心项目,乐天中心依靠出色的社会组织培育成果承接此项目,开始进入浅水村服务。

---

① 闫小培、魏立华、周锐波:《快速城市化地区城乡关系协调研究——以广州市"城中村"改造为例》,《城市规划》2004年第3期。
② 魏立华、闫小培:《中国经济发达地区城市非正式移民聚居区——"城中村"的形成与演进——以珠江三角洲诸城市为例》,《管理世界》2005年第8期。

(三) 项目背景

1. 上级政府支持

南沙街社区综合服务中心项目由南沙街道办事处主导打造。相较于广州市其他行政区和街道，南沙街对社会工作服务带来的社会成效有着较为深刻的认识。一方面，南沙街总面积为54平方公里，仅配置一个街道家庭综合服务中心无法将服务细化到每个社区，要真正把社工服务落实好就必须开展驻村工作；另一方面，南沙街道办愿意在民生事业、社会福利等方面提供大力支持，因此街道设立了专项资金资助开展社会服务，以社区综合服务中心的方式补充家庭综合服务中心的人手不足问题。良好的政社关系成为了浅水村社区营造服务的有力推手。

2. 村委会和村公司支持

浅水村由于其优良的地理位置吸引了一家具有雄厚资本的大企业在村中建厂投资，依靠土地租金，村中经济收入情况较好。在经济良好的背景下，村干部等非常支持社工在本地开展社区营造工作，发扬浅水村的百年文化，为村民们谋福利。在村委会和村公司的支持下，乐天中心能够顺利在浅水村开展各类社区营造服务，并不时获得村委等的经济支持、人员支持等。

浅水村的文化资源

（1）历史人物——朱中阳

朱中阳，[①] 南沙开村朱姓始祖。朱中阳的父亲朱羡，号粤山，原籍徐州古丰郡。因护送宋帝赵昺南下，到新会崖山勤王。宋亡，朱避居东莞归德山门（即今宝安福永镇），死后与赵氏合葬于新安上山门叶姓村后山。朱中阳迁居南沙浅水村，传至四世朱南峰，生下四子，取名依次为"宝、碧、金、玉"。长子阿宝及后人迁居塘坑建村；次子阿碧后回东莞；三子阿金迁居东井开村。朱中阳死后葬于南沙鹿井凹上龙山，现其一支后人由南沙迁居于香港元朗圩南边。

（2）历史遗址——坑尾古井

坑尾古井，[②] 位于浅水村四巷7门前。井口呈长方形，由长0.60米、宽0.30米、厚0.1米的各一块红砂岩条石和花岗岩条石，两块长1.00米、宽

[①] 广州市南沙区档案局、广州市南沙区地方志办公室编：《南沙大全》，广州：岭南美术出版社，2011年版，第227页。

[②] 广州市南沙区档案局、广州市南沙区地方志办公室编：《南沙大全》，广州：岭南美术出版社，2011年版，第47页。

0.30 米、厚 0.1 米的花岗岩条石围成。井台抹水泥面,占地面积约 1.2 平方米。井深内壁为圆形,用石块砌筑。井深 3.80 米。水质甘甜,冬暖夏凉,至今仍在使用。由于浅水是南沙开发较早的古村落,这口古井印证了此古村落的历史。

三、个案分析与营造过程

(一)项目资源分析

资源一:经济水平高,村民生活富足

浅水村虽然是近郊村庄,却因毗邻南沙区主干道而具备较好的地理优势,通勤广州市区十分顺畅。便捷的交通加快了浅水村内外资源的流通,带动了村落的发展。同时因有房屋租金和村子土地租金的收入,村民经济水平较高,每年村内分红可达数万元。此外,浅水村还种植了一些经济作物,如荔枝、龙眼等,共计 2 万多棵,亦能为村民带来良好的经济收益。目前大部分村民已经在广州城区购买了商品房,住进了现代化的小楼房,而村民原有的住房很多出租给了外来打工者,由于低廉的房租,吸引了许多流动人口在此定居。

资源二:良好的公共服务资源及基础设施

由于村中经济状况良好,浅水村的基础设施完备,各种公共服务设施一应俱全,且交通便捷。同时村中公共服务开展较好,除了公共服务站之外,老年人协会(由关工委小组运营)、村理事会、广场舞小组等都运营良好,基础性社区公共服务组织及社会组织资源齐全。这些基础性的公共服务组织既能帮助社工在开展服务时予以协助,也是社区的一类服务主体,在社区营造时能够提供相应的服务,激发居民的参与热情。

资源三:村中历史悠久,文化资源丰富

根据地方志的记载,浅水村的村龄已有 600 多年,有着深厚的历史文化底蕴。村中的历史文化资源颇多,如朱氏大宗祠,清雍正年间修建的仲贵祖祠、天后宫,明代修建的林堂古井等,均是有着悠久历史的文化古迹。近期在浅水村后山下的山坳内还发现有宋元时期的村落遗址。除了历史文化资源丰富外,浅水村还有着本地特有的红糯谷。目前广东省内仅剩浅水村还在种植天然的红糯谷,其经济价值、营养价值、文化价值等都有待发掘。

资源四:上级政府支持,易于开展工作

乐天中心与南沙区政府、JS 街道政府以及村委的关系都很融洽。浅水村委会及 JS 街道政府内的本地居民,对浅水村都有非常浓厚的故土情怀,所以非常重视村庄的发展,也迫切希望村庄得到发展。因此不仅会为乐天社工提供政策上和行动上的支持，也常给予资金和活动物资上的支持，而且支持力度较大，这些都为社工后期在村庄开展各类活动提供了强大的后盾。

资源五：本土化社工，流动率低

浅水村的驻村社工是土生土长的浅水村人，其对于浅水村的村落情况非常熟悉，与村民的关系也较为紧密，关系融洽。在开展服务时，该社工能较好地组织和协调村民之间的关系和行动，有利于其在社区开展各类活动。此外，本土社工流动性低，较为习惯村庄环境并且了解村民的大体生活习惯，清楚村民的空闲时间等，能保证服务的有效性和延续性。

（二）项目挑战分析

挑战一：外来居民难以融入本地，本地居民与外来居民有隔阂

由于浅水村住进了许多外来打工者，昔日和谐的浅水村如今日益分成了两大阵营：以本地人为主的本地阵营与以外来人为主的外来人口阵营。本地居民大多对外来居民抱有一些排斥态度，因而造成了本地人与外来人之间的对立。社工在平时的服务中发现，村集体开展的活动一般只针对本地居民，几乎没有外来人口的参与，两方隔阂不浅。

挑战二：村庄文化没落

现代化的发展很大程度上会造成对传统文化的冲击，浅水村虽是村落的形态，但是村民住的基本都是现代化的楼房，为了腾出场地盖新房等，大部分历史文化建筑都已经荒废或者拆除。其中朱氏大宗祠因政府建路工程，已被拆掉，如今只剩下孤零零一块牌匾。另外，浅水村的红糯谷是目前JS街唯一保留的本土特有品种，具有悠久的种植和培育历史。但由于产量低、难种活，已经越来越少人种植了，主要由少部分村里老人们种植。村庄有形的物质文化失落了，建筑文化、祠堂文化逐渐世俗化，连带着村落的文化也衰败了，许多村民渐渐地遗忘了祖辈留下来的文化。

挑战三：社工专业性不高

驻村社工虽是本地社工，但是由于社工本身并不是社会工作专业出身，对社工专业的价值理念与专业技术不甚了解，亦不清楚社区营造的工作手法与方向，甚至不认同社工的一些理念，在工作上有时难以理解相关的做法等，无法较好地推进浅水村的文化保育和社区营造工作。同时，由于缺乏专业的知识以及能力，社工在工作中更容易出现一些工作失误，也容易陷入行政化的工作中而影响对社区营造的投入。

挑战四：村委不了解社工专业

初次接触社工服务，浅水村委对社工机构的认识大都为和村委一样，都是

在社区做事的。错位的认知导致村委常常要求社工协助处理村委基层行政事务，比如修改新闻稿、帮忙搞活动等等。与此同时，社工由于并非专业出身且希望能和村委相处融洽，在日常工作中难以拒绝村委的要求。这不仅占用社工服务时间，对社工的服务工作造成一些不良的影响，也进一步加深了村委对社会工作的误解，影响着浅水村未来的社区营造工作。

（三）服务需求界定

1. 对文化保育和文化传承的需求

社工开展社区营造服务前的调研工作时，对村内八位长者进行了访谈。围绕浅水村历史文化这个主题，只有最年老的一位长者说出了朱氏族人迁居到浅水村的事件，其他长者对村落社区的历史表示不清楚。由此可以看出，中高龄长者也对自身社区历史的了解不深，浅水村的文化传承已经趋于断裂，急需进行文化保育工作。

此外，以浅水历史文化为主题，社工对浅水村 17 名服务对象进行了访谈，加上日常观察，社工发现许多村民对社区内的历史文化认知不深，只有部分村民对一两个点的旧址有印象，或有较少的了解。在以往，社工曾经开展过关于这一主题的服务，但是成效仍未很好地巩固，因此社工认为有必要加强对历史文化的宣传，让村民了解被遗忘的历史文化知识。

2. 以儿童和青少年为文化保育切入点

文化保育最重要的工作之一是培育文化的传承人。针对这一点，社工希望以儿童及青少年领域为浅水村社区营造和文化保育的着眼点。通过围绕儿童和青少年开展文化保育服务，以加深该群体对自己身处的社区历史文化的认识。在儿童和青少年对社区有所了解，社区认同感加强之后，社工计划再推动儿童和青少年群体去影响村内闲暇在家的服务对象。一方面扩大服务群体，加强其他村民对社区文化的认识，另一方面则能促进青少年自身的成长，提高其社区责任意识，增强其自信和自豪感。

第二节 浅水村的营造计划

一、人、文、地、景、产五种要素的营造

面对浅水村目前历史文化流失的问题，乐天社会工作服务中心开展了以浅水村红糯谷为特色的社区营造品牌，即以此品牌服务为轴心的社区营造计划。

通过运用社区营造中人、文、地、景、产五位一体的工作手法,保育浅水村红糯谷产物及文化,复兴社区优良传统。一方面社工将致力于挖掘浅水村的历史文化,使村民重拾对本村历史文化的认同感与自豪感,并能传递历史文化;另一方面社工通过培育社区文化的传承人,提高村民对历史文化的保育意识,推动村民对自身所在社区历史文化的认同,促进外来务工者和本地村民融合,以及青少年对在地文化的了解和传承,最终实现社区融合,打造村落生活共同体。

二、服务目标

(1)社工将联动相关部门及人群等,对浅水村红糯谷进行文化历史的梳理、保育及发扬,建立可视化红糯谷文化保育产品,如照片集、宣传片、明信片、博物馆等,打造红糯谷品牌产品。

(2)加深村落中人群,特别是儿童青少年等,对浅水村的历史文化与红糯谷文化的了解,传承社区文化。例如对村落各个旧址的认识、红糯谷的认识,提高村落居民对自身所在社区的认同感和自豪感。

(3)促进浅水村外来居民及本村居民的社区融合,通过举办社区文化认识、红糯谷文化认识等活动,加强浅水村本地人与外来人之间的交流和理解,最终达到社区融合。

三、服务内容

表5.1 浅水村初步的社区营造服务计划

服务范畴	需求与服务方向	服务内容
文化营造	侧重于社区历史文化保育、社区文化创建、社区教育	1. 围绕浅水村历史及红糯谷开展社区历史文化挖掘工作,建立社区博物馆,进行口述史工作; 2. 开展社区文化教育,加强外来人口及青少年对社区文化的认同感及自豪感
地的营造	对社区生态环境进行保护	1. 开展社区环卫志愿服务,打造美丽浅水村环境; 2. 开展环保教育,对环境保护、生物多样性教育、废物利用等进行宣传和倡导
产品营造	社区集体经济经营	1. 进行社区文化集体创作,包含制作浅水村历史文化宣传片、相片集、明信片等制作; 2. 开展浅水村文化导赏小组的培育工作

续上表

服务范畴	需求与服务方向	服务内容
景观营造	对社区公共空间的开发、人造景观创造以及公共空间生活场景的营造	1. 组织志愿者对社区公共空间、祠堂或古迹等进行保护和修复，美化墙壁等； 2. 打造社区议事空间，围绕社区历史文化及红糯谷文化保育培育相关志愿队伍及专题议事员
人的营造	促进邻里和谐，建构社会支持网络，鼓励居民参与公共事务	开展各类活动促进社区中不同群体的交流与了解，以浅水村历史文化及红糯谷文化为轴心，促进代际之间、外来人口与本地人群之间的融合

四、具体执行计划

（1）浅水村驻村社工于2018年1月份开展绘制浅水村社区地图活动。社工利用手绘地图的活动形式带领儿童青少年对浅水村社区进行绘画，对社区中一些具有历史文化的地标进行探索，并画出社区的地图，使参与到该活动中的儿童青少年们能清晰地认识自己所处社区的地形地貌、文化古迹等特征。如，要求活动对象能指出村委古井、古民居等旧址的位置，让儿童青少年对自我社区的历史文化有一个亲身体验。

（2）浅水村驻村社工于2018年3—4月开展"我"做主——浅水村活动场室改造大行动。浅水村活动场室因暂无具体的用途，因此社工发动社区居民一起为社区活动场室改造贡献自己的想法，并参与到具体的改造活动中，将活动打造为社区的公共空间，这将有助于提高村民之间的凝聚力。

（3）浅水村驻村社工于2018年4月开展浅水村历史旧照片收集活动，向浅水村村民收集100张亲朋好友的旧照片，同时在照片中挑选一些在时间、地点或事件上较有代表性的旧照片，开展旧照片分享活动。曾有服务对象与社工分享了浅水村1990年兰花园的照片，并向社工讲述浅水村的兰花园一带都是荔枝树的场景。服务对象分享说，以往的生活虽然不富有但也很开心，找回以前的旧照片，回忆旧时代的生活，让参与者感到很开心。

（4）2018年4月社工组织开展社区主题摄影活动，号召村民们拍出能代表浅水村的照片，展现村民心里的浅水村印象，并带领村庄的长者回忆浅水村的历史文化。

（5）2018年5月举办了猜猜猜——浅水村村头话传承活动，以浅水村方言为基础，开展猜谜、成语接龙等活动，燃起村民对本村方言的了解与喜爱。

（6）2018年9月开展了浅水村故事——历史文化宣传活动，由社工带领儿童青少年下村走访，儿童青少年在走访时带着自己收集到的历史照片与社区地图等资料给村民们分享，传播村庄的历史文化。一方面和不了解浅水村文化的村民们分享社区的在地知识，另一方面也试图让一些年长和有经历的村民给这些儿童青少年分享一些他们所不知道的浅水村文化，以推动更多的村民关注自身社区的历史文化并参与其中。

（7）2018年9—11月，通过收集浅水村红糯谷的相关资料，再以PPT、视频的形式向儿童青少年介绍了浅水村特有的红糯谷文化。在认识红糯谷活动后，儿童青少年了解到浅水村红糯谷的种植文化。村民A说：随着电子时代飞速发展，年轻一辈很少耕种，或许以后红糯谷的出产会逐渐减少至消失。红糯谷活动联动9月份的历史文化宣传活动，儿童青少年通过学习加深对红糯谷文化相关知识的了解，他们从服务接受者再转向服务提供者，儿童青少年加入到历史文化宣传行列当中，扩大宣传的范围，加深其他村民对浅水村社区的认识。

五、社区营造活动的意义

（一）以老年传承少年，少年传承他人的形式开展社区文化的营造

在浅水村开展社区营造时，文化是社区营造五个发展方向中最重要的突破点，它包含两个方面：一方面是对现有社区传统文化的保护与保育；另一方面是对当代社区文化的培育，暨社区文化的创建和社区教育的推广。

作为广州市唯一的一个依然种植红糯谷的村庄，浅水村最珍贵的社区财富是红糯谷种植品种和技术。随着城区边界的扩大，坐落在高速公路旁的浅水村由传统村落迅速转化为城郊村，中青年不再以种植为业，守护着珍贵红糯谷的主要是老年人群体。倡导年轻一代延续种植虽要迎接诸多困难，但相较于重建已拆毁的宗祠和古建筑，通过红糯谷文化的继承来重塑浅水村人的文化认同感显然要容易的多。该工作的目标是以老年人和少儿为主要动员群体，拟通过对长者口述历史的收集整理，唤醒社区记忆。在口述历史的过程中，由共同劳作的经验和对未来种植的想象，可以引发村民对现代化和社区耕作文化的思考，建立保育本村独特耕种文化的动力。组织少儿体验红糯谷耕种，鼓励儿童通过家中长者了解村庄历史，开展村庄寻宝活动，探索村落旧址。新一代对村庄的好奇不仅利于村庄文化的继承与建构，这些社区小主人作为家庭的焦点，针对他们的教育活动势必引起成年人的关注。由此，新一代还可诱发家庭其他成员与社区文化产生联结。

（二）扩大参与主体，开展社区"地"的营造

浅水村靠山面水，毗邻南沙区主干道，地理位置十分优越。作为城郊村的浅水村，近年来逐渐在吸纳更多的工厂，现代化钢筋水泥也已吞没传统建筑。从长远来看，要想守得住青山绿水与乡愁的社区，浅水村社区需要营造"地"，其工作的重点是社区生态环境保护，特别是要留住红糯谷的种植田。

政府和村民双方在营造绿色生态家园需求上的契合，使浅水村得到了来自街道和村委两级领导的共同支持。社区是政府和社会互动最直接的场域，村委会作为基层行政组织是双方互动的桥梁，在生态保护的工作中需要联动村委。它既担任沟通平台，也作为正式力量可以被纳入到浅水村生态保护的行动主体中，社区人和行政工作者的双重身份所带来的号召力和影响力不容忽视。村委与村民的信任关系，为自上而下转变为多元合作保护生态创造了条件。

（三）整合社区资本，开展社区"景"的营造

社区之"景"的营造之所以必要，是因为人造景观的建造和社区公共空间的开发即将为人群融合和社区资本的整合创造机会。一方面，生活在社区中的个体，可以通过社区景观直接地感受到社区公共空间、人造景观以及公共空间生活场景的形态变化。因此，社区之"景"的营造，参与者不应再限于社区的原住民，社工也可以藉此来培育外来人口对浅水村的认同，尝试消除本地人与外来人的隔阂，共同建设社区。

工厂与企业作为浅水村的主要市场力量，为浅水村大部分的外来人口提供了工作机会。因此，在未来的行动过程中，社工将与村中企业联动，以发挥企业社会责任为切入点，号召企业在追求利益之外，投入资金恢复社区景致、动员员工参与社区服务与社区建设。企业与村民共同行动的内容可以是组织志愿者对社区公共空间、祠堂或古迹等进行保护和修复，美化村庄居住楼和工业楼墙壁，打造本地和外地人共同的社区议事空间，围绕社区历史文化及红糯谷文化保育培育相关志愿队伍及专题议事员，恢复被现代化鲸吞蚕食的农田景观等。

（四）产业活化，实现社区"产"的营造

浅水村目前尚保存着自己的种植传统。相较于贫困的空心村，浅水村人就业便利，生活富裕。因而浅水村集体经济的经营，没有缓解贫困的后顾之忧。就此，社工认为"产"的营造着眼点在于：发展在地红糯谷特色文化。在传统文化保育的基础之上，联动相关专业人士及社区人群，共同打造可视化红糯谷文化保育产品，如照片集、宣传片、明信片、博物馆等，抢救红糯谷文化，并

将其传播给更多的人，使红糯谷成为浅水村的一个标签。

考虑到社区产业的持续性，社工认为在产的营造中需要加入网络平台的建设工作。第一，建构产品的供需网站，这可以让村庄缓解地理位置带来的产品宣传压力，增添了消费者与生产者互动交流的积极性；第二，利用网络对外展示红糯谷品牌文化的过程中，除去居民可感受到社区价值带来的自豪感，在此之间，还能悄然发生着居民对文化的重新学习以及居民的自我教育；第三，打造社区内资源交流平台，促使浅水村在社区内外产业营造经验交流的过程中自我成长。

（五）激发社区参与效度，实现"人"的营造

"人"的营造是社区营造的核心议题。浅水村在营造"人"的元素时，着眼点需要放在社区参与和共同体意识的培育。浅水村的外来人和本地人群体之间有着一定的隔阂。因此，需要通过社区共同体意识的培育，对二者进行意识上的再教育，以打造和谐邻里关系、构建社会支持网络。对本地人而言，社区未来发展势必吸引更多外来务工者，偏见和排斥并不会带来幸福，与其被外来洪流所裹挟，不如在各类活动中促进交流与了解彼此。对务工者而言，浅水村不仅是生产的场所也是生活的空间，联动务工者参与社区助老服务并在服务中向长者了解社区，诸如此类的互动均可促进二者融合。

营造社区美好生活，激发社区参与效度可采取的行动策略是：第一，培育居民社区参与意识并在社区教育中培养居民参与能力。一方面，从生活卫生环境改善等公共议题着手引发居民意识到个人对社区改变的责任；另一方面，要实现居民自我管理、自我服务需要审慎的判断力、需求评估能力、组织能力。社工需要教授居民与各方对话谈判的技巧、向社区能人学习处事要领。第二，邀请村委搭建社区议事平台。此平台的功能在于：为社区居民参与公共事务讨论提供协商空间。居民可以就社区治安、社区环境、社区规划等社区公共话题提出意见，表达需求。第三，协助社区居民成立自助组织。自社会组织登记法规放宽松以来，自愿性社团的生存空间逐渐扩大。红糯谷文化宣讲团、环境保护协会、景观改造小组等社区兴趣团体都可以被发展为社区社会组织为居民服务。需要承认的是：这些自组织或团体难以在短期内获得大规模的创收来发展社区。但是，这些自组织能够提供的服务辐射范围广、服务内容细，可有效填补正式服务的空隙，创新社区自治理机制。第四，居民参与社区营造离不开发掘和培育社区领袖。在挖掘社区领袖的方法上，社会工作者可以尝试通过调研、集体议事或社区文艺活动，挖掘社区内的热心人士。在手法方面，社工可以一方面开展共同志趣的活动以吸引社区领袖参与社区活动，另一方面可以寻找共

同关注的社区议题进行讨论，激发其参与公共事务的兴趣，并形成解决社区问题的意见。在这一过程中，社会工作者需要逐步发掘和培育关心社区公共事务的社区领袖，并提高其综合素养，发挥其先锋模范、联动资源和解决问题的作用，从而带动社区其他居民参与社区活动及事务。

第三节　对营造元素的一些思考

一、关于本地社工的思考

广州市郊的区域如番禺、从化、南沙等地，由于需要驻村服务，因而很少有本专业毕业的社工愿意去到这些地方服务，因而社工机构一般便会退而求其次，转为以留职率为主要考量指标，考虑招聘出生成长在本地的且对社会服务工作有一定认可的职员，这类社工被称为本地社工。本地社工在开展服务时有着一些天然的优势，如：他本来就是村庄的一分子，他熟悉村落，与村民也有着较好的信任关系，且更容易得到村居委的支持。在此基础上，如果本地社工还具备专业社会工作的知识与技能，加之能熟练找到并运用社区的资源，在开展社会工作服务时一般会较其他的社工更加容易。然而本地社工如若是非专业出身，为了更好地理解社工的价值及其工作内容，则要接受社会工作专业知识的培训，其间可能面临难以认同社会工作理念的困境，便很有可能把社区营造的路子走偏。而机构为了保证社区营造的效果，也需要考虑是继续让其驻村还是寻找更合适的当地人才，而这些决定也会影响后来驻村社工的工作。另外，社工个人的意识是非常重要的，不管是对于专业抑或是非专业的社工，日常对话在社区营造中非常重要，社工若想去改变村民的意识，自己就必须得认可相关社区营造的价值观念。作为本土社工，社区责任感和主人翁精神是需要具备的，这样会更能发现村庄优势，也更愿意接纳外来资源，促进村庄的发展。

二、景观较为完善社区的营造思考

乡村的人、文、地、景、产的差异是较为明显的，或者说乡村的社区个性比城市社区更为强烈，因此社区营造结合乡村自身特点是非常重要的。对于浅水村这种类型的大城市边缘的村庄，它既不贫困，也没有传统农业社区的痕迹。相反，它借助城市的资源，发展自身经济，并且逐步建设起完善的乡村基础设施。人们的生活水平较高，生活方式受传统村落的影响，较为简单，生活压力较小，看似并无特别明显的需要社工介入改善的地方。但是物质水平提高了，不一定带来精神水平的提高。我们可以看到，村庄的生态环境质量有所下降，村庄的历史文化逐渐衰败,而大部分村民不以为然,社区意识没有明显提高,社区责任感较弱。因此,对物质富裕的浅水村的营造,可以集中于意识提升工作以及对其历史文化的营造,包括保留古建筑,让村民意识到古建筑对村庄及村民的价值,保留传统农作物红糯谷的耕作,让更多村民了解其独特之处以及功用等,致力于将其打造为浅水村名片,让村民以浅水村为傲,增强社区价值感。而更进一步地,则需要发展村民的能力,促进村民互帮互助的氛围,提高村民自我参与社区公共事务的能力,融合外来人口,达到乡村振兴。

显然,不同的村庄,营造的工作手法是存在差异的,需要行动者深入地不断地开展调研,与民众建立信任关系,并不断与民众对话,通过对话与观察,才能发现社区改变的内在需求与内在动力,盘活社区资源,逐步推进社区营造。此外,社区营造是一个需要漫长时间的过程,不是一朝一夕便能完成的,效果亦不是立竿见影的,社工对营造工作需要有敏感度和创造力,使村里细微的变化也能被感知并且被挖掘强化以促进更大的改变。

第六章

总结与讨论

第一节 案例总结与评述

本书选取了广州市的从化项目、江门开平市的古西村项目作为完整案例进行介绍，同时展示了广州市南沙区浅水村社区营造项目的设计方案。上述项目及方案呈现出不同社区所面临的问题以及它们面对问题时所采取的促进方法。从化项目中的上溪村和明乐村是偏僻且贫穷的山区乡村，古西项目中的古西村是有着特色华侨文化的富裕乡村，而广州南沙的浅水村则是郊区化的城中村。我们发现不同类型的乡村其面临的基本问题不同，因此对于村落本身而言，乡村振兴只代表国家未来一段时间将资源投入到乡村的理念与倾向，并不代表各个村落都能在这一政策下获得相似的资源与良好的发展。要真正解决"三农"问题，还是需要在借助政策的条件下，发掘村落自身的特点，结合村落资源，最终实现村落共同体的重塑，这个过程则需要社区营造的理念与手法。

社区营造是社会建设的一种行动策略。社区营造以村民为中心，关注村落中的人、文、地、产、景等元素，通过对某一或几种元素进行营造，带动其他元素的发展，最终实现村民共同体意识的改变。从化项目以"产"为出发点，以生计带动其他元素的发展；古西项目以"文"和"景"为出发点，以遗产保护带动其他元素的发展；浅水村的项目设计中以"文"和"产"为出发点，以种植特色作物和历史文化传承带动其他元素的发展。不同的村落有不同的问题，也拥有不同的资源，体现出了乡村性，这些不同的问题又催生出了不同的发展方案。只有通过社区营造的方式，才能使这些村落真正实现因地制宜的发展。社区营造手法在以上案例中的出色运用使得我们能在总结经验的基础上进一步讨论社区营造的理论，我们认为目前的社区营造存在着以下一些经验与特点：

一、外生动力型的社区营造

以往的社区治理研究常以社区内的问题为出发点进行讨论,而社区营造研究则弱化了问题视角,其出发点是围绕居民自主能力提升和文化特色挖掘的。社区营造研究希冀于通过以社区为场域的地方性发展推动人和社会发展,其中无论是哪类主体主导,政府、社会工作机构+政府、市场、自组织+政府或者社会工作机构主导,除了少部分社区内村民自发主导模式,多数不是社区内自发推行的,而是借事件由社区外的力量助推的。

(一) 营造的困境:社区内生力量不足

社会主义市场经济体制与城市化进程使得中国的农村社区间的异质性逐渐增大。如果根据经济维度分类,农村可以划分为贫困村落和富裕村落;如果根据与城市的距离分类,则可以分为郊区村落(或都市边缘的村落)和非郊区村落;如果根据人口情况分类,则可以区分出人口流失较为严重的空心化村落和吸引了一定量外来人口居住的非空心化村落;此外也有自然村和行政村之分等。上述的划分维度在实践中是交叠的。将农村分类的目的是根据其特点进行更有针对性的发展计划。在《国家乡村振兴战略规划(2018—2022年)》中提到,要分类推进乡村发展,将村落分为集聚提升类、城郊融合类、特色保护类和搬迁撤并类。规划指出集聚提升类村庄是现有规模较大的中心村和其他仍将存续的一般村庄,这类村落目前由于产业结构单一、人口流失严重等问题,缺乏改善自己境遇的能力,因而是乡村振兴的重点。

规划也提出完善城乡融合发展政策体系,但是与农村不同的是,在中国的城市社区普遍存在的困境一是参与率低,二是公共问题难以解决。从参与率来看,以中国劳动力动态调查(CLDS)2014年的城市社区居民数据为例,城市居民的社团、社会组织参与情况均较低,是社工机构成员的比例为0.53%,是业主委员会成员的比例为0.56%,是公益/社会组织/志愿者团体成员的比例为2.25%,绝大部分城市居民均不属于以上任何一类组织。多数居民参加以上组织活动的频率主要集中选择了一年数次或更少。若以街邻关系为例,街邻的交往、互助和信任是测量社区资本的重要指标之一,也是构建社区凝聚力(指建立在互信的基础上,社区/共同体不断发展的一个过程,这一社区/共同体有共同的价值观、挑战和机遇)和社会支持(指由其他人提供的资源)的重要组成指标。[1] 采用2012—2016年CLDS中的街邻关系调查,将人们与街邻的熟悉程

---

[1] John Bruhn: The Group Effect: Social Cohesion and Health Outcomes. Germany: Springer, 2009, 64.

度中，比较熟悉和非常熟悉归为熟悉一类，与街邻的信任程度中比较信任和非常信任归为信任一类，与街邻的互助程度比较多和非常多归为互助一类。城市社区中44%的居民街邻熟悉，43%的居民信任街邻，32%的居民与街邻有互助行为。

根据 CLDS 对农村社区的调查，2012 年至 2016 年，村民与邻里/街坊的熟悉、信任和互助程度在 2014 年均是最高，2016 年的水平也明显高于 2012 年（图 6.1）。比较 CLDS 2014 年的城乡数据，城市社区的居民街邻关系水平明显低于农村。

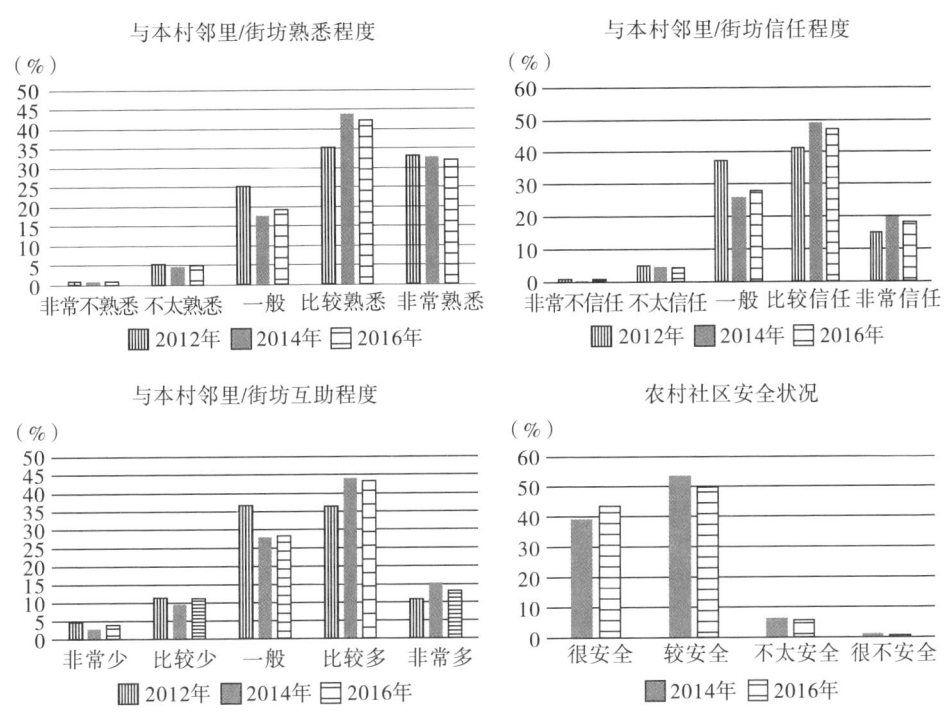

图 6.1　中国农村社区村民与邻里/街坊的熟悉/信任/互助程度和社区安全感

从图 6.2 可知，熟悉程度最高，其次是信任程度，再次是互助程度。在 2014 年的调查样本中，77%的人认为自己与街邻熟悉，69%的人认为自己对街邻是信任的，59%的人与村里的街邻之间有较多互助。若将社区安全评价中较安全和很安全归为安全一类，农村社区安全的评价非常高，在 2016 年的调查中，93%的人认为自己所在的社区非常安全。

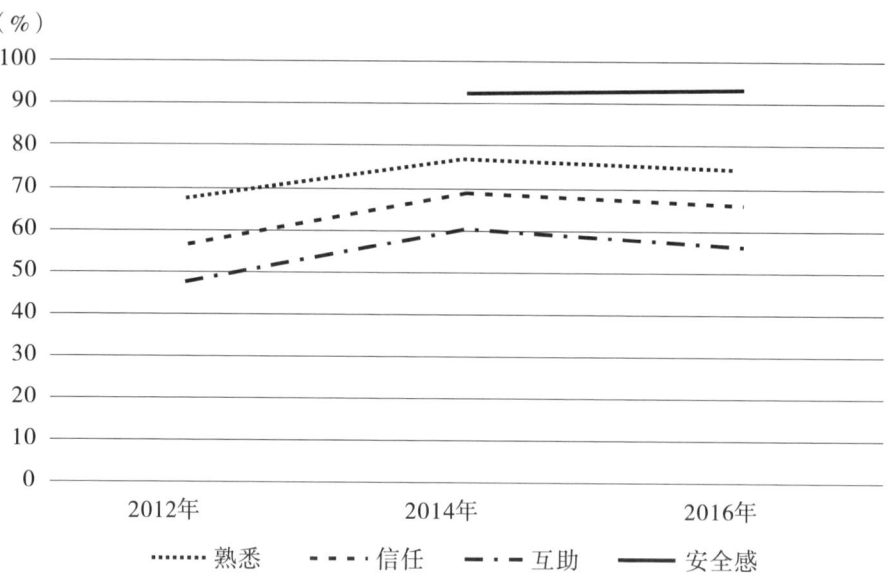

图6.2　中国农村社区村民与街邻关系程度和社区安全感

社区营造中农村社区与城市社区的直接差别不仅在于与共同体/社区整合相关的问题，例如社区内人们之间的关系网络和参与率，也在于和公共问题解决相连的治理问题。

中国的基层社会结构发生着较大的分化，人们在权力、财富、人力资本积累等资源方面的纵向分化呈现出一种等级序列，这种利益性的分化导致的资源聚集扩大了社会不平等。同时进行的横向分化由劳动力规模性流动和劳动分工深化而形成，产生了新的社会位置或社会身份，这种功能性的分化扩大了差异性。纵横交错的分化使社会异质性程度加深和层次多元，表现在居住空间中则是社区异质性程度增强和异质性社区社会结构类型增多。异质性作为社会发展的一种表现或结果，与社会团结基础的区域单元逐渐消失相伴随，它只是造成整合难度加大的因素之一。从已有的研究结果来看，层次差异的异质性具有普遍的负作用，维度差异的异质性具有选择性负作用，普遍负影响的异质性本身并不生产包容能力，却也无法避免。增强的异质性和普遍的负效应造成公共性衰退，对公共问题解决带来的后果却亟须重视。无论是整合抑或治理问题，单依靠社区内生力量是难以完成的。我们经常看到自觉组织起来跳舞唱歌或健身的社区内小团体，但较少见到面临公共问题时拧成一股绳全力解决困难的社区内团体。不仅城市社区如此，熟人社会的农村在应付以上问题时，能自觉组织和处理好也是存在困难。整合与治理问题在具体的营造过程中是紧密联系的。

社区营造以村落公共性问题为切入点,通过专业营造手法以促进社区整合,营造中外力的介入具有可行性。

(二) 外力是如何进入社区的

中国的乡村社区,内部常见的组织有村委会、村集体经济组织和部分自组织。中国的城市社区,内部常见的组织有居委会、物业公司和业委会等空间和服务双嵌入社区的组织,被称为内生型组织。它们对接居民的日常需求,居委会与街道形成协同治理的伙伴关系。除此之外,社区内散落着以文化体育娱乐兴趣休闲为主的各类自组织。

外生型组织,例如社会工作机构等外来社会组织,或外来群体如专家们,介入社区内部提供服务需要合理的契机。以城市社区为例,部分城市由政府所主导的社区治理更倾向于一种兜底服务的方式,在中国,社会工作者在社区进行的服务与政府转移公共服务紧密相连。我国的社会服务机构包括政府、群众团体、社会公益类事业单位和社会服务类民间组织,其中吸纳了大量专业社会工作者的社会服务机构属于民间组织,它是在政府购买服务的改革趋势下成立的契约型组织,[1] 面向社区居民提供政府所资助的公共服务和服务对象所需的专业服务。社区服务是政府向社工机构购买的主要内容之一,以项目申请制、合同制和直接资助制的方式进行。[2] 部分城市社区的街道政府部门具有较好的服务认知,有较强建立社区内服务组织的意识或已经建立了社区内服务组织。那么在引入新的承接了购买服务的社会工作机构进入社区后,政府部门、居委会和社会工作机构有较好的协作,这是在外生型社会组织进入社区之前,社区和街道一级已经对社区服务有了前沿性的体验,因而,社工机构能够较为快速地融入社区中,进行服务的供给,为其能在后期顺利整合社区和街道资源做了良好的铺垫。

从农村的案例中可以看到,从化项目的上溪村最开始是以民政局的扶贫项目入驻村落,由项目带入社会工作机构进入,通过长期的活动磨合、人际关系积累以及利他型的服务供给,打消了村民的警惕,获得了村民的认可和接纳,顺利实现了村民对外生型组织的认可和接纳。

除了政府的引荐和支持使得外生型组织获得了服务社区的合法性外,也有其他进入社区的方式。例如古西村的文化遗产保育专家 T 老师进入社区则是另

---

[1] 顾朝曦等:《社会工作综合能力(中级)》,北京:中国社会出版社,2016 年版,第 235 页。
[2] 王浦劬、莱斯特·M. 萨拉蒙:《政府向社会组织购买公共服务研究:中国与全球经验分析,北京:北京大学出版社,2010 年版,第 12 页。

一番原因。曾经参加了开平碉楼在世界文化遗产申请工作的 T 老师，不仅积累了申遗的经验，也获得了当地部分村民的认可，在基层有一定的知晓度。T 老师来到古西是因为受到古西村民的邀请，修复古西村的祠堂。在修复祠堂的过程中，T 老师运用自己的专业知识，和村民们进行了广泛密切的接触。村民围绕着祠堂修复聚集在一起，与专家商议，共享知识，专家借此引入文化遗产保育的理念，融合了修复技术，借由祠堂修复的工作，完成了一次互相认识、理解和尊重的转型。为后期介入社区营造做好了铺垫。

通过以上的案例可以看出，社区营造中，外生型组织或群体进入社区，一是需要获得合法性身份，这一身份可以是政府赋予的，也可以是村民自己赋予的。二是需要一定的时间获得居民或村民的认可，外生型组织或群体的被认同、被认可不是短期一蹴而就的，无论是进行扶贫工作或者遗产修复工作，互相认识总需要一定的时间。三是外生型组织或群体的非营利目的更容易获得居民或村民的认可。但并不是非营利就会获得天然的认可，需要在前两点即合法性身份和时间满足后，由居民或村民感知和感受到才会被认可。例如，T 老师进入古西后的社区营造一开始并不被村民认可，村民们认为免费的事不会存在，肯定有一定的目的和意图，即利益所在。但当 T 老师以自己的行动加以证明时确实获得了大部分村民的认同和支持，部分村民加入到古西项目组织中成为其中一员，一起推动社区工作的开展。在上溪村的案例中，利他型的社会工作机构获得了村民们的接纳和支持，但市场化公司运营和村民协商承包村地进行旅游景点的经营，却在连续多年内都遭到村民们的反对而无法实现目的。

（三）外力主推下，营造了谁的社区

在社区内力匮乏，无法整合资源实现乡村振兴时，外力的介入则显得十分必要。在实践中我们发现，虽然外生型组织的类型不同，但其组织目标都是实现村落的复兴，在这一目标的驱动下，外生型组织需要先扎根于社区，并与社区居民建立起联系与互信。在成为"自己人"之后，这些组织开始了社区营造的进程，进程速度因不同社区情况与不同社区问题而有差异。

上溪村提供了一个营造的思路即是如此，当进入贫困村落或需要解决经济问题的村落时，选择了以产为主的营造切入点意味着是一个动员参与的好机会。但"产"的营造是一个风险较高的营造，也是较为困难的营造切入点，因为面临未来可能失败的风险。"产"与市场结合，市场由看不见的手调节，并非社工所擅长，因而是风险较高的一种方式。即使选择了以改善经济为主，村民们不一定能挖掘出自己的需求，需要借助外生型组织的力量。春野组织在多次的失败经验后，总结出了村民生产产品、社工链接资源和社会企业面向市场销售

产品的形式。因而，上溪村项目的成功，春野组织发挥了很大的作用。以扶贫项目入驻村落，又以产业扶贫助力村民生计。在营造谁的社区上，村民在外力的帮扶下始终都处在主体位置上，参与中最基础的力量是生计小组成员，亲自参与践行营造。社造中最核心的效果也在于造"人"，村民们在营造中一起成长，学习"产"的知识，改变对村落、自己、其他村民和农业的认识。社会工作组织不仅参与更应面向社区成员发挥指导枢纽作用，社区本身透过其成员和各类组织的行动积蓄了社区力量。

有的社区营造是在原有社区服务基础上，加入社会工作的元素和新的政府购买公共服务任务的目标融合进行的。那么，有流动人口聚集的村落中，营造的是谁的社区呢？这需要扩大主体的范围。比如，既有本地居民也有大量的外来人口的村落，外来的社会工作机构对于不同的群体有不同的服务目标。但在遵循社区需求的原则下，社区的营造应该是集合了流动人口、政府机构、村委会、本地居民和各类组织共同参与的情形下，进行社区营造规划。无论如何，我们可以看到，在"营造谁的社区"问题上，只是某一方的一厢情愿则无法动员和整合营造力量，社区营造规划一定是多种力量的碰撞和集合才可以较为顺利地开展。

我们在空心化村落中注意到的问题是，当大量本地人口外流到他国、他省市定居后，仅有的少量本地人才是社区主体吗？我们看到在古西村，有阶段性地驻扎的非本地户籍的学习建筑修复技术的实习学生或志愿者，定期来此地学习当地文化的修了跨文化课程的国外学生们和任课老师们，不时前来的游客们，以及由专家和村民们组成的社区内组织等。他们能成为社区的主体吗？如果从户籍上来判断，具有本地户籍且居住在当地的村民是社区主体，其他人则并不是营造的主体；如果从居住时间来看，专家们长期停驻此地也可以算入社区主体；如果从贡献来看，驻扎在当地且实施社区行动的行动者们均可以算入社区主体，甚至那些曾在村里但现在已经定居在外的人口，都应算入社区主体。我们认为，这里的社区主体应该是那些居住在本地的本村村民和长期在本地进行社区工作的社区行动者。当我们将后者纳入到主体范围时，营造主体又扩大了。这些在当地推进营造工作的专家们虽然没有当地的土地产权，但紧密地参与实践活动使得他们已然成为社区主体之一。因而，在营造谁的社区问题上，应该是营造不局限于村民也包括扩大的部分共同体的共同愿景的社区。

二、案例特点

本书案例中选取了郊区化的浅水村，设计了初步营造计划。也分析了远离都市的贫困和空心化的从化地区的村落，以及空心化却非贫困的古西村落进行案例呈现,并将它们与社会治理创新有名的顺德社造项目进行对比,它们社区营造相关的特点总结如表6.1。

表6.1 社区营造点的特征对比

	江门古西村	从化项目村	顺德项目村
发起者	专家、村民	社会工作机构	政府、社会工作机构
内推/外推	外来人群和组织推动	外生力量推动向内生力量推动的转变	外生力量推动
里圈参与者	主导专家、村内社会组织、村民	政府、专家、学者、社会工作机构、村民	政府、社会工作机构
外圈参与者	政府、志愿者、跨国学生、其他学者	实习生、社企	志愿者、村民
财源	民间组织自筹	政府+互助社	政府提供
营造切入点	景(修祠堂)	产(扶贫:经济小组)	文化保育、建筑景的活化
营造过程	以旅游和教育为主的文化保育为主,进行了建筑修复、景观再造,由民间组织链接跨域资源	社会企业将生态农产品和旅游业对接市场,在"产"的营造中对村民进行培育,参与式行动促进村民的观念转变,实现营造"人"的过程	政府+社工+社会组织联动的全面社会治理,整合了地区经济、政治、文化等多面一体的地区发展模式
营造手法	建筑文化遗产保育	扶贫共计共行	文化保育和村落艺术化
社造特点	文化遗传保护模式	社区工作者陪伴、培育、辅导与教育	整合式地区发展
效果	"地"的营造成功,成为社造界的典范被外界认识	青年返乡建设村庄,村民意识发生良好改变,实现了社区增能	村的景观和文化被重新挖掘且资源化
评价	共享社区的营造,使群体融合共建共享地方资源	经济自组织建成并联结为村落利益共同体	政府支持,社会组织主导,村民参与弱
可持续性	比较可持续	比较可持续	比较可持续
自主—依赖型	自主型	半依赖型(依赖社工,但经济小组相对独立)	依赖型(依赖政府和社工)

从表 6.1 中我们可以看到，不同案例中的社区营造出发点不同，所展示出来的经验也不同。总的来说，我们可以得到以下几个要素：首先，由外力助推的社区营造，无论是直接或间接介入营造工作，均需要向村落输入一定的资源；其次，不同组织选择社区营造的切入点和营造手法各不相同，但是其基本都会围绕着发掘、保育和传承社区文化、景观或"产"的营造。因此，评判社区营造是否成功的要素是多元的，基于保护乡村性的角度应该结合实际乡村的社造实践，实行多元化的发展性评价指标；第三，若将部分乡村社区营造的目标定为重建社区共同体，那么我们必须给这些村落较为充分的资源与时间，使得共同体精神能逐渐浸透到每一个村民身上。社区共同体的重建并不是一朝一夕可以完成的，社区营造的服务成效很难在短时间内显现。最后，上述的总结并不是一成不变的，只要社区营造一直在持续，营造特征则会一直在改变，并迈入一个综合全面发展的社区变迁过程。社区环境改善、社区共同体的重塑、村民社区参与意识的提升和参与行动的自觉是社区营造是否成功的四个表征，也是在实践的基础上得出判断社区营造成功与否的一些元素。

三、基于社区空间联动的人、文、地、景、产

空间与社区存在两种关系，第一种是空间范畴中的社区，第二种是社区范围中的空间。空间范畴中的社区，实质是从空间视角出发对社区特征等的研究，空间是广延的和可伸张的。社区范围中的空间，给空间划定了边界，从微观社区视角对空间类型化。对空间和社区关系的两种判别，影响了社区空间结构的研究。根据第一种关系界定，社区空间可以是指社区中居民点的空间构成和变化移动中的特点，以及社区的地域分布、生产力布局、土地利用和网络组织构成的空间形态；[①] 也可称为社区空间体系，包括了商业、教育、绿化道路等职能或配套设施的空间综合区域，分为圈层式结构、带状结构、网络状结构、树状结构和自由式环路结构，[②] 甚至跨越了行政边界。我们采用第二种关系界定，是微观层面的社区空间结构，包括了社区内的人口、组织、文化、设施、景观、生态、经营和地理环境等要素。根据研究主题可被划分为生态空间、社会空间、经济空间、物质空间[③]、政治空间、文化空间和认知空间等。社区空间属于更大地域空间的组成部分，其空间结构形态、功能等是前者的部分延续、简化和更具体化。社区空间结构是以一定的组织规则，将社区形态及相互作用连接整

[①] 陈忠祥：《宁夏回族社区空间结构特征及其变迁》，《人文地理》2000 年第 5 期。
[②] 常健、邓燕：《社区空间结构防灾性分析》，《华中建筑》2010 年第 10 期。
[③] 周春山、叶昌东：《中国城市空间结构研究评述》，《地理科学进展》2013 年第 7 期。

合为一个社区系统,① 根据社区内的空间主体,包括了社区物理空间、社会空间、生态空间、文化空间和认知空间等,它们互相联系和制约,共同构成社区空间。

无论是在哪里的营造,社区总是有边界的,这个边界可以是行政的、景观的、文化的或者其他。社区营造的最终目标是人的社造化,但这是在一定界线的空间中或者场景中进行的,即对人的社造,则需要借助空间再造中的参与来实现。这个参与过程可能涉及人和空间互动的问题,例如空间修复和改造、空间性、类型化空间,甚至空间正义等。

社区营造是跨学科的互动,也体现在营造手法上需要人、文、地、景、产各个因素互动配合。无论是以哪个要素为切入点,都不仅是单线程的行动,而是在其中联动了其他的要素一起向前发展。例如,以"景"为初始点的营造过程实际也是"人"的营造,而人的观念、行为改变了则会带动"文、产、地"等的营造。案例中从化项目是以产切入,但产并不是单线程的,与产同步进行的还有生态,后期又协同进行了景观等其他因素的营造,最后串联成"产、景、地、人"等因素联动的社区营造现状。

四、社区营造中的自组织

社区营造中的自组织问题,与社区营造可持续性问题相关。无论是开展哪种社区营造内容,都面临着营造可持续性的问题。有没有培养出具有完全独立性的社区自组织,村/居民有没有获得"人"的社造化,是社区营造可持续的两大问题。当外推的主导力量撤退,社造的成败则由社区内生型组织和村民的自觉意识、独立性能力和宏观结构性因素决定。例如,我们在很多的案例中都发现,当社会工作者通过各种实务手段帮助服务对象建立起了网络资源后,一旦社会工作者撤出,这些服务对象的网络资源也会慢慢减少。这使得我们发现相比链接更多的网络资源给服务对象,服务对象能获得建立网络资源的能力,实现资源的自我链接似乎会更有可能达成工作目标。社区内生型组织也是如此,部分自我发芽成长起来的社区自组织具有较强的抗挫折能力,因为能够从社区环境中自我组织起来的组织,已经体现了一种自力更生的独立发展的能力。

根据自组织理论,社区营造的第一步需要建立社区内的自组织。这一理念本身是没有问题的,但现实中存在着问题:一是自组织的成活率太低,且依赖性强;二是忽略了自组织的性质,如自益性的自组织在营造中无法发挥作用;三是社区权力中自组织的地位和与他组织的关系问题被忽略。因而,需要关注

---

① 靳美娟、张志斌:《国内外城市空间结构研究综述》,《热带地理》2006年第2期。

自组织职能转化和如何能够协同各组织的力量进行社区总体营造问题。

我们考虑了以下两种有一定实践意义的情形：一是社会企业的社区参与路径，二是自益性组织向益他性转化路径。从第一种社会企业的社区参与路径来看，导致社会组织/自组织社区参与无法自主和不可持续的重要因素是对外界财源的依赖。社会企业参与社区模式使组织可以同时面向社区和市场，用市场中的成功解决组织财源问题，并串联社区内自组织/互助组织等参与社区的可持续，例如经营型生计组织的社区参与路径。

从第二种自益性组织向益他性转化路径来看，自益性组织以服务组织内部成员为主，而益他性组织除了服务本组织内成员外，更多侧重于向组织外群体及整个社区提供服务。通过对 GZ 市基层社区内部的自组织定性调查发现，社区自组织的形成主要存在以下五种模式（表6.2）。

表6.2 社区内生型组织生成模式

形成模式	主导力量	代表类型	自益/益他性质
指令型	行政	居委会/村委会	—
利润型	市场/企业	物业公司等	—
公共危机推动型	社会	互助会/业委会等	益他性组织
培育型	社会	生计组/义工队等	益他/自益性组织
自生型	社会	休闲/娱乐/体育等	自益性组织

除了指令型和利润型的社区内组织外，由社会力量主导形成的社区自组织，表现为由公共危机推动型、培育型和自生型三类。社区内外公共危机事件推动形成的组织，从成立之初便是益他性组织或以社区公共利益为主的性质。培育型组织多是通过外力作用，由无到有地培养各类组织，并提供各种条件促其成长壮大。例如，为了解决经济目的而培育的生计组织，为服务社区培育起来的各类义工队伍。也有自生型的自组织，借由公共事件、兴趣等自我组织起来的社区自组织，区别于公共危机推动型的是，这类自生型自组织并不借由紧急事件或外力推动，是社区内村/居自发形成的。

第一，自益性组织并不一定能转化为益他性组织。例如，自益性的休闲/娱乐型组织，自娱自乐的活动往往是恒常的，虽然也存在偶发性服务社区等情形，但是否转化与其持续性发展并无联系，该类组织往往有较强的可持续发展潜力。

第二，益他性的组织并不需要转化，因为组织成立的目标便是益他性的。例如各类服务队、义工队等。该类型组织的问题是如何可持续。

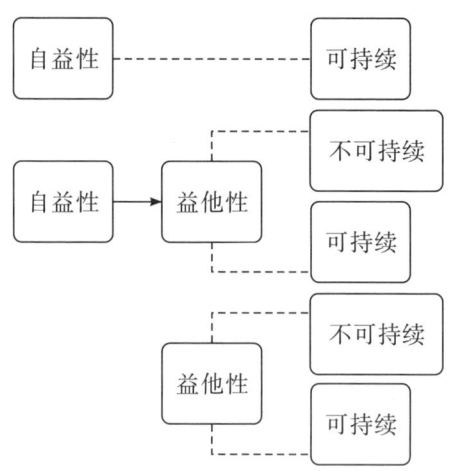

6.3 自益性组织向益他性组织转化的类型

第三，培育型方式生成了较多自组织，即使这些组织被培育的初期目标是自益性质，但最终目标是转向益他性。通常培育的方法包括：开展恒常性的活动，定时定点定人，偶发性地参与社区活动；进行教育/培训促进组织成员的意识改变，提高居民的主体意识；利用举办公益大赛等形式，借助类似的活动平台来培育，或者与项目式培育的方式整合在一起。

培育型组织包括了初始目标是自益性无法转为益他性，益他性无法可持续，以及自益性组织向益他性转化成功转化三类（图6.3）。第三类才是被关注的重点，即最可能转化为益他性的自益性组织，它们通过各类平台、服务型活动等实现转变。转化遵循的关键途径如下：①前期的培育者（例如社工）需持续跟进才能维系益他性服务；②组织必须确定明确的发展方向；③必须确定恒常的服务时间；④组织中的队伍领袖必须是公平、公正、个人私心较少的人；⑤培育者（社工）经常去做组织之间的团建，为组织举行各类发展性会议，并有计划地开展这些会议。

在调查中发现，能够成功实现由自益性组织向益他性组织的转化是有以上关键路径借鉴，但是也存在以下明显的问题：①借助培育而生成的自组织缺乏类似自生型组织那样有明确的主体性、独立性，而具有较强依赖性，主体意识并不明确，甚至确认社区主体为培育者；②益他性组织和由自益性转化而来的益他性组织面临组织可持续发展问题，甚至会导致失败。

根据以上的问题，我们认为可以考虑的相应对策如下：

第一，无论是自益性或益他性组织，抑或社区内与社区外组织，参与是促进社区营造的重要手段，村/居民通过参与培育异质共荣精神。相比自益性参与和社区外参与，促进村/居民改善街邻关系，累积社区社会资金，培育社区意识与能力，更需要村/居民的益他性参与和社区内参与。因而，在培育自组织时，需要明确自组织培育的主要目标是自益性还是益他性的，两者的功能是有区别的。

第二，自益性组织向益他性组织转化的途径中，公正公平的自组织领袖、持续性的活动、组织明确的发展方向、组织内外定期的发展型/交流会议是促进转化的关键。这意味着自益性组织的益他性转化依然需要相对正式的规范来形塑组织主体，从而避免临时性或松散性。

第三，自益性向益他性转化成功后，益他性组织的可持续发展就成了亟待解决的问题：①钱或物的资源是影响可持续发展的重要因素；②政府、市场和社工等组织的支持不可或缺。除了提供部分资金、物资支持外，宏观政策上机构对自组织的支持、认可等都是促进益他性组织发展的重要力量；③团队氛围好，成员关系融洽；团队人数规模有限定，小团队的归属感更强，因而组织的人数需要控制，大部分活动中都是20人左右及以下；团队有明确的分工和规则，在服务中能自觉承担责任；成员可以参与完整的活动，了解所有过程，并通过参与获得成就感。

五、社区营造的个性模式

在社区建设过程中，往往形成了一个固定的制度模式。例如，以点到面，先试点再全面推广。制度的演变锁定在了某些固定的方向，例如，在推广的过程中产生路径依赖，导致变革的幅度减小。而社区营造看似方法有一致性，但应用于不同的社区不一定可以取得相似的结果。

社区性限制了成功的社区营造无法完全复制。研究社区营造可以总结可供借鉴的营造方法和技巧，为即将开展社造的地方提供一点启发。但需要清醒地意识到的问题是，中国的社区复杂多元，每个社区即使具备相近的人口、组织和空间结构特征，但其社区性不一定是完全相同的。社区行动者需要思考本社区社造的最终目标、阶段性任务和可用资源，这些资源包括了人力、物力、财力和社区自身所处的空间环境。无论在营造主体上是以专家型主导、政府主导或社会组织主导，其实最重要的是能找到将大家凝聚在一起参与的公共事件，大家一起行动，一起改善，以最适合社区自身特点、组织自己特点和村民自身特点的方式共同推进社区营造。即使中间失败了也有意义，探索社区自己的发展模式本身需要时间，也是一个反复的过程。

我们从从化案例中可知，即使明乐村和上溪村的营造手法十分相近，村落的特点也很相似，但是它们依然存在众多不同。比如，明乐村的居民已经将生态理念完全贯彻到自身的生活点滴中;而上溪村的村民在坚定自我理念前提下,不断地外联,以更开放的心态对待合作。

影响社区营造形成个性模式的因素繁多。例如,助推型组织的理念和能力,社区内外能人们的价值观或能力储备,社区本身的自然等资源,营造投入的财源,以及和上级政府的关系状况等,多种因素交叠组合,共同影响着社区营造的形态。我们所要去鼓励的便是在具备了基本可行的社区营造因素后,营造规划者们应该秉持开放的心态,并勇敢地尝试和创新自己所在地区的社造,探索并形成自己的特色。

第二节 社区社会工作与社区营造

正因社区营造集结了多学科的参与,所以无论是遗产保护、建筑学、规划学、生态学、社会学或社会工作学,每个学科都会围绕各自社区营造议题参与其中,结合本学科的专业技能开展社区营造。以社会工作为例,更多践行的是一种社区工作方法。

中国社会工作在改革开放后得到恢复和发展,这种发展是自上而下的,尤其是 2006 年中共中央十六届六中全会提出要建设宏大的社会工作人才队伍后,社会工作教育取得了明显的进展,促进了社会工作的职业化和专业化发展,社会工作从业人员增加,社会工作作为学科专业和职业均在向前发展。中国的社会工作包括了传统社会工作和专业社会工作,后者是现代社会的产物,有鲜明的价值理念、专业方法,以助人自助为目的。[1] 这种专业化、职业化的社会工作经过多年努力,目前正处于黄金发展期。[2] 专业社会工作的实践介入分为微观和宏观两方面,作为工作方法的微观社会工作包括个案工作和小组工作。宏观的社会工作实践领域是以社区和组织为主,介入的策略更侧重于社会问题的解决和对社会系统的改变,顾及整体的组织架构和社区环境,考虑个人、环境、情景之间的关系,从系统的角度理解和解决受助者的需要。[3]

当前的社会工作研究在宏观和微观领域均有涉猎,以 2009—2014 年的社会工作研究论文为例,排名前三甲的为社工实务、理论探讨和社会政策的研究,且社会政策和社会福利是备受关注的研究重点,但宏观研究有余,微观领域的

---

[1] 顾朝曦等:《社会工作综合能力(中级)》,北京:中国社会出版社,2016 年版,第 1 页。
[2] 文军:《当代中国社会工作发展面临的十大挑战》,《社会科学》2009 年第 7 期。
[3] 熊跃根、周健林:《宏观社会工作在当代中国的意义》,《中国社会工作》1998 年第 4 期。

个案工作、家庭社会工作的研究不足。① 与研究刚好相反的是，社会工作实践领域侧重微观服务，以个案、小组和活动居多，而对宏观"社会性"的问题参与解决较少。

以部分地区社会工作机构行业发展来看，主要以承接政府购买服务为主。承接了政府购买服务竞标的机构完成部分兜底性服务是重要的任务，一定程度上满足了较为依赖政府资源的部分村/居民需求，例如残障人士、孤寡老人等，但不能满足所有群体的需要。以服务为本，体现居民需求—供给的实践路径，不足是缺乏解决社区公共问题的能力。以城市社区为例，正常居民需求一方面具有多元化和个性化的特点，例如家政服务等依赖于市场供给。另一方面社区的部分公共需求也由市场承接了，例如环卫等也交由物业这类市场机构承接。但仍然存在各种普遍性的问题，如私人占用公共空间、污染、公共安全隐患、街邻关系萎缩、居民社区意识薄弱和公共事务参与率低等问题。这使得城市社区社会空间呈现出如下的特征：对地缘内部群体缺乏包容与合作，对地缘外部群体缺乏监督和弱抗压性，无法发挥整体性的社区力量。需通过联动居民、自组织和其他治理主体的多元参与协商解决。虽然社工机构更多是以服务单独的个体和家庭的模式，但并不代表其在社区公共性问题上无法作为。开展社区工作的社工机构可以通过组织居民的活动和服务居民生活，拓展出一种相对柔性的力量来促进社区的整合，解决个人、家庭和社区的问题，发挥出服务型社区治理的整体性功能。与服务为本、强调对弱势或边缘群体的帮扶不同，社区为本的方法更加重视服务社区整体，挖掘和利用社区资源，培育自组织等增强社区力量，解决社区公共问题。

在现实中，宏观和微观的工作方法并不是分裂的，在解决微观服务对象问题时不可避免地需要关注问题产生的背景，也需要从事宏观层面的实务工作。宏观工作实务对于专门领域的社会工作者而言，是一种干预性的工作，目的是在组织和社区中有计划地实施改变。② 涉及那些目标系统高于个人、群体和家庭的层面，即"非临床"性质人类服务活动的诸多层面，强调诸如发展启发性社会政策，组织有效的服务提供，强化社区生活和预防社会弊端一类的服务方法。③

社区工作是宏观社会工作实务的主体部分，社区组织是宏观实务的内容之

---

① 徐晓凤、利爱娟：《近六年我国社会工作研究进展（2009—2014年）——基于〈人大复印资料·社会工作〉载文分析》，《社会工作与管理》2016年第2期。
② F. 埃伦·内廷：《宏观社会工作实务》，北京：中国人民大学出版社，2006年版。
③ 杰克·罗斯曼、约翰·E. 特罗普曼、刘继同：《社区组织的模式和宏观实务的观点：他们的融合与阶段（下）》，《社会福利（理论版）》2015年第1期。

一，社会工作者在社区进行的干预活动是一项开创性的工作，宏观社会工作是解决问题的一种视角，也是一种工作手段，更关注群体性而非个体化的问题，采用人在情景中的视角来关注和理解人群、观点及问题，并借助于环境背景来解决问题。

社区是社会工作的重要实施对象之一，也是社会工作者和社会工作机构的重要实践平台。从案例中可以看到，无论农村社区营造的主体是谁，由专家或社会组织介入的社区营造中均出现了行动研究范式，意识教育、研究/发展和行动动员/实践融为一体，也为我们的社区工作方法提供了一些启示。以下为社区营造成功的要素：

（1）能人。能人包括很多类型，意指在某些方面能力强的人才，例如政治能人、经济能人等，他们能利用自身能力和所掌握的资源，引导和动员其他群体的社区参与。而这些能人中，不应光是社区内的能人。根据社区营造中的案例，大量的能人来自于社区外，这些能人不仅拥有专业知识和前沿的眼光，也是主导营造风格的核心人物。社区营造中出现的不是单个的能人，而是很多能人的汇合，他们承担各种实践实务。社区外的能人们挖掘出社区内的能人们或者能人队，这些能人们在公共事务参与中体现出了组织能力、实干能力和公共精神。

（2）良好的政社关系。各地的社区营造主要是由政府主导或支持下开展的，社区营造主体们和政府之间有着良好合作的关系，甚至在部分地区成效最快的是政府主导的社造。良好的政社关系虽然并不在社区培力路径中，但根据我们的调查发现，这是关系社区营造成功与否的一个非常重要的因素。培力是双向的，并不单面向居民，也可以面向政府。借用培力方法开展社区营造，当培力的着力点面向居民时，对他们进行意识教育、动员和带动参与等，以提升社区能力累积社区社会资本。当培力面向公共部门时，负责人员也需改变认知、补充相应营造知识和提升能力，引导和协同社区行动。地方党组织的引领和公共部门提供的制度环境保障成为影响参与的宏观因素。首先，社区营造中的参与是居民、各类组织和社区整体的联动过程，施政社区化制度保障的第一步需要赋权居民和社区，社会企业的合法化和社会组织的去官僚化，使它们成为共同生产者；其次，对于社区营造中能力不足的社区，公共部门内部需要改变认知、提升培育能力以协助社区的培力过程；第三，突显社区自主性不意味着国家离场，政府需要提供部分财源、立法支持、必要的公共资源保障和承担教育功能，甚至适当地干预以促进共同利益的凝聚，避免社区陷入共识和异质的循环冲突中而使营造终止。

（3）整合式的资源平台。同一片区的社区或组织串联等可以借由平台进行资源整合，关键个人/群体和组织一起搭建的整合平台，汇集上下讯息、资源、文译、服务、活动等成为一个传输带，连通公共部门和社区。发挥社区服务传输带作用，最大化地动员潜在社区参与者，实现资讯和服务有效共享和对接、技能和方法的快速传递，并以各方参与主体目标的实现为合作前提。并同时解决当前自组织中的积极分子一人兼多组织产生个体冲突的组织化（人力有限），参与任务目标分散、议题短暂而无法形成可持续社区公共议题和大部分社区自组织的自主性弱等问题。资源整合平台便尽可能最大化满足各类型组织和个人在参与中的需求。在从化案例中我们也可以看到，不光社会工作机构在发挥这种资源平台的作用，被培育起来逐渐独立的社区自组织也在朝着自建平台对外串联资源的路径发展。

参考文献

[1] HARDIN, RUSSELL. Trust [M]. Cambridge: Polity Press, 2006: 6-8.

[2] BARON, STEPHEN, et al. Social capital: critical perspectives [M]. New York: Oxford University Press, 2000: 39-55.

[3] MURMANN, JOHANN PETER. Knowledge and competitive advantage: the coevolution of firms, technology, and national institutions [M]. Cambridge: Cambridge University Press. 2003.

[4] DOMINELLI, LENA, CAMPLING. Anti oppressive social work theory and practice [M]. US: Macmillan International Higher Education, 2002: 15-20.

[5] SUTTLES, GERALD D. The social construction of communities [M]. Chicago: University of Chicago Press, 1972: 278.

[6] MASSEY, DOULAS S. The prodigal paradigm returns: ecology comes back to sociology [M]//BOOTH, ALAN, ANN C, et al. Does it take a village? community effects on children, adolescents, and families. Brighton: Psychology Press, 2001: 41-48.

[7] ROSENBAUM, JAMES E, SUSAN J, et al. Employment and earnings of low-income blacks who move to middle-class suburbs [M]//JENCKS, CHRISTOPHER, PETERSON. The urban underclass. Washington: Brookings Institution Press, 1991.

[8] WILSON, JULIUS. The truly disadvantaged: the inner city, the underclass, and public policy [M]. Chicago: University of Chicago Press, 1987.

[9] PATERSON LINDSAY. Civil society and democratic renewal [M]//BARON S, FIELD J, SCHULLER T. Social capital: social theory and the third way. New York: Oxford University Press, 2000: 39-55.

[10] STACEY, MARGARET. The myth of community studies [J]. The British Journal of Sociology, 1969, 20 (2): 134-147.

[11] WELLMAN. The community question: the intimate networks of East Yorkers [J]. American Journal of Sociology, 1979, 84 (5): 1201-1231.

[12] LEWIS. Urbanization without breakdown: a case study [J]. The Scientific Monthly, 1952, 75 (1): 31-41.

[13] GANS, HERBERT J. The balanced community: homogeneity or heterogeneity in residential areas? [J]. Journal of the American Institute of Planners, 1961, 27 (3): 176-184.

[14] TOMEH, AIDA K. Informal participation in a metropolitan community [J]. The Sociological Quarterly, 1967, 8 (1): 85-102.

[15] FISCHER, CLAUDE S. The subcultural theory of urbanism: a twentieth-year assessment [J]. American Journal of Sociology, 1995, 101 (3): 543-577.

[16] WELLMAN B, WORTLEY S. Strokes from different folks: community ties and social support [J]. American Journal of Sociology, 1990, 96 (3): 558-588.

[17] SAMPSON, ROBERT J, MORENOFF, et al. Assessing 'neighborhood effects': social processes and new directions in research [J]. Annual Review of Sociology, 2002, 28 (1): 443-478.

[18] CRAMM, JANE M, NIEBOER, et al. Relationships between frailty, neighborhood security social cohesion and sense of belonging among community-dwelling older people [J]. Geriatrics & gerontology international, 2013, 13 (3): 759-763.

[19] CRAMM, JANE M, DIJK, et al. The importance of neighborhood social cohesion and social capital for the well being of older adults in the community [J]. The Gerontologist, 2012, 53 (1): 142-152.

[20] ROBERT J. Building community capacity: a definitional framework and case studies from a comprehensive community initiative [J]. Urban affairs review, 2001, 36 (3): 291-323.

[21] HE, QIN. Knowledge discovery through co-word analysis [J]. Library Trends, 1999, 48 (1): 133-159.

[22] BROOKS-GUNN, DUNCAN, GREG J, et al. Do neighborhoods influence child and adolescent development? [J]. American Journal of Sociology, 1993, 99 (2): 353-395.

[23] LEANN M, BROWNE I, GARY P. Social isolation of the urban poor: race, class, and neighborhood effects on social resources [J]. The Sociological Quarterly. 1998, 39 (1): 53-77.

[24] RHODES, WILLIAM. The new governance: governing without government [J]. Political Studies, 1996, 44 (4): 652-667.

[25] LECLERE, FELICIA B, ROGERS, et al. Ethnicity and mortality in the United States: individual and community correlates [J]. Social Forces, 1997, 76 (1): 169-198.

[26] MORENOFF, JEFFREY D, SAMPSON, et al. Neighborhood inequality, collective efficacy, and the spatial dynamics of urban violence [J]. Criminology, 2001, 39 (3): 517-558.

[27] ROBERT, STEPHANIE A. Socioeconomic position and health: the independent contribution of community socioeconomic context [J]. Annual Review of Sociology, 1999, 25 (1): 489-516.

[28] IBEKWE-SANJUAN F. How thematic maps can assist collection management: a qualitative assessment of journals' thematic focus [J]. Library Collections Acquisitions & Technical Services, 2005, 29 (3): 295-306.

[29] GRANNIS, RICK. The importance of trivial streets: residential streets and residential

segregation [J]. American Journal of Sociology, 1998, 103 (6): 1530 – 1564.

[30] PAXTON, PAMELA. Is social capital declining in the united states? a multiple indicator assessment [J]. American Journal of Sociology, 1999, 105 (1): 88 – 127.

[31] JACOBSON, WENDY B. Beyond therapy: bringing social work back to human services reform [J]. Social Work, 2001, 46 (1): 51 – 61.

[32] CRAMM, JANE M, HANNA M, et al. The importance of neighborhood social cohesion and social capital for the well being of older adults in the community [J]. The Gerontologist, 2012, 53 (1): 142 – 152.

[33] SOMERVILLE P, HAINES N. Prospects for local co-governance [J]. Local Government Studies, 2008, 34 (1): 61 – 79.

[34] ANDREW. Methods and themes in community practice [J]. Community and Public Policy. Pluto Press, London, 1993, 22: 40.

[35] 贝克. 风险社会 [M]. 何博闻, 译. 南京: 译林出版社, 2004: 20 – 22.

[36] 周坚卫. 地方公共财政理论与实践 [M]. 北京: 中国财政经济出版社, 2008.

[37] 徐湘林. 民主、政治秩序与社会变革 [M]. 北京: 中信出版社, 2003: 69.

[38] 俞可平. 社群主义 [M]. 台北: 东方出版社, 2015: 30.

[39] 夏建中, 郑杭生. 中国城市社区治理结构研究 [M]. 北京: 中国人民大学出版社, 2012 – 01: 93.

[40] 帕特南. 使民主运转起来: 现代意大利的公民传统 [M]. 王列, 赖海榕, 译. 南昌: 江西人民出版社, 2001: 195.

[41] 帕迪森. 城市研究手册 [M]. 郭爱军, 王贻志, 等译. 上海: 格致出版社, 上海人民出版社, 2009: 252.

[42] 蔡禾. 社区概论 [M]. 北京: 高等教育出版社, 2005: 131.

[43] 滕尼斯. 共同体与社会: 纯粹社会学的基本概念 [M]. 林荣远, 译. 北京: 商务印书馆, 1999: 58.

[44] 黄平, 王晓毅. 社区公共性的重建: 社区建设的实践与思考（上）[M]. 北京: 社会科学文献出版社, 2011: 2 – 3.

[45] 罗家德, 梁肖月. 社区营造的理论、流程与案例 [M]. 北京: 社会科学文献出版社, 2017: 1.

[46] 孙逊, 杨剑龙. 阅读城市: 作为一种生活方式的都市生活 [M]. 上海: 上海三联书店, 2007: 3 – 7.

[47] 甘炳光. 重提社会工作的本质 [M]. 香港: 香港城市大学出版社, 2010: 3.

[48] 内廷. 宏观社会工作实务 [M]. 3 版. 北京: 中国人民大学出版社, 2006.

[49] 王浦劬, 萨拉蒙. 政府向社会组织购买公共服务研究: 中国与全球经验分析 [M]. 北京: 北京大学出版社, 2010: 12.

[50] 赖恩, 邓福贞. 社区社会学 [M]. 徐琦, 译. 北京: 中国社会出版社, 2004: 14 – 17.

［51］李道增. 环境行为学概论［M］. 北京：清华大学出版社，2000：53.

［52］闫月梅，李晖，庄芮，等. 社区治安与犯罪问题解决［M］. 北京：中国社会出版社，2004：57.

［53］费里曼. 社会网络分析发展史［M］. 张文宏，等译. 北京：人民大学出版社，2008.

［54］边燕杰. 城市居民社会资本的来源及作用：网络观点与调查发现［J］. 中国社会科学，2004（3）：136－146.

［55］张文宏. 中国的社会资本研究：概念、操作化测量和经验研究［J］. 江苏社会科学，2007（3）：142－149.

［56］桂勇，黄荣贵. 社区社会资本测量：一项基于经验数据的研究［J］. 社会学研究，2008（3）：122－142.

［57］陈捷，卢春龙. 共通性社会资本与特定性社会资本——社会资本与中国的城市基层治理［J］. 社会学研究，2009，24（06）：87－244.

［58］黄源协，庄俐昕，刘素珍. 社区社会资本的促成，阻碍因素及其发展策略：社区领导者观点之分析［J］. 行政暨政策学报，2011（52）：87－129.

［59］萧扬基. 社区营造中社会资本对公民治理的影响［J］. 台湾社区工作与社区研究学刊，2015（5）：141－180.

［60］方孝谦. 社会资本与社区营造：比较林边与北投［J］. 社会科学论丛，2008，2（1）：127－164.

［61］张峻豪. 台湾社区发展的脉络与类型：一个历史制度主义的分析［J］. 国家与社会，2012（12）：259－297.

［62］柯于璋，社区主义治理模式之理论与实践——兼论台湾地区社区政策［J］. 公共行政学报，2005（16）：33－57.

［63］吴晓林，郝丽娜. "社区复兴运动"以来国外社区治理研究的理论考察［J］. 政治学研究，2015（1）：47－58.

［64］夏建中. 治理理论的特点与社区治理研究［J］. 黑龙江社会科学，2010（2）：125－130.

［65］黄彦宜. 社区充权：台湾与英美经验的对话［J］. 台湾社区工作与社区研究学刊，2016，6（2）：55－94.

［66］胡荣，李静雅. 城市居民信任的构成及影响因素［J］. 社会，2006（6）：38－50.

［67］黄源协，庄俐昕，刘素珍. 社区能力与社区生活品质之研究：对社区治理能力与社区发展的意涵［J］. 公共行政学报，2015（49）：1－36.

［68］陈潇潇，朱传耿. 我国城市社区研究综述及展望［J］. 重庆社会科学，2007（9）：108－115.

［69］代明，袁沙沙. 国内外城市社区服务研究综述［J］. 城市问题，2010（11）：25－33.

［70］沈建通，姚乐野. 多元统计与社会网络分析法在知识图谱应用的实证研究［J］.

情报杂志, 2009 (8): 20-36.

[71] 袁媛, 柳叶, 林静. 国外社区规划近十五年研究进展——基于 Citespace 软件的可视化分析 [J]. 上海城市规划, 2015 (4): 26-33.

[72] 秦长江. 基于共词知识图谱的人文学科研究热点可视化的实证研究 [J]. 图书馆理论与实践, 2010 (12): 29-33.

[73] 储节旺, 闫士涛. 知识管理学科体系研究（下）——聚类分析和多维尺度分析 [J]. 情报理论与实践, 2012, 35 (3): 5-9.

[74] 李永展. 全球时代下的台湾社区营造 [J]. 国家与社会, 2009 (7): 1-27.

[75] 林家伟. 非营利组织经营社区产业适法性之省察 [J]. 台湾社区工作与社区研究学刊, 2018, 8 (2): 147-167.

[76] 黄晓星, 蔡禾. 治理单元调整与社区治理体系重塑——兼论中国城市社区建设的方向和重点 [J]. 广东社会科学, 2018 (5): 196-202.

[77] 王思斌. 社会治理结构的进化与社会工作的服务型治理 [J]. 北京大学学报（哲学社会科学版）, 2014, 51 (6): 30-37.

[78] 赵定东, 杨政. 社区理论的研究理路与"中国局限" [J]. 江海学刊, 2010 (2): 132-136.

[79] 孙峰华. 关于人文地理学中社区的几个基本问题 [J]. 人文地理, 1990, 5 (2): 67-70.

[80] 廖彩荣, 陈美球. 乡村振兴战略的理论逻辑、科学内涵与实现路径 [J]. 农林经济管理学报, 2017, 16 (06): 795-802.

[81] 罗家德, 李智超. 乡村社区自组织治理的信任机制初探——以一个村民经济合作组织为例 [J]. 管理世界, 2012 (10): 83-106.

[82] 周春山, 叶昌东. 中国城市空间结构研究评述 [J]. 地理科学进展, 2013, 32 (7): 1030-1038.

[83] 文军. 论社会工作理论研究范式及其发展趋势 [J]. 江海学刊, 2012 (4): 125-131.

[84] 张勇. 我国六十年城市社区建设历程、脉络与启示 [J]. 深圳大学学报（人文社会科学版）, 2012 (3): 146-151.

[85] 夏建中. 从街居制到社区制: 我国城市社区30年的变迁 [J]. 黑龙江社会科学, 2008 (5): 14-19.

[86] 宋祥秀. 中国城市社区建设历程 [J]. 湘潮（下半月）, 2012 (6): 47-51.

[87] 王思斌. 体制改革中的城市社区建设的理论分析 [J]. 北京大学学报（哲学社会科学版）, 2000 (5): 5-14.

[88] 葛天任, 李强. 我国城市社区治理创新的四种模式 [J]. 西北师大学报（社会科学版）, 2016 (6): 5-13.